中国舆情调控
的渐进与优化

ZHONGGUO YUQING TIAOKONG
DE JIANJIN YU YOUHUA

侯东阳 ◎著

暨南大學出版社
JINAN UNIVERSITY PRESS
中国·广州

图书在版编目（CIP）数据

中国舆情调控的渐进与优化/侯东阳著．—广州：暨南大学出版社，2011.6
ISBN 978－7－81135－967－1

Ⅰ.①中…　Ⅱ.①侯…　Ⅲ.①新闻工作—舆论—研究—中国　Ⅳ.①G219.2

中国版本图书馆 CIP 数据核字（2011）第 174972 号

出版发行：暨南大学出版社

地　址： 中国广州暨南大学
电　话： 总编室（8620）85221601
营销部（8620）85225284　85228291　85228292（邮购）
传　真：（8620）85221583（办公室）　85223774（营销部）
邮　编： 510630
网　址： http：//www.jnupress.com　http：//press.jnu.edu.cn

排　版： 广州市铧建商务服务有限公司
印　刷： 广州桐鑫印刷有限公司

开　本： 787mm×1092mm　1/16
印　张： 14
字　数： 256 千
版　次： 2011 年 6 月第 1 版
印　次： 2011 年 6 月第 1 次

定　价： 26.80 元

目 录

序

侯东阳的新作《中国舆情调控的渐进与优化》，是在其博士论文的基础上改写而成的。在论文阶段就有幸拜读，因它的厚重和严正，成书之后翻阅再三，随发感慨如下：

一、天下最难控制的东西是什么？它不在身外，就在身内，它就是人心，也就是人的意识，人的思想、意志和情感

控制人的思绪，对个体而言，就是规范个人的意识活动，其中包括个体的思想自由。对群体而言，那就是调控舆论和思想意识，规范所有社会成员的所言所思，这就是史书上说的"治心"。佛教把降伏其心比喻为降龙伏虎，形容治心的艰难程度。对一个群体或一个国家来说，最难治理的是其成员或国人的心、臣民的心。个人的成败，国家的兴亡，往往就看治心效果如何。秦朝和隋朝，在中国历史上都是承前启后、显赫一时，但两个朝代都很短暂，究其原因，两朝舆论调控失当显得至关紧要。致使苏联解体的原因很多，舆论失控尤为重要。水可载舟，亦可覆舟，古今如此。

与其他政党相比，马克思主义政党执政之后，在治理民心和调控舆情方面，有其天然的优势。因为它以科学世界观作为指导思想，它以为人民服务作为执政的出发点和归宿。常言道，共产党除了人民的利益，绝没有一己的私利可求。它和人民是同呼吸、共命运的，是鱼与水的关系。而且它承认，人民群众是历史的创造者，只有人民才是真正的英雄，历来提倡"从群众中来，到群众中去"的路线和方针，及时了解民情，全面反映民意，科学集中民智。新中国60多年的历史证明，在许多历史时段，中国共产党是完全可以凭借优势，做到政通人和，做到政府决策与民心民意相和谐的，像在改革开放的三十余年里，人心治理和舆情调控呈现出史前未有的崭新局面。但是，有过亲身经历的人们也许还清清楚楚地记得，反胡风、反右派、"大跃进"……十年"文革"，十年触目惊心，那惊天动地的政治运动，那席卷全国的舆论狂潮。这既是政治决策的失误，也是舆论调控的败笔。物质上的损失是巨大的，人心的挫伤是惨烈的。特别是经济和人心，已临近崩溃的边缘。当然，最可怕的是滋生蔓延的信仰危机和信任危机。失去信仰和信任的舆情，是最难振奋和驾驭的。

政治决策是一种领导艺术，舆论调控是一种治国艺术，二者相辅相成。政治决策和舆论调控都要民主化和科学化。

民主有两层含义。一是政体意义上的民主，它与专政相对应。政治民主解决谁来当家做主的问题，谁专谁的政的问题。二是组织原则意义上的民主，即当家做主的人们在内部怎样行使自己的权利，在中国就是人们常讲的民主集中制。既然是在人民当家做主的国家实行舆论调控，调控的起点、过程和结果都要维护人民的利益，有益于国计民生，切实尊重人民的知情权、参与权、表达权、监督权。强奸民意，欺瞒公众，强加于民，钳制言论，都是违法的。舆论调控者绝不可“和尚打伞——无法无天”。新中国成立以来舆情调控的败笔，多出于调控者的瞒“天”之过，也就是把百姓边缘化，侵犯了人民群众的主体地位。

关于民主集中制，在学术界是颇有争议的。马克思恩格斯曾提出党内实行民主制，并没说民主集中制。其实，集中是民主制的应有之义。民主制的核心思想是“少数服从多数”，多数人的意见一旦通过，少数人必须服从和执行，带有强制性。少数人虽然可以保留自己的意见，继续表达和争鸣，但行动上必须与多数人保持一致。那时候的集中来源于民主，最后又归于民主，马克思不在民主制前面加上“集中”二字，是有充足理由的，着意反对的是封建主义和资产阶级的专权制。列宁生活在武装斗争和地下活动的条件下，在党内无法实行公开制、选举制和监督制，因此特别强调集中制。后来吸收德国无产阶级革命家卢森堡的意见，改为民主集中制。中国共产党长期从事武装斗争和地下斗争，也接受了列宁的民主集中制原则。那时候的民主集中制，集中多于民主而归于集中。到了社会主义和平建设时期，这种集中制的弊端日渐显露，出现了个人专断和全党全民的狂热崇拜。改革开放初期，党的领导人多次提出要实现政治决策的科学化与民主化，实行多于集中而归于民主的组织制度。

舆情调控属于政府行为，行为走向是上情下达，也就是群众路线里的下半截：到群众中去。我们不是追求舆情调控的优化吗？优化的具体标准是多层面的，但有两项指标不可缺失。一是趋同的效率。通过有效传播等技术手段，在舆论场中快速形成主流，意见趋近一致，造成有益于调控者一方的舆论强势。在传播手段高度现代化的现今时代，做到这一项还不算十分艰难。近十余年间，美国在中东等地发动了多场战事，经过美国政府和主流传媒的努力，支持政府用兵出战的舆论相当强劲。这在我们看来，效率虽高但说不上是优化。文化大革命中社会舆论高度一律，竟然维持十年之久，当然也算不上优化。这里就需要用另一个标准加以衡量，那就是善恶是非的标准。舆论的善恶，首先要看它多大程度上反映了民意，进而看它多大程度上维护了人民大众的根本利益。

这样的优化指标怎样来实现呢？那就看舆论调控者在实行“集中”即调控之前，在贴近群众、了解民意、汇集民智上下了多大工夫。不是没有调查研究就没有发言权吗？同样，没有对民情民意的深入体察，就没有对舆论指手画脚的权力。由于历史的原因，我们的舆论调控者养成了眼光一味向上的习惯，对国情社情民情的熟知远不如对上级精神的揣摩。民心只可顺，不可逆。不把顺着上级和顺着民意统一起来，舆论调控优化就无从谈起。

需要捎带说明的是，在某一具体的舆论场里，如南方科大的几十名学生参加不参加高考的争论，是不能按少数服从多数的原则进行处理的。舆论不是决策，多数人的意见只有心理上的压力，对少数人没有强制作用。我们说实行民主集中制，其实施范围限定在操控舆情的宏观层面上。

二、我国的舆情调控是渐渐走向优化的，至今不尽如人意之处尚多

这不仅仅是因为调控者的民主意识有待强化，还与我国的基本国情和舆情特征直接相关。

刘少奇早就说过，理论准备不足是我党的一大缺点或弱点。这一弱点由两个社会原因造成：一是中国革命总是一场激战接一场激战，一个高潮连一个高潮，很少有喘息和修整的机会，很少有静下来学习学习、总结总结的环境。这样就有碍于全党理论水平的提高，有碍于对客观规律的深刻把握，有碍于对发展态势的科学预见。二是中国共产党党员的平均文化程度较低，多数处于文盲和半文盲状态，这有碍于学习理论的热情和自觉性。同时，文化

程度偏低的大多数党员，对文化远远高于自己的领导人物非常容易产生一种盲目的崇拜心理。由于缺乏分析判断能力，遇到意见纷争很容易跟风，且深受封建主义官本位意识的影响，认为谁官大谁掌握的真理就多。个人迷信很有市场，个人崇拜很容易成为社会风气、舆论狂潮。民主革命时期，为什么接连发生了几次大的左倾错误，党内越左越革命的偏激思想长期占据压倒性优势？新中国成立后，三年“大跃进”，没有不吹牛的省，没有不吹牛的县，没有不吹牛的乡，吹牛舆论席卷全国，甚至连大科学家都陷入漩涡。文化大革命一搞就搞了十年，有几人站出来断然反对？即便来势最猛的所谓“二月逆流”，对“文革”虽说气愤填膺，深恶痛绝，但也难说击中了要害，触动了根本。只有折腾到了崩溃的边缘，才结束这场冠以革命圣名的灾祸。

毫无疑义，实践是检验真理的唯一标准。可我们获得真理的代价是不是过于大了些？在实践中折腾的时间是不是过于长了些？为什么非要头碰南墙、碰得头破血流了才能够纠正自己的错误？这样的调控舆论，既有悖民主原则，也有悖科学化精神，是不可能走向和保持优化状态的。

经过新中国成立以来六十余年的建设，党员的文化程度有了明显的提高，各种学习条件达到了从未有过的先进程度。党对革命与建设中的经验教训进行了较前更为系统、更为冷静的梳理，我们的“治心工程”与舆论调控正在走上民主化与科学化的轨道，舆论场中呈现出多元化与包容性的格局。不同的舆论主体空前活跃，不同舆论间的矛盾与撞击频频发生。现代化的传播工具特别是网络，极大地扩展了社会公众的参与机会和监督空间。中国的网民已经超过三亿，形成了世界上人数最多的舆论队伍。中等收入的阶层及西方所说的“中产阶级”已经超过总人口的三分之一，这对舆论质量的提升，舆情调控的优化，铺垫了新的基石。但是中国民众的受教育程度和总体文化水平与发达国家相比还有相当大的差距，那种一哄而起、刮风跟风的畸变性舆论仍然时有所现。北京、上海相继建起著名的国际贸易区，简称 CBD，全国其他省份甚至中小城市纷纷盲目效仿，以此作为政绩的主要体现。某省经过几届领导，投入了数百亿元资金建起的 CBD 新区，由于功能不全，不宜百姓居住，被公众戏称为“死区”。而省属十几个地市也不顾实际效果争先恐后建起了新开发区，其中一小城市建起了十分气派的城东新区，六车道或八车道的马路纵横交错，两旁是移植来的绿树，路灯模拟北京长安街的宫灯。从早到晚，宽阔豁亮的通衢大道上，基本见不到汽车奔跑，自行车与行人更少。报纸广播连连报道称赞，百姓们摇头痛斥："就知道糟蹋庄稼地！"期间，我们的舆情调控是怎样追求优化的？是怎样代表民意的？我们的传媒是如何睁着眼睛说瞎话，为所谓的政绩工程使足了劲儿大吹大擂的？有几个公务员，有几名记者，是敢于说实话、报实情的？

在社会主义市场经济中，我们的党与国家，我们民众的心理防线，受到了不亚于左倾浪潮的强劲冲击，这就是来自市场经济自发性的无孔不入的侵蚀和颠覆。选择社会主义市场经济发展模式，无疑是正确的，没有市场经济的自发动力，就没有三十余年社会财富的迅猛涌现，就没有世界第二经济实体的地位。但它对社会的运作方式和价值观念，对民众的生活方式与道德意识，产生了前所未有的催化力量。令人担忧的是，我们的舆情调控能不能承担起这样的历史责任：与相关机构携手，筑起一道阻截商品交换侵入非准人领域的长城，也就是明确规定，有一些东西绝对不能成为商品进入市场，不能卖也不能买，例如官职、"党票"、文凭、学位、职称、伤人性命和毒害灵魂的物质与精神产品，等等。如有违反，严加惩处，绝不姑息。这应当成为舆情调控的道德底线。有了底线防守，我们才能唱响主旋律。例如，现在提出要着力提高教育质量，教育质量为何有所降低？提高教育质量从何抓起？不从根本上治理文凭、学位、学术职称上的商品化，教师不用心教，学生不努力学，提高质量岂不是一句随便说说的好听话？现在老百姓每天吃饭都提心吊胆，奶有毒，肉有毒，蔬菜有毒，水果有毒，粮食有毒，食用油有毒，百姓们已是怨声载道。传媒加以揭露，应当理直气壮。不揭不批，不足以平民愤，因为这是每天都要吃进肚子里的东西，事关生存安全和性命。它太基本，太根本，太紧要了，违法者理应受到法律的制裁与舆论的鞭笞。通过有力的舆情调控，我们可以加速中国市场经济的法制化。

市场经济的"等价交换原则"也非法进入了舆论监督领域，侵蚀着我们的传媒业。企业主不是屡发"封口费"吗？这是一种浅层的交易，深层的和变相的交易，那就难以数计了。企业主作为主体，它也在调控舆情，控制舆论。企业主的手段无非是出钱，而一些传媒出卖的是报道权和舆论监督权。改革开放初期，我国许多传媒的舆论监督锋芒是相当锐利的，其中不少是因为舆论监督才脱颖而出，站稳了市场。近些年，不知不觉中，它们的锋芒不见了，他们的监督范围缩小了，碰软不碰硬了。不能说媒介缺乏专业主义精神，但身处市场经济，其批评自由和监督勇气在利益的等价交换中不可能不受到消磨，这是舆论调控实现优化不能回避的现实问题。

三、东阳的鸿篇大论，论的是“舆情调控”，而不只是“舆论调控”

舆论调控属于舆情调控的一部分。书中说：“广义的舆情就是舆论及其社会情境。”调控舆情自然要比调控舆论更加宽泛。药家鑫案件中，药家鑫究竟该杀还是不该杀，曾经是一争议相当激烈的舆论话题。怎么有效调控这一舆论？光靠舆论手段是远远不够的，只有通过法律手段，对该案作出公正审判，舆论才能得到平息。前面讲的，控诉食物掺毒的舆论，不能只靠谴责奸商来调控，而是需要惩处罪犯和加速市场法制化来平息。舆论的情境，包括了经济、政治、法律、文化、教育层面，调控起来需动用经济、政治、法律等手段。当然，其中的新闻手段，还是唱主角儿的。舆论在上层建筑意识形态领域里，是与日常生活、政治生活、哲学世界观都很贴近的一方热土，调控起来就是难度很高的综合工程和系统工程。把舆论比喻为社会的皮肤，是说它处于社会的表层、浅层。其实，舆论并不浅。即便是人的皮肤，它也与五脏六腑、骨骼筋肉休戚相关，内在相连。在中医中，治疗皮肤病，还需调理人的脏腑和气血。

善无止境。舆情调控的优化程度永无止境。更甭说我们还有许许多多的不足。东阳对舆情调控的研究只是到了一个阶段，要做的研究还很多，更加丰硕的成果定会结满枝头。

感慨发多了，赶快止笔。

项德生

2011 年 6 月

第一章　舆情调控及其研究

第一节　舆情调控的重要性

一、舆情调控在世界普遍存在

任何一个政府都非常重视对社会舆论进行引导和控制，以维持其政治和文化上的领导权，其间只是各自的方式和手段不同而已。各种社会团体、商业组织甚至个人也使用各种公关、经济和语言等手段试图影响舆论，只不过政府对舆论的调控更具社会性意义。

美国是号称世界上最民主的国家，实际上美国政府对舆论的控制无处不在。美国语言学家乔姆斯基用各种案例说明美国政府和商业组织如何通过新闻媒体、公共关系产业、学术思想界来“制造”共识，而且在全球范围推广其价值信条，并借助军事力量“制造”没有同意的同意，主宰民众思想，控制舆论方向。他得出一个结论：“政府‘越民主’，就越有必要控制民众的思想，以确保他们对统治者的服从。”① 乔姆斯基描述了美国那些工商界如何借助公共关系“控制公众的思想”，其理想的状态就是：尽量防止人民去胡思乱想，所以要想办法分散人们的注意力。让他们去收看美式橄榄球“超级杯”大赛、情景喜剧或暴力电影，不时地把他们召唤起来喊喊诸如“支持我们的军队”之类的空洞口号。为了让人们支持政府的对外战争，美国政府往往利用媒体造假新闻激发人们对敌对国的愤恨，或者让美国人感到该国的威胁。像《纽约时报》这种以商业为基础的精英媒体，通常都是配合政府的宣传，因此被称为“档案记录报”。乔姆斯基说“在美国基本不存在文字审查，但是思想控制是一项繁荣的事业，实际上，对于一个建立在精英决策、公众

---

① ［美］诺姆·乔姆斯基．新自由主义和全球秩序．徐海铭，季海宏译．南京：江苏人民出版社，2001．28

批准或是被动接受这一原则基础上的自由社会来说，它是不可或缺的”①。

美国曾长期驻白宫的记者海伦·托马斯在《民主的看门狗》中详细讲述了美国历届政府如何通过新闻管制影响民众的判断，她认为：“每届政府都会就当时的环境、时间等因素设法以不同的、独特的方式去管制新闻，现代的政府还利用了各种技术手段。”② 现代社会的新闻媒介越来越受控于金钱，公共关系产业、民意调查等都是为政治或集团利益服务，美国《当代心理学》杂志曾刊登文章《民意调查是为支持现状而工作的娼妓》。对美国所谓的新闻自由，人们印象最深的是阿富汗战争和伊拉克战争中政府对新闻报道的限令被媒体所接受，“9·11”以后政府对媒体施加了越来越多的压力乃至威胁，让媒体与政府口径一致。如果媒体不顺从，就可能被贴上“不爱国”的标签；而美国民众也默许了情报部门对他们通信的检查和窃听，这些说明在“国家利益”面前任何组织和个人都需要放弃某些自由。

俄罗斯学者穆尔扎认为“资产阶级社会的言论自由是一个哲学范畴，在现实中，这种自由恰好为操纵社会舆论提供了方便”。美国无论是在法律上还是在实践中，没有地方或联邦政府的许可是不能公开发表演说的，直到1964年，最高法院才通过裁定：“抗议书或请愿书——对政府的批评——在美国将不再被看做是犯罪。”③ 美国并不是没有舆论控制机构，美国新闻署一直以来都是舆情调控的政府机构，美国之音就是在它的直接控制下，由政府拨款向海外进行政治宣传。2003年2月，美国总统签署命令，正式成立白宫“全球宣传办公室”，阿富汗战争后，该机构成为政府常设宣传部门。伊拉克战争前夕，布什对“全球宣传办公室”进行了特别调整，由白宫、国防部、国家安全会议高级官员组成，每天24小时不停运转。他们编造萨达姆政权与“基地”组织勾结、屠杀伊拉克人民、有大规模杀伤性武器等“新闻”，引导美国媒体舆论一致宣称“伊拉克是邪恶中心”、“美国为了抵制恐怖袭击必须先发制人”等，而战争结束时上述的“新闻”中有相当部分被证实是子虚乌有，只不过是美国发动战争的借口。

其他国家也存在类似的现象，只是西方民主国家在言论自由、出版自由、

---

① ［美］诺姆·乔姆斯基．海盗与君主．叶青译．上海：世纪出版集团译文出版社，2006．27

② ［美］海伦·托马斯．民主的看门狗．夏蓓，蒂娜·舒译．广州：南方日报出版社，2009．51

③ ［俄］谢·卡拉一穆尔扎．论意识操纵．徐昌翰，王晶等译．北京：社会科学文献出版社，2004．329

新闻自由的口号下，政府不能公开地宣称对舆论进行控制，而是采用非常隐蔽和艺术的调控方式，特别是将民众引入消费主义的陷阱中，消解人们对崇高政治理想的关注，从而成为沉默、顺从的公众。

二、当前中国社会舆情调控的必要性

舆论是社会的皮肤，它能最敏感、最快速地觉察社会的动态，是社会动向的风向标。中国共产党十六届四中全会提出“构建社会主义和谐社会”的治理目标，和谐社会最基本的一点是要在沟通的基础上达成社会共识，通过引导形成比较一致的社会舆论。一个和谐的社会必然建立在民众合意的基础上，为大多数民众的公共利益和共同的心愿服务，使人民心情舒畅、生活幸福。和谐社会的舆论应该是和谐的，舆论不和谐是由社会矛盾引起的，不和谐的舆论又会促使社会矛盾激化，必然带来社会的不和谐。中国当前社会几个方面的问题凸显舆情调控的复杂性和必要性。

1. 社会转型期社会矛盾比较突出，甚至激化，出现了各种不和谐的社会事件

近年来中国社会频发各种群体性突发事件，如2008年贵州瓮安事件、陕西府谷事件、江西铜鼓群体冲突事件、重庆海南等地出租车司机罢工事件等，2009年湖北石首事件、吉林通钢、河南林钢事件、云南陆良事件、湖南浏阳镉污染事件、福建泉州暴力抗污事件、江苏吴江平望事件、广州番禺垃圾焚烧事件等，2010年天水市甘谷县征地事件、江苏邳州市拆迁事件、海南临高县群众集体上访事件、昆明市城管和民众冲突事件，还有幼儿园频发的被袭击事件、富士康员工连续自杀事件等。种种迹象表明，群体事件爆发越来越频繁，而且越来越严重，1993年，群体事件8 709起，2006年增加到90 000起，2007年至2009年每年均超过了90 000起，① 尤其是特大群体性事件不断增多。这些矛盾发生的原因正如胡锦涛总书记在省部级主要领导干部研讨班上的讲话中所总结的：能源等资源紧缺对经济发展的制约日益突出，城乡发展、地区发展、经济社会发展不平衡的矛盾更加突出，社会利益关系更趋复杂，随着改革的深入触及更深层次的矛盾和问题，劳动者就业结构和方式不断变化，人员流动性大大增强了社会组织和管理的难度等。社科院在“2010年《社会蓝皮书》发布暨中国社会形势报告会”上认为，2009年群体性事件多发源于民怨太深，如企业改制、房屋拆迁、土地征用、集资等，这

① 于建嵘．守住社会稳定的底线．东方月刊，2010（6）

些问题未得到及时解决，造成游行、集体上访等各种群体事件发生。政府在处理群体事件时显示出了一定的应对能力，所以目前对群体事件基本上处于可控制的境地，但是中国社科院教授于建嵘认为这是一种“刚性稳定”①，是以权力的排他性和封闭性为基础的政治稳定，存在一定的政治风险。因此如何化解民怨、倾听民情、引导舆论，是舆情调控最紧迫的工作，而要从根本上减少群体事件，关键在于解决社会矛盾引发的各种民生问题。

2. 长期以来，中国对舆论的调控以堵为主，造成社会严重的政治焦虑

突发性事件不断发生，民怨累积，这样的社会“实际上是一个缺乏体内自动平衡机制的有缺陷的社会，是一个不具备自我警报系统的社会。长此以往，无疑充满了危机和陷阱”②。湖北石首事件被强硬的手段平息之后，记者再到当地采访，一些民众都避讳不谈，但是内心对政府的做法并不完全认可。这种硬性的堵塞在一定时期可能有效，但不可能一劳永逸地彻底解决问题。当前社会已经出现很多极端行为，如开胸验肺、以死抗争，前赴后继跳楼、跳桥，在风口浪尖仍然袭击幼小儿童以泄愤，以枪扫射法院等，当种种极端达到一定规模或形成有组织的行为时，社会危机就会爆发。我国周代就有“防民之口，甚于防川”的古训，治理民众就像治理河川一样，如果一味堵塞，一旦河堤崩溃，势必造成河流泛滥成灾，危害更大。“是故为川者决之使导，为民者宣之使言。”③ 针对种种社会焦虑情绪，应当通过舆情调控手段进行适当疏导，建立社会舆情正常疏导机制作为社会的减压阀，消除普遍的社会心理压力，才能真正保证人们心情舒畅，社会和谐稳定。

3. 多元化信息社会使得舆情调控比传统社会更加困难

现代社会人们获取信息的渠道增多，各种媒体特别是新型媒体如网络和手机短信等，使人们受各种思想观念影响的机会增多，人们思想意识的独立性、选择性、多变性、差异性明显增强，舆情调控更加困难。互联网虽然有政府管理部门、网管等作为守门人，但是由于其匿名性、虚拟性等特征，比较难以守住。过去，人们获取信息的渠道有限，而这些信息源又为少数的经理人、总编、主持人、记者和专栏作家等“媒体精英”所把持，但“随着媒体变得越来越多样化，这些精英的话语权正在日益削减，公众破天荒地开始

---

① 于建嵘．韧性稳定，防范社会动荡．南方周末，2009-12-24

② 萧功秦．后全能主义时代的来临：世纪之交中国社会各阶层政治态势与前景展望．当代中国研究，1999（1）．http：//www.comment-cn.net/politics/politicalidea/2006/0626/article_ 3855.html

③ 国语·周语（上）．

参与新闻与信息的创造和扩散过程”①。美国 NBC 新闻和 PBS 的前总裁劳伦斯·格罗斯曼不得不黯然承认德拉吉所代表的力量，“互联网使我们都成为记者、广播人、专栏作家、评论员和批评家”，“当每个人都成为记者、广播人、专栏作家、评论员和批评家的时候，我们面对的是一座新闻丛林，好坏参半，优劣共存。”② 当网络成为一个新兴的大字报，就意味着社会进入一个大众麦克风的时代，人们把自己的个人情感、单位里的矛盾、社会中的不公平等情况都在公共平台上公开，从而形成错综复杂的舆情；同时有关部门和领导对新媒体下舆情工作的复杂性认识不足，有的手段粗暴简单，一味打压，或者一概斥之为谣言；有的面对汹涌的网络舆论反应迟钝；有的仍沿袭传统的调控方法等。由于不能适应新形势下舆情变化的要求，舆情调控工作日渐艰巨。

4. “西强我弱”的国际舆论格局没有大的改变，我国在国际舆论中仍处在被动和弱势地位

一直以来，由于西方媒体的强大和冷战政策，中国在国际舆论中缺乏话语权，造成中国的国际形象被歪曲、妖魔化，而中国媒体在国际舆论中声音微弱且被贴以政治标签。另外，苏联和东欧社会主义国家的解体与西方媒体的舆论渗透密切相关，如今中国也成为西方进行“和平演变”的主要对象。随着中国经济高速发展，西方为了遏制中国，一直宣扬“中国威胁论”，不断制造舆论攻势。事实上，在中国一些群体性事件的背后有西方势力的参与，特别是西藏“3·14”事件、新疆“7·15”事件等，是境内外反动政治势力勾结煽动而起，西方媒体借机大做文章，有时为了政治目的不惜歪曲事实真相。舆论调控能力是国家软实力的综合表现，也是国家文化安全的重要体现。所以加强中国在国际舆论中的主动权和话语权，改变西方国家对中国带有偏见的舆论形象，是我国政府面临的重要课题。

三、中国政府对舆情调控的重视

舆情调控首先要了解舆情，国家领导人十分重视咨询民情，胡锦涛、温家宝多次到各地调研、在网上与网民直接对话。中宣部设立了舆情信息局，全国各省宣传部成立舆情信息处，在社会各组织和团体中广泛设立舆情信息直报点，收集重要、重大的舆情信息供中央参考。各级政府在信息公开的同

① 胡泳. 众声喧哗. 桂林：广西师范大学出版社，2008. 118

② 胡泳. 众声喧哗. 桂林：广西师范大学出版社，2008. 120

时，设立了新闻发言人制度，建立了政府、媒体之间的联动机制，加强对权威信息的发布，及时满足民众的信息需求，掌握舆论引导的主动权。胡锦涛总书记在2009年1月举行的全国宣传思想工作会议讲话中指出，党的十六大以来，中央在聚精会神搞建设、一心一意谋发展的同时，高度重视思想宣传工作，制定了一系列方针政策，作出了一系列重大部署。可见中央不仅重视舆论宣传工作，而且对民众参政议政从最初的笼统重视到逐步形成一系列的制度规范，保证人民民主权利的行使。政府听政于民，从舆情中咨询民意，作为决策的重要参考。各级政府逐步建立了向人民负责的问责制度、上访制度和网民留言办理制度等各项与舆情有关的制度，切实解决民众民生问题和思想疑难问题，形成了比较成熟的舆论调控思想。

党和国家领导人近年来多次提到要提高舆论引导能力，牢牢掌握对舆论的领导权和主动权，舆情调控能力成为一项考验党和政府能否维持稳定的政治局面、保证社会主义建设顺利进行的重要指标。经过近年来几次大的舆情考验，中国政府和媒体的舆论引导能力明显提高，但在很多方面还需要进一步改进。特别是如何防止错误的舆论对社会造成混乱和困惑，保持社会的稳定与和谐发展，营造良好的舆论环境，是当今迫切需要解决的重大问题。能否为构建和谐社会提供强有力的舆论支持，使领导和群众、决策和舆论的关系达到和谐，深刻地体现着执政党对舆论的影响能力。要达到构建和谐社会的美好愿景，党和政府就需要尽可能协调好各方面的利益关系，理顺各种社会矛盾，调动人民群众参政议政的积极性、主动性和创造性；应当尊重人民群众的意愿，切实维护人民群众的利益，真正为人民群众服务，才能得到人民群众的拥护和支持，顺民意、得民心，最终促进社会的和谐发展。要建设这样的社会，除了在社会治理中逐步解决实际问题外，最主要的是营造政通人和的政治氛围与和谐的舆论环境。胡锦涛总书记在人民日报社考察工作时指出："要把提高舆论引导能力放在突出位置，进行深入研究，拿出切实措施，取得新的成效。"2010年9月29日，在中央政治局集体学习中胡锦涛又强调，要深刻认识正确处理人民内部矛盾的重要性和紧迫性。通过对舆论的引导和调控，在社会中形成共同的理想和信念，提高公民的素质和道德水平，化解和理顺不满情绪，协调各种社会关系，是党和政府目前最重要的执政内容之一。

第二节　国内外舆情调控研究现状

国内外关于舆论和舆论控制的研究非常多，政治越是民主，舆论现象在社会中越突出，其研究就越如雨后春笋般活跃，特别是随着网络的兴起，学者们对舆论的关注更多。

一、国内舆情调控机制研究

由于舆论现象的突出和政府的重视，舆情调控是近年来学界、新闻业界研究的热点，相关的研究指南也都倾向于这方面。2006 年笔者拟定的“舆情调控体系与和谐社会构建研究”申请教育部项目成功，此后相关的课题不断出现，主要有 2007 年国家广电总局高校人文社科项目“我国社会转型期和高新技术革命下的舆论调控研究”，2008 年国家社科重大项目“新形势下提高舆论引导能力研究”，2009 年“突发事件网络舆情研究”。2010 年国家社科项目指南中有关舆情调控的项目有：中国特色新闻舆论监督思想及机制研究、社会舆情预警问题研究、群体性事件中的网络舆情研究、传统主流媒体提高舆论引导能力研究、网上舆情分析研判机制研究、提高涉藏和涉疆舆论引导力对策研究等。该年度国家重大课题“舆论引导能力与国际传播能力研究”就涉及舆论引导与舆情调控方面。

1．四大数据库关于舆情调控的论文统计

根据中国期刊全文数据库（CNKI）、中国期刊全文数据库（世纪期刊）、中国博士学位论文全文数据库和中国优秀硕士学位论文全文数据库四大论文数据库资料，日期截至2010 年6 月5 日，以“舆论控制”作为题名检索到的论文有23 篇，作为关键词的有74 篇，文中使用该词的共3 133 篇。另外，以“舆论调控”这一专有名词作为题名的共24 篇，其中3 篇重复，6 篇是硕士论文，最早的发表时间为 1991 年。将“舆论”与“调控”分开作为题名搜索又增加8 篇，其中 2 篇是硕士论文。把“舆论调控”作为关键词的有 17 篇，文中提到该词的有 566 篇，涉及新闻、思想、政治、军事、文学等方面，当然多数是新闻传播方面的，有传统媒体的舆论调控，也有大量网络舆论调控的研究。“舆论调控”作为专有名词出现在论文中的最早时间是 1989 年。

以“舆情调控”为题的只有 1 篇，发表于 2008 年，无以其作为关键词的，文中提及该词的有 29 篇，“舆情调控”作为专有名词出现在文章中是在 2001 年。无“舆情”和“调控”分开作为题名的。

用“舆论引导”作为题名的共有 1 488 篇（其中前期有重复论文 9 篇），

从1979年到1984年间以舆论引导为题的论文没有，1985年有1篇，1989年是研究的一个小高潮，“舆论调控”一词也是在该年度出现，显然是与“六四”事件有关联。其后相关文章的出现断断续续，从1995年开始每年稳定在三四十篇，2005年开始逐渐增多，近三年相关论文发表出现高潮，特别是胡锦涛指示要加强媒体舆论引导能力后，研究舆论引导能力的文章增多，内容涉及报纸、广播、电视、手机、网络等各种媒体舆论引导能力研究，网络舆论引导成为研究最多的方向。有对历史上舆论引导经验的总结，也有从个案探讨舆论引导的技巧，还有针对突发性群体事件的舆论引导。媒体方面主要有引导中存在的问题、引导能力、引导策略研究，研究角度有公共危机、社会思潮，研究范围包括高校、部队、工会、城市、农村等。

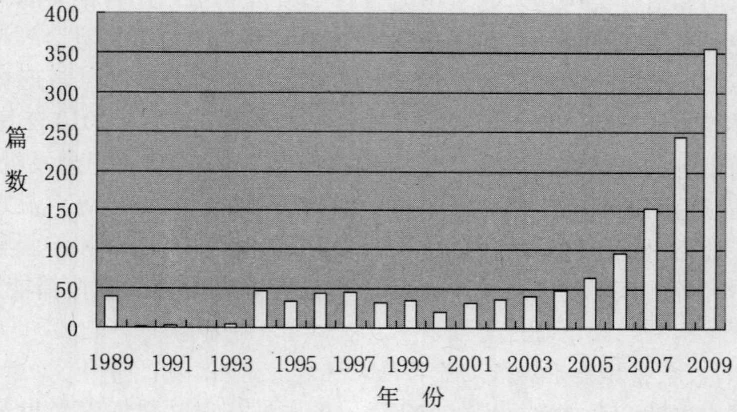

改革开放以来四大论文数据库以“舆论引导”作为标题的论文数量

注：2010年只统计在总数内，未列入图表。

到目前为止，尚未发现以“舆情调控机制”作为题名的论文，但文章中运用该词的有1篇，是笔者所带研究生参与教育部课题“舆情调控机制与和谐社会构建研究”时所写的《群体事件中谣言的传播与控制》。以“舆论调控机制”作为题名的论文有1篇，全文中使用该词的有17篇。

2. 舆论调控的理论研究

刘建明在1990年发表的《浅论舆论的调控》已经将舆论调控作为专有名词，认为党和政府为维护国家利益和社会秩序需要对舆论进行调控，并论述了舆论调控的功能、方式（硬性调控和软性调控）、途径（思想政治工作、民意测验、新闻传播媒介）。杨尚德在《新闻舆论调控的几个问题》（1992）中主要谈了经济宣传中应该把握的几个问题：①不走调，以经济建设为中心；②不转向，坚持四项基本原则；③不刮风，不偏颇，不单调。沈世纬在《加强改革开放的舆论调控》（1992）中谈到：为推动改革开放，新闻机构必须强化舆论调控，首先要发挥新闻舆论的先导作用；加强新闻舆论的针对性和战斗性；坚持改革开放宣传的科学性，即不刮风、不起哄、不偏颇、不搞一刀切、不搞一次完成式的“过程论”。薛云峰在《主旋律的内涵及舆论调控的“度”》（1996）中认为：注意新闻舆论调控的度，就是要坚持质和量的统一，情与理的统一。濮端华在《对新闻舆论调控的探讨与思考》（2003）中认为：新闻舆论调控系统的主要构件有调控主体（显性主体是大众传播媒介，隐性主体是某一社会组织）、调控客体（社会行为）、调控模式（正导：正面导向。制导：对偏离行为的批评与警告）。新闻舆论调控的内在机制是：提供社会认知，校正价值评价，形塑社会心理，并对新闻舆论调控提出了一些现实思考。王凡在《舆论调控：执政党建设先进文化的重要能力》（2005）一文中从执政党建设社会主义先进文化的角度强调了舆论调控的重要性。舆论调控是执政党领导舆论工作的重要手段，把握正确的舆论导向是舆论调控的关键，把握舆论调控的基本原则和要求是搞好舆论调控的重要方法，这些原则和要求就是要坚持党管媒体的原则，坚持团结、稳定、鼓劲和正面宣传的方针，切实做好舆论监督，坚持“三贴近”、“三符合”和“三满意”方针。韩运荣的《舆论调控研究的理论与视角》（2007）一文，对中西方舆论调控研究的视角进行了比较，西方关于新闻舆论的调控研究主要体现了四种研究取向：①传媒（新闻舆论）是否“应当”被调控？②舆论是否“可能”被调控？③如何调控？依据是什么？④舆论是多大“程度”被调控？而我国舆论调控的研究主要有三个方向：①舆论是否“应当”被调控？是否“可能”被调控？②“如何调控”，其依据是什么？③多大“程度”被调控？河南大学赵克强的硕士论文《新时期舆论调控研究》（2007）分四个大的部分：舆论调控的内涵与机理，新时期的时代特征及对舆论调控工作的挑战，如何通过各类媒体实施舆论调控，构建新时期的舆论调控体系。该文提出了一些好的框架，如舆论调控体系除了依托新闻媒体进行舆论调控外，还要建立舆情信息的汇集和分析机制、舆情的预警和快速反应机制、健全的社会信息披露制度。高菲在《论政府新闻发言人舆论调控的实施依据》（2008）中认为：舆论的社会功能、意见信息消费需求、舆论调控的社会效用等因素是政府新闻发言人实施舆论调控的重要依据。政府新闻发言人通过实施舆论调控来达到增强政府舆论影响力的目的。张蓝冰的文章（2008）以“舆情调控”作为论文题目，并以 2008 年南方雪灾中广州市政协副主席和铁道部发言人的言语之争引发的网友热议作为案例，认为 2 月 22 日的《人民日报》和《工人日报》对此事的署名时评道出了争论的实质和当下的意义，这两篇评论共同指出"炮轰"铁道部彰显民主。而这种"民主监督说"既是事实，又符合当下我们党大力倡导民主的实际情况，可谓"四两拨千斤"①地解决了有可能扩大的争论，给舆情以很好的导向，更给今后类似的争论提供了一个很好的借鉴。

除了论文外，很多舆论学的著作中都提到了舆论引导，陈力丹的《舆论学——舆论导向研究》（2002）主要讲媒介如何根据舆论的不同特征进行引导，也介绍了大众媒介引导舆论的几种常用方式：一种是人类历史上的传统引导、内部引导和他人引导，另外三种是说服、议程设置和沉默的螺旋。他还对当时舆论导向中存在的问题进行了分析。而廖永亮舆论调控研究的专著《舆论调控学——引导舆论与舆论引导的艺术》（2003）比较全面地梳理了舆论调控的要素，对我国的舆论调控进行了深入研究。该书论述了舆论调控的客观根据、目的、原则、体系，舆论调控的关键，舆论调控的二级形态，舆论调控与新闻自由，舆论调控的重点媒介，最后介绍了舆论调控的三种方法：媒体控制、方针引导、内容督察。该书的内容比较全面，且其研究框架有重要参考价值。

3．对舆情调控机制的研究

夏文蓉的《论舆论传播与引导机制》（1999）是较早研究关于舆论调控机制方面的文章，她提出在宏观上应建立一种制度以充分发扬民主，确保社会传播渠道的畅通；在中观层次上，通过社会组织协调意见，当一种舆论需要在社会中扩散时，社会决策层通过社会组织开展讨论等，比较容易把握舆论传播的走向和状态；在微观层次上，可以通过控制舆论领袖具体地控制舆论传播。其中，她突出了社会决策者在舆论调控中的重要作用，他们可通过控制舆论领袖进而把握一般社会成员的舆论取向的过程。印度尼西亚海啸后，学者们开始对舆论调控机制进行研究，并结合具体案例提出了各种舆情调控机制。濮端华在《海啸引发的传媒反思：构建应对公共安全危机的舆论调控机制》（2005）中提出了舆论预警机制、舆论动员机制、舆论预后机制、舆论缓释机制及其内容和原则等。盛沛林、秦超的《印度洋海啸灾难爆发时的信息传播——兼论媒体的新闻舆论预警机制》一文，探讨了新闻舆论预警机制在社会发展中的重要性和可行性，并总结出实施新闻舆论预警应遵循的客观性原则、科学性原则、适时性原则和系统性原则，但文章主要是从具体事例来谈特定时期的舆论调控机制，未能在整体上对舆论调控机制加以建构。

---

① 张蓝冰．一次"四两拨千斤"的舆情调控．传媒观察，2008（6）

刘毅在《建立健全舆情信息汇集和分析机制》（2005）中主张舆情调查制度化，以反映民意，并对舆情信息汇集和分析机制进行了初步探索。雷跃捷、唐远清在《论如何建立健全舆论引导工作格局和工作机制》（2007）中提出，要建立健全以党政主管机关为主导、以行业自律为基础、以专业监督和社会监督为辅助的舆论引导工作格局，为正确舆论导向提供组织保障；要建立健全完善的舆论引导工作机制，为正确舆论导向提供制度保障；要加强研究，促进舆论管理工作从以行政手段为主向以法律手段为主转变，探索建立舆论引导工作管理的长效机制。彭祝斌、邓崛峰在《论科学构建舆论引导机制》（2010）中提出建立科学的舆论引导机制：统筹兼顾——建立健全以全面协调为特征的综合引导机制；以人为本——建立健全以舆论调控为核心的全程引导机制；持续规范——建立健全以法律规制为基础的长效引导机制。

由于中国当前最急迫的是突发事件中的舆情调控问题，所以开始有学者专门针对突发事件的舆情调控机制进行研究。赵良英在《突发事件舆论引导与机制建设》（2008）中提出突发事件舆论引导需要把握的几个关键环节：做好日常舆情监测与研判，第一时间向社会公布信息，及时回应虚假信息和社会关切，组织力量正面引导舆论。在舆论引导机制建设方面：提议明确突发事件信息公开和舆论引导的责任；完善新闻发布制度，提高新闻发布效果；加强网络媒体建设，形成舆论引导新格局；加强协调，形成突发事件舆论引导合力。暨南大学黄婷在硕士论文《突发事件社会舆论调控模式研究》（2008）中将突发事件社会舆论调控研究分解为模式推导、模式建构、模式分解三个阶段，根据突发自然灾害事件、突发公共卫生事件、重大突发安全事故等提出了社会舆论调控的几种不同模式，并对模式运行机制进行了深入分析，形成由信息披露、舆情监控、议程设置和媒体的舆论监督构成的舆论调控运作机制体系，使调控模式具有较强的可操作性。

舆情调控机制方面的著作主要有：张克生的《国家决策：机制与舆情》、陈月生的《群体性突发事件：机制与舆情》以及中宣部舆情信息局出版的《舆情信息工作概论》和《舆情信息汇集分析机制研究》等。其中都谈到舆情调控机制的建立迫在眉睫，特别是中宣部已经按照其著作中的框架在全国各地设立了舆情信息直报点，建立了舆情预警机制，并以科研单位如天津社科院舆情研究所为研究基地进行相关研究分析。

从上述可见，“舆情调控”概念主要是在一些学者的著作中提到，而论文一般习惯使用“舆论调控”，这可能因为论文基本上是就事论事，即针对某个或某些具体的舆论展开论述。

4. 网络舆情调控及其机制研究

在信息技术日新月异的现代社会，网络媒体的日益崛起使得政府、媒体及普通大众都对网络舆论日益关注，网络舆论调控逐渐成为学者们广泛关注的研究热点。在 CNKI 搜索中，我们可看到从 2001 年至今，网络舆论的研究一直呈直线上升趋势。针对网络媒体和网络舆论的特殊性，许多学者就网络舆论调控提出了一系列的分析思路和切入角度，其中依托传统的舆论学分析，结合网络媒体与传统媒体的差异性成为学者们普遍的研究视角。

林恩全的《浅议网络舆论及其控制》（2004）一文，提出了网络舆论控制的两种方法，即技术层面的“硬控制”和非技术层面的“软控制”，网络舆论控制的重点应在非技术层面。袁涛《网络舆论的引导》（2004）提出网络媒体可通过开辟专门的板块对网络信息进行收集、整理与回馈，从而达到适时调控网络舆论的目的。彭鹏在《网络舆论的功能及调控策略》（2005）中，对网络舆论正负两个方面的功能作了分析，并从宏观政策、网络伦理的建构和强化“把关人”三个层面提出了网络舆论的调控策略。武汉大学郑杨的硕士论文《网络传播的舆论调控研究》（2005）中谈到了网络传播舆论调控的基本问题、网络传播舆论调控的难点、应对策略思考，其中提出的策略主要是：扶植并控制传统媒体背景的网站，组建大型综合性网站以实施重点调控，立足“开”和“导”、加强政策和法律调控，强化社会控制，加强技术手段控制等。叶惠敏、戴冠中在《基于综合集成方法的网上舆论倾向分析与评估系统方案》（2005）中以论坛网站为例设计了基于综合集成方法的网上舆论分析和评估系统方案，这是对网络舆情调控的一种量化研究方法。杨卓的硕士论文《网络舆论的发展与社会控制》（2006）以控制论为理论基础，从社会管理的角度探讨了网络舆论的社会控制问题，初步构建了较为科学的网络舆论社会控制机制。电子科技大学刘昊的硕士论文《网络舆论的形成机制与调控策略研究》（2006）重点研究了网络舆论的现状及存在的问题，从波动律原理探索建了网络舆论形成的机制，并提出了对网络舆论的调控策略。

孙宜山《网络传播中舆论引导的特点分析与实施》（2007）一文重点分析了网络新闻媒体在进行网络舆论调控时应把握好“度”。王璜、陈正辉在《略论网络舆论及其引导》（2007）一文中明确提出了依法治网的建议。周道华发表的《构建和谐社会与网络舆论的引导》（2007）对网络舆论引导和社会的稳定和谐之间的关系进行了论述。陶建杰的《网络舆情联动应急机制初探》（2007）探讨了网络舆论危机的化解问题，提出有效化解网络舆论危机的监测、预警、应对三个环节，从整体上构成网络舆情联动应急机制。闫丽的硕士论文《我国网络舆论调控模式初探》（2008）从网络舆论的基本属性着手，分析了网络舆论的形成、传播特点及社会影响，提出了网络舆论调控的两个模式：动态调控模式和社会调控模式。荀瑶的硕士论文《公共危机事件中的网络舆论调控》（2009）认为，针对网络舆论应采取以“软性控制”为主，“硬性控制”为辅的调控方针，增加危机信息发布的透明度，建立运转高效的危机信息管理、发布机制。这些研究对网络舆论调控的机制从各个方面进行了初步探讨，但缺乏大家认可的通用模式，而且很多是具体操作层面上的研究。

网络舆论研究专著以刘毅的《网络舆情研究概论》（2007）为代表，该书对网络舆情与政府治理的关系进行了详尽分析，指出电子治理为政府管理提供了新的范式，对公共决策影响较大。中宣部舆情信息局出版的《网络舆情信息工作理论与实务》（2009）中的网络舆情概述、网络舆情信息工作的地位作用、网络舆情信息的发现和研判、网络舆情调查、网络舆情信息的编写等，是对网络舆情调控工作的具体描述，代表着中国网络舆情调控的方向。

中国的具体国情注定我国学者要从中国的具体实践出发，即立足中国国内政策的需要，探讨有利于构建社会主义和谐社会的舆论调控机制，因而研究具有鲜明的中国特色。

二、对国外舆情调控的研究

1．西方学者关于舆情调控的研究

20 世纪西方研究舆情调控的第一次浪潮是宣传技巧的研究，尤其是两次世界大战中，宣传战、舆论战、心理战成为学者们研究的热潮，李普曼的《公众舆论》、拉斯韦尔《世界大战中的宣传技巧》及霍夫兰耶鲁学派的劝服技巧等都是有关调控手段或方式的研究。西方对于宣传、传播和舆论方面的研究可以从《宣传、传播和舆论指南》一书中获得文献索引，书中介绍相关论文和著作共计 2 558 条，在“20 世纪的政治传播家”、“传播内容研究”两章中专门谈到了舆论控制。现代传播技术导致了宣传权力的集中化，“今天，众多新闻代理机构、主要报纸和新闻杂志、广播网和电影制造商控制着世界的新闻和舆论传播主渠道”。而这些媒体越来越多地被垄断在少数人手里，“以至于它们非常易于监督和被政府宣传头脑们置于直接的控制下。在权力高度集中的宣传体制下，几十个或者数百个人就能够完全控制全国受众的注意力”①。对传播内容不存在是否控制的问题，关键是控制的多少或大小的比较。该书的主题索引“宣传策略和技巧”、“根据宣传机构名称进行的宣传分类”、“传播控制和审查”下列出的主要书目和文章都是与本书相关的文献资料，有些已经被翻译成中文。

随着传播学中的批判学派兴起，他们研究的重点是控制研究，也就是媒体的所有权及其控制问题。近年来随着西方对舆论调控的增强，出现了一些学者从批判的角度来研究舆论控制问题，如美国的语言学家乔姆斯基对美国如何在国内外“制造共识”的系列研究。俄罗斯穆尔扎的《论意识操纵》揭露了美国针对苏联的意识操纵，他首先从意识操纵的概念、历史入手，分析了苏联的意识特点、西方意识操纵的方法和成功的原因，从异于西方研究的角度让人们看清美国的舆论操纵手法。美国学者阿什德（David L. Altheide）的著作《传播生态学》则主要从电子技术层面揭示了美国控制的文化范式，证明其在政治、经济、文化生活中的控制无处不在，特别是一些传播范式在反恐战争中被双方所利用；在因特网世界里，电子范式控制渗透到了人们的意识形态、价值观和生活方式中。他特别详细地列举了一些案例，描述了新闻媒体传播范式对舆论的控制，如英美对1982年爱尔兰共和军在伦敦制造爆炸案的报道，就显示了一些共同的新闻范式，说明大众媒介为公众提供了关于事件的重要信息及它们对我们生活的意义，而这类事件的报道比纯粹的主题类型报道更易受到意识形态上的控制，表明西方的媒体意识形态是通过具体的事件报道体现的，而不是专题性的宣传。

2. 中国学者对西方舆情调控的研究

为了借鉴西方舆情调控的经验，中国学者近年来对西方政府舆论控制手段的研究逐渐增多，并加强了研究的力度和深度，总结出了一些特点。谈玉才的《西方国家舆论控制的特点与我国舆论管理的缺陷》（1989）将西方与中国的舆论调控进行了比较，认为西方舆论管理法制化，有多元的舆论环境、意志独立的传媒系统，可以严格约束社会舆论对政府决策的影响，而且加强了对舆论的技术性控制；而中国打上的是“权力过分集中”的烙印，舆论管理体制存在一些缺陷：缺乏多元的舆论环境和相应的社会心理；舆论的法制管理极不健全；传媒系统行政化、单一化；舆论和决策之间的关联过于僵硬，缺乏一种合理错位的、有弹性的联系；缺乏对舆论的立体性考察；对舆论的

① ［美］布鲁斯，布尼斯，史密斯等．宣传、传播和舆论指南．王海，胡帆等译．广州：中山大学出版社，2008．65

调控和引导能力不强。纪忠慧的《美国舆论管理的概念及研究范畴》（2006）则研究了美国的“舆论管理”概念及理论和实践。韩运荣在《英美舆论调控特点解析》（2008）中指出英、美同属西方民主国家，其传媒均发挥着“看门狗”的功能，但美国传媒的舆论调控具有“不唯权意”、“不唯民意”和“不唯专家”三个特点，使其通过政治议程设置介入政治决策过程中；相形之下，英国传媒则显现了顺从政府的特点。表面上看，英美新闻自由度不同，限制方式的侧重点不同，但其实质在于两国民主的理念和实践的差距。梁相斌（2009）将外国政府操纵舆论的手段归结为：直接编造假新闻，为媒体设置议程，公关公司制造新闻，政府用资金控制媒体等。张艳梅、安平（2009）认为西方国家进行舆论“软控制”的特点是：健全和完善的新闻发言人制度，巧妙控制和引导舆论；发挥政治人物的影响力，为媒体设置议程；引进传媒人才和公关公司，制造媒体事件，巧妙“泄密”策划宣传；高度重视突发事件，及时的舆论引导和强大的危机处理能力是舆论控制的关键；通过大财团操纵传媒，表达权力的声音。

有相当数量的文章是有关国家政府在具体事件中对舆论控制的研究，如程曼丽在《从车臣战事看叶利钦的舆论控制》（1995）中认为：叶利钦在车臣战争开始之初就展开舆论攻势，首先强化政府的舆论机构，统一新闻媒体的宣传口径；其次对不听命于政府的新闻媒体采取强硬手段，以消除不利影响。俄政府对舆论采取集中统一控制取得了明显效果：一定程度上统一了内部舆论，统一了对外宣传口径，维护了总统尊严。程曼丽的《谈伊拉克战事中美国反常规的舆论控制方式》（2003）谈到在伊拉克战争中，美国反常规的两个举动：一是允许新闻记者近距离地接触战争，报道战事；二是没有打哑作为政府喉舌的伊拉克国家电视台，使它基本上无障碍播出，直至巴格达失守。这种舆论控制方式有意创造一种透明而对称的信息传播环境，提供多样化的报道视角和全方位的战事新闻景观；同时避免了单一信息环境下非正式渠道虚假信息传播带来的负效应，在对比和相互印证的基础上强化了主体传媒的权威性和可信度。王亮在《现代高技术战争中美国舆论战略的新趋向》（2003）中认为自海湾战争以来世界战争形态发生了显著变化，在现代高技术战争中，美国的舆论战略也随之呈现一些新的趋向，主要表现为奉行更为积极的威慑舆论战略，采取更加成熟的新闻管制政策和实施“非线性”的心理战、舆论战略三个方面。蔡鹏举的硕士论文《伊拉克战争中美国政府舆论控制策略分析》（2005）更加系统地研究了美国进行舆论控制的时代背景和舆论控制特点、手段，揭示了伊拉克战争中美国政府舆论控制的战略、策略和技巧等，并对舆论控制的效果进行了评价。刘文富、金戈、郭效东

(2008) 认为五角大楼操控舆论的手段有九招：第一，收买名嘴充当“木马”；第二，自己开办“媒体中心”；第三，积极组建“网战”部队；第四，开设网站控制舆论；第五，卫星电视全国转播；第六，编造“英雄”愚弄百姓；第七，网罗罪名威胁他人；第八，雇用公司“公关”媒体；第九，高价收买别国“喉舌”。①

还有一些文章专门研究西方政府的新闻控制，如展江的文章《美国政府对新闻界的调控》(1996) 全面地介绍了政府对新闻界的硬性和软性调控两大手段。软性调控手段包括有效控制公务信息、对信息发布直接调控、笼络新闻界头面人物、必要时敲打新闻界等；硬性手段分为行政、司法和资源调控等方式。陈月生的《国外政府对新闻舆论的控制和影响研究综述》(2006) 认为国外政府对新闻媒体的控制主要体现在政府首脑控制、政府机构控制、议程设置控制以及事后的新闻检查、战时新闻检查等限制措施，这些措施遵循的原则是确保新闻舆论符合“法律”，符合政府的利益与社会秩序等，这导致新闻往往难以做到公正、客观。对意大利、新加坡、日本等国的新闻管理和新闻舆论调控也有相关研究成果，在此不一一叙述。

对于西方在新媒体技术条件下的舆情调控，也有一定的研究。如燕道成、蔡骐在《国外网络舆论管理及启示》(2007) 一文中，对国外网络舆论管理的多元化与差异化特征加以分析，为我国的网络舆论管理提供了“多管齐下”的参考意见。石萌萌《美国网络信息管理模式探析》(2009) 分析了美国对网络的管理模式：网络行业与用户自律、经济调控、技术手段控制和法律法规控制。谢新洲、王靖华在《美国政府对互联网信息传播息的管理及其启示》(2009) 一文中谈到美国政府对互联网信息传播的管理体系主要包括对网络不良信息的管理、电子商务秩序的协调以及网络安全保障体系的建构三个方面。美国的互联网管理对中国的启示是：完善网络立法制度；政府加大对网络安全技术研究的投入；政府整合各种资源提高网民素养，特别是通过学校对未成年人进行网络知识的教育。在全球化日益明显的今天，这些针对国际舆论环境的研究成果对我国学者在全球文化背景下探索符合中国国情的舆论调控机制具有极大的借鉴作用。

在国内出版的一些国际传播方面的书籍中也有对西方舆情调控方面的论述，如李希光、周庆安主编的《软力量与全球传播》从全球传播的角度对舆论调控的机制进行了全面的剖析，特别强调了舆论“同化”对于国家战略的

① 刘文富等. 五角大楼：操控舆论九大招. 环球军事，2008 (5)

直接影响。

从这些研究成果中可以看到，中国学者正在总结外国政府舆情调控的经验，希望对中国舆情调控的更加科学化、更富于技巧性有所助益，但是直言中国舆情调控不足的研究或论著相当少。

三、舆情调控的相关概念

1．舆情调控的概念

对舆情的调控可以有不同的说辞，传统上讲究民主的一般说舆论引导，比较强硬的说舆论控制，后来就综合使用“舆论调控”这个概念。这里的“调控”一词，是借用我国经济管理中常用的“宏观调控”一词的含义，既包含“控制”之意，又有“调节（即引导）”的意思，是指从全局高度对事物的运行和发展予以总体上的指导和调节。廖永亮在《舆论调控学》中认为“调控”一词主要包括以下几层意思①：①管理、规范；②协调、指导；③限制、监督。

学者们对“舆论调控”所下的定义在文字表达上有所不同，但所表达的内涵基本上是相同的。如“舆论调控是指国家以各种形式，有目的地对舆论进行干预，使其朝着有利于国家的方向发展，并使舆论发挥积极的作用”②。“舆论调控是执政者为保证健康有序地发展，并对思想、对社会、对政权产生有益的稳定和促进作用，运用直接手段和间接手段相结合的方法，从系统、综合和全局的角度，对一定范围内的舆论总体进行引导和调节的过程。”③从中可以看出“舆论调控”与传统的“舆论控制”相比，不仅包括硬性的强力控制，而且包括舆论的管理、规范、协调和限制，更多的是强调有技巧的引导。因为自古至今，强硬的舆论控制手段只会加速政权的消亡，而只有用特殊的技巧对社会舆论进行巧妙引导和适当控制才能使社会和谐发展、长治久安。

随着舆论现象越来越具有普遍性和复杂性，一些学者提出“舆情调控”更能恰当地说明对舆论整体的调控情况，“舆情调控”最早在学术论文中出现是在2001年。“舆论”和“舆情”在我国古代就已经大量使用，常见于“博采舆论”、“俯徇舆情”和“体察舆情”等，从中可知两者意思接近，但稍有不同：舆论指的是民众的意见，舆情指的是普遍性的舆论气场。现代对于舆情概念的认识有狭义和广义之分，狭义的舆情是王来华在《舆情研究概论》中提出的，

---

① 廖永亮．舆论调控学．北京：新华出版社，2003．8

② 杨新敏．自由：网络传播的神话．现代传播，2006（8）

③ 廖永亮．舆论调控学．北京：新华出版社，2003．2

指在一定的社会空间内，围绕中介性社会事项的发生、发展和变化，作为舆情主体的民众对国家管理者产生和持有的社会政治态度。① 简而言之，狭义的舆情是指民众的社会政治态度。广义的舆情是张克生在《国家决策：机制与舆情》中提出的，舆情可以概括为民众的全部生活状况、社会环境和民众的主观意愿，也就是通常所说的"社情民意"。②狭义的舆情是广义舆情的一个重要组成部分。"舆情"相比"舆论"是一个更宽泛的概念，它不仅包括舆论本身，而且包括舆论发生发展中所处的社会情境及社会心理状态，所以上面所说的狭义舆情实际上就是舆论本身，而广义的舆情包含舆论及其社会情境。

中国舆情调控的概念经历了舆论控制—舆论调控—舆情调控的过程，反映了对舆论从硬性的控制到调节与控制结合的发展变化，也说明了中国政治逐渐民主化的过程。"舆情调控"和"舆论调控"本质上是一回事，不过舆情调控包含的内容更广泛、全面、具体。舆情调控指的是国家或社会的管理者对社会舆论情况进行调节和控制的过程，是社会管理者运用各种手段影响、调整、控制舆论，以达到管理社会、实现文化领导权的目的。

舆情调控的概念主要包括三个层面：一是调控主体，即社会管理者，包括政府、各级组织和团体，本书舆情调控的主体主要指党和政府。二是调控对象，即舆情，也就是公众的意见、态度及当时的舆论情境。具体的调控对象指某种社会舆论，其主体是公众。三是调控工具或渠道，包括各种舆情在媒体与政府中上行和下行的体制。当然舆情调控并不是统一舆论，而是既要讲民主，又要尽量使舆论朝着有利于社会和谐稳定的方向发展。

2. 舆情调控机制的层次

商务印务馆 1979 年出版的《现代汉语词典》关于"机制"的解释主要有：①有机体的构造、功能和相互关系；②泛指一个复杂的工作系统和某些自然现象的物理、化学规律。2001 年商务印务馆出版的《新华词典》关于机制的解释是，借指有机体各部分的构造、功能、特性及其相互联系和相互作用等。

"体制"的字面解释是国家机关、企业和事业单位等的组织制度。"机制"与"体制"两者有内在联系，但又有所不同。"机制"除了基本的构造外，重在事物各部分的相互关系和作用，是动态的、有机的、理性的；而"体制"指有关组织形式的制度，一般强调确定性和构造性。两者可以互相包容，机制中可以包括体制，体制的运行就是机制。

---

① 王来华，林竹，毕宏音. 舆情、民意和舆论三概念异同的初步辨析. 新视野，2004(5)：66

② 中宣部舆情信息局. 舆情信息汇集分析机制研究. 北京：学习出版社，2006. 11

本书所谓的“舆情调控机制”就是舆情调控各部分的构造、功能和相互关系。它具体包括以下方面：舆情调控的组织体制、舆情调控的指导思想或原则、舆情调控的政策和法规、舆情调控的各种运作机制等。舆情调控的指导思想和原则（有时为指导方针）是在一定时期内进行舆情调控时基本遵循的主导观念和依据、尺度，是比较抽象与基本的。舆情调控体制是指为进行舆情调控专门设置的组织制度、框架，属于比较固化的管理层面。舆情调控的政策和法规是指具有舆情调控作用的政策法规和法律。立法是世界通用的、公开而合法的舆情调控方式。舆情调控运作机制主要指实际操作中的方式、手段和技巧。

3. 舆情调控相邻词汇

除了“舆论调控”和“舆情调控”概念最为接近外，还有一些概念在本书的研究中经常用到，这里进行一下区别：

舆论引导：对已发生的社会舆论通过各种传播方式进行导向，使其朝着有利于引导者的方向发展。

组织舆论：团体或组织、个人针对某个主题策划舆论宣传活动，如媒体新闻策划，该活动一般有专业的操作团队。

制造舆论：陈力丹根据马克思、恩格斯著作中出现的近20处“制造舆论”一词，总结出马克思、恩格斯对它的基本理解是“指舆论控制者将自己的意见反复宣传而冒充为公众的意见”①，即一些个人或组织有意图地假造出来的舆论，在日常用语中与组织舆论意思相近。

操纵舆论：俄罗斯谢·卡拉—穆尔扎对“操纵”一词进行了考察，认为“操纵”这个术语的现代意思是：“指群众的意见、志趣、情绪，甚至心理状态编制程序，其目的是为操纵者制造出所需要的行为。”② 操纵舆论就是个人或组织在幕后推动、策划一些活动激发舆论，并使舆论朝着有利于自己的方向发展，往往带有贬义。

第三节　舆论与控制的理论基础

舆论是浮现于社会表层的意识形态，舆论的自在性可以从思想自由、言论自由到新闻出版自由表现出来，舆情调控的合法性可以从统治权与意识形态之间的关系理论中找到相应的支撑。

---

① 陈力丹．精神交往论．北京：开明出版社，1993．194

② ［俄］谢·卡拉—穆尔扎．论意识操纵．徐昌翰，王晶等译．北京：社会科学文献出版社，2004．19

一、马克思主义的舆论控制思想

马克思和恩格斯认为“统治阶级的思想在每一个时代都是占统治地位的思想”，一个阶级在政治上占据统治地位的同时，在精神上也占据统治地位。“支配着物质生产资料的阶级，同时也支配着精神生产的资料，因此，那些没有精神生产资料的人的思想，一般是受统治阶级的支配的。”统治阶级的个人“作为思维着的人，作为思想的生产者而进行统治，他们调节着自己时代的思想的生产和分配”①。由于占统治地位的思想在一定的时期代表全体人民的普遍要求，它会获得社会的广泛认同，“统治阶级越是不得不把自己的利益说成是全体社会成员的利益，这些‘占统治地位的概念’就越具有普遍的和广泛的形式”②。统治阶级和非统治阶级思想之间存在着密切的交流，这种交流有时是激烈的思想斗争，有时表现为一定的妥协，因此统治阶级把自己的思想向社会推广的同时，会限制不利于自己的思想的传播。

马克思和恩格斯历史地考察了自由观念产生的起源，他们认为言论、出版（包括新闻）、结社、集会等自由并不是天赋人权，而是历史进步的产物，所以他们反对抽象地使用自由、人权的概念。“马克思和恩格斯所设想的表现自由的理想状态，是每个人把别人看做是自己自由的实现，而不是自己自由的限制，用《共产党宣言》的话来说，就是‘每个人的自由发展是一切人的自由发展的条件’。”③ 在政治上，当权者不会允许表现自由危及他们的根本利益，“特别不能允许表现自由从一般的‘表现’转化为‘骚乱’”④。为了防止出现这种情况，统治者除了暴力压制外，还有经常性的立法作为保障，书报检查制度是具有历史渊源的特殊措施，“书报检查是统治者为了确立公开的统治关系而采取的一种交往政策”⑤。它以思想方式为衡量标准，是被政府垄断了的、非理性的批评，而不是正常的、理性的批评，限制了思想和言论自由，因而是非法的。他们认为立法主要是保证表现自由，法律只干预意见领域的违法问题，但不干预意见的其他内容，因为意见领域是一个“对任何人都没有约束力的领域，在

① ［德］马克思，恩格斯．马克思恩格斯选集（第1卷）．北京：人民出版社，2004．98
② ［德］马克思，恩格斯．费尔巴哈．北京：人民出版社，1988．45
③ 陈力丹．精神交往论．北京：开明出版社，1993．410
④ 陈力丹．精神交往论．北京：开明出版社，1993．401
⑤ 陈力丹．精神交往论．北京：开明出版社，1993．370

这个领域里，经过多年的争论之后，每个人都坚持自己是正确的”①。

中国共产党的第一代领导人十分重视对意识形态的领导权，早在抗战时期毛泽东就认为“掌握思想领导是掌握一切领导的第一位”②。新中国成立以后确立了共产党在政治上的领导，同时也逐渐确立了马克思列宁主义在意识形态领域的领导地位。刘少奇在1951年第一次宣传工作会议讲话中谈到要确立马列主义——工人阶级思想的领导地位。毛泽东虽然认为在社会主义改造基本完成以后，我国社会的主要矛盾是人民内部矛盾，但是他一再强调：“无产阶级和资产阶级之间在意识形态方面的谁胜谁负问题，还没有真正解决。我们同资产阶级和小资产阶级的思想还要进行长期的斗争。不了解这种情况，放弃思想斗争，那就是错误的”③。这说明社会主义制度在我国已经基本建立，但是在政治战线和思想战线方面共产党还没有完全取得胜利，还需要相当长时间的斗争才能取得意识形态领域的领导权。

二、自由主义者论控制与自由

自由主义是西方要求民主自由的理论依据。从资产阶级反对封建统治开始，自由、民主就成了资产阶级的口号；夺取政权后，资产阶级首先在宪法中规定言论自由、出版自由等民主权利为公民的基本权利。但是那些自由主义者尤其是新自由主义者也不得不承认民主是有限的，国家对言论自由的合理控制是正当的。

传统自由主义者认为人生而自由，洛克认为政治权力“是为了规定和保护财产而制定涉及死刑和各种较轻处罚的法律的权利，以及使用共同体的力量来执行那些法律和保卫国家免受外来侵害的权利，而这一切都只是为了公共福利”④。“社会中的人的自由，就是除了经人们同意在国家里所建立的立法权以外，不受制于其他任何立法权；除了立法机关依据所得到的委托而制定的法律以外，也不受任何意志的支配或任何法律的约束。”由于人是社会中的人，所以就要受到所在国家的立法制约。“处于政府之下的人们的自由，应有长期有效的规则作为生活准则，那种规则为社会里的所有成员共同遵守，并由社会里

① ［德］马克思，恩格斯．马克斯恩格斯全集（第22卷）．北京：人民出版社，1965．142

② 中共中央宣传部．毛泽东邓小平江泽民论思想政治工作．北京：学习出版社，2000．2

③ 毛泽东．毛泽东选集（第5卷）．北京：人民出版社，1977．390，417

④ ［英］约翰·洛克．政府论两篇．赵伯英译．西安：陕西人民出版社，2004．131

建立的立法机关所制定。”① 在公民社会里，每个人都同意的原则是不可能实现的，因此多数人同意就可以代表全体而具有决定权。任何政权都是基于人民的意愿而建立的，政府的解体有两种途径，第一种是立法机关改变了，另一种就是政府违背了人民当初的意愿，这些都取决于一个政权能否得到人民的拥护。人民普遍受到虐待，得不到公正，“那种权力就回归于人民，人民有权恢复自己原来的自由，并通过建立他们认为适当的新立法机关来谋求自己的安全和保障，而这正是他们加入社会的目的”②。

约翰·穆勒认为统治者要想限制人们的自由，有两种途径：第一种是取得某些特权即所谓的政治自由和政治权利的承认，第二种是必须得到群体或某种团体代表的同意。穆勒认为社会控制有两种手段：一种是法律，另一种是舆论。不过他主张“凡属社会以强制和控制方法对付个人之事，不论所用手段是法律惩罚方式下的物质力量或者是公众意见下的道德压力，都要绝对以原则为准绳。这条原则就是：人类之所以有理、有权可以个别地或者集体地对其中任何分子的行动自由进行干涉，唯一的目的是自我防卫”③。当个人的自由危害到别人的时候，政府就可以进行干涉。民主国家中“多数的暴虐”被列入社会所需提防的诸种灾祸之内，因为其所依靠的力量除行政办法外，还有“得势的舆论”和“习俗的势力”，所以政府可以按照一些公认的原则来进行正当的干预。穆勒虽然强调思想自由、言论自由、出版自由，但是他认为行动和言论不一样：“没有人会硬说行动应当像意见一样自由。相反，即使是意见，当发表意见的情况足以使意见的发表成为指向某种祸害的积极煽动时，也要失去其特权的。”④ 如果意见仅仅是通过报纸流传，不应遭到制止；但如果是聚集的愤怒群众以口头方式宣讲或者以标语方式宣传，那就可以加以惩罚。而这种宣讲、标语等示威活动无疑是人们表达自己意见、态度的形式，可见他们的言论自由是有限度的。

20 世纪，新自由主义在美国成为主流，美国的布兰代斯是代表者之一，他强调公民参加政府管理和对国家大事提出意见的自由权利。他提出政治问题可以讨论，国家不得干涉，给人民以言论自由，让大家充分讨论所面临的痛苦和补救的办法，是维持社会安定的最好办法。但是，他又说，言论自由不是绝对的，为了防止国家遭到破坏和处理面临的严重危机，政府有权限制言论自由，

---

① ［英］约翰·洛克. 政府论两篇. 赵伯英译. 西安：陕西人民出版社，2004. 142
② ［英］约翰·洛克. 政府论两篇. 赵伯英译. 西安：陕西人民出版社，2004. 254
③ ［英］约翰·穆勒. 论自由（引论）. 程宗华译. 北京：商务印书馆，1959. 10
④ ［英］约翰·穆勒. 论自由（引论）. 程宗华译. 北京：商务印书馆，1959. 59

如仍容许自由发表意见，就将大祸临头①。另一代表人物美国总统罗斯福在推行“新政”时，对经济、社会进行了强有力的政府干预和调节，由国家不干涉的放任主义转向强有力的国家干涉主义，是自由主义理论的一大转变，对当代美国产生了重要影响。

三、领导权和霸权理论

西方马克思主义者葛兰西认为：“国家是统治阶级赖以维护其统治，并赢得被统治者积极支持的那一套实践和理论活动。”上层建筑包括两个阶层：“一个可称作‘市民社会’，即通常称作‘私人的’组织的总和；另一个是‘政治社会’或‘国家’。”② 国家在政治社会里通过法律、军队等强制方式实现自己的统治权，而在市民社会里则通过道德与知识的领导获得广泛的同意，获得霸权，即领导权。“领导权是指统治阶级或新兴阶级对从属集团进行领导并把他们团结为一个新的、和谐的‘历史集团’的过程。”笔者认为后人在使用霸权和领导权的语境有所不同，霸权一般指的是在国际竞争中的领导权，在一个国家内部的统治权为领导权。葛兰西也谈统治阶级的经济领导功能，但他谈得最多的是政治统治权和文化领导权。他认为政治的第一要素就是的确存在统治者和被统治者、领导者和被领导者，整个社会科学和艺术都建立在这个古老的、不可回避的事实上，所以人们必须考虑的问题之一就是如何能够最有效地领导。国家是政治社会和市民社会的平衡，如果两者出现脱离，就会导致领导权的危机，也就是国家危机。如果统治阶级不能再发挥领导作用，只能靠强权实施统治，“这就意味着广大群众已经脱离了传统的意识形态，失去了从前的信仰等”③，这时便会进入旧制度垂而不死、新制度一时又不能落地的新旧交替时期。领导权得到人民的认可，法律等强制手段、规定就从必然转化为自由。葛兰西所说的霸权概念包含三个主要的理论层面，即统治权和领导权、市民社会、知识分子阶层。首先，霸权概念主要是指统治阶级对社会意识形态的领导权，是以服从和同意为基础的，而不是用暴力或武力建立的。其次，霸权的产生以及转换都应该由“市民社会”来承担，而国家则执行强制权力。市民社会（civil socie-

---

① 北京大学马克思理论教育中心．当代西方思潮评介．北京：北京大学出版社，1989. 324

② ［意］安东尼奥·葛兰西．狱中札记．曹雷雨，姜丽等译，北京：中国社会科学出版社，2000. 7

③ ［意］安东尼奥·葛兰西．狱中札记．曹雷雨，姜丽等译．北京：中国社会科学出版社，2000. 230

ty）又称公民社会、民间社会等，是与国家相对的概念，葛兰西认为“所谓市民社会，指的是某一社会集团通过教会、工会或学校等所谓的民间组织全面领导整个国家”①。它作为宣传和劝说性的机构代表的是舆论。再次，霸权是知识分子创建的。知识分子是统治集团的“管家”，是统治者和市民社会的中介，其社会功能就是实现某一社会集团在意识形态上的领导权的职能。媒介在文化霸权中扮演着重要的角色，可从文化霸权理论引申出媒介霸权理论，因为在大众文化时代，媒介是主要的意识形态国家机器。

法国著名哲学家路易斯·阿尔都塞将国家机器区分为“压制性国家机器”（包括政府、文职官员、警察、法院、监狱、军队等）和“意识形态国家机器”（包括教会、学校、家庭、法律系统、政治系统、工会、大众传播系统等）②，意识形态国家机器实质上是用来宣扬统治阶级的意识形态，统治阶级用其取得霸权。统治阶级掌握权力后为了维护权力，必须对权力进行改造，使之从暴力的基础转到同意的基础上来。意识形态国家机器理论的提出使我们清楚地看到，国家为了实现自己的再生产，必须通过意识形态国家机器行使霸权。“……意识形态国家机器指的是一整套意识形态的、宗教的、道德的、家庭的、法律的、政治的、审美的及诸如此类的机构，掌握权力的阶级运用这些机构，在统一自身的同时，也成功地把它的特殊的意识形态强加给被剥削群众，使之成为后者自己的意识形态。”③ 英国学者斯图亚特·霍尔对媒介的意识形态作了详细的研究，他认为在西方资本主义社会里，普遍赞同的一致性舆论是由媒介或者部分是由媒介产生出来的，但是西方的媒介一般不会赤裸裸地宣扬占支配地位的意识形态，媒介和统治意识形态之间存在微妙的结构关系，媒介一方面保持某种程度的独立，另一方面又要遵从占支配地位的文化规则，“它（媒介）不会围着权力的指挥棒转，也不会有意识地使自己对世界的描述符合占统治地位的规定，但它必须是对之敏感的，而且只能在其中才能合法地生存下来，它必须在普遍的范围之内或‘大家都赞同’的一致舆论的框架内生存下来，它使自己适应于这种一致的舆论，传媒成了生产‘普遍赞同’的一个组成部分”④。20 世纪七八十年代一批文化研究派学者以阿尔都塞等的理论为依据，从文本研究出

① ［意］安东尼奥·葛兰西．葛兰西文选．中共中央马列编译局译．北京：人民出版社，1992．574

② ［英］约翰·B．汤普森．意识形态与现代文化．高铦等译．南京：译林出版社，2005．102

③ 陈越．哲学与政治：阿尔都塞读本．长春：吉林人民出版社，2003．239

④ 陈龙．“霸权理论”与电视意识形态宰制论．新闻与传播研究，2003（1）

发，探讨受众如何受到主流意识形态的控制，从而形成了意识形态宰制论。到了20世纪80年代中期以后，由于消费主义的盛行，这种理论渐渐丧失其市场，批评者认为在多元化社会里，意识形态宰制论把话说绝对了①。不过这一理论仍然具有其存在的现实基础，统治阶级确实通过大众传播媒介将其意识形态渗透到公众中，并引导舆论朝着有利于主流意识形态的方向发展。

四、制造共识与操纵意识

西方民主理论认为任何社会的统治都要建立在被统治阶级同意的基础上，“一个像样的民主社会应该建立在‘被统治阶层意志’的原则基础之上的。这个观点已经赢得普遍的认可”。即使最残暴的统治者也会要求一定程度的“被统治阶层意志”，所以休谟认为政府是建立在思想控制的基础之上，这一原则“存在于最专制和最军事化的国家，同时也存在于最自由和最民主的国家”。②如何赢得被统治者的同意，很多学者根据历史和现实经验总结出了其中的原则和方法：制造同意（制造共识）。这个观念最早是由哲学家弗朗西斯·哈钦森提出（“没有同意的同意”），后来被社会学家富兰克林·亨利·吉金斯创造性使用并得出“制造同意”这一概念，就是民众必须听命于他们的统治者，“在一个专制国家或者海外殖民地，可以动用军事力量。而当军事力量无能为力的时候，可以通过进步和自由思想创设的‘制造同意’这一措施来获得被统治阶级的同意”③。到了现代民主社会，大众传播媒介等宣传工具的运用，使得制造共识更加具有技术性。公共关系专家爱德华·贝纳斯认为“在一个民主社会里，有意识和巧妙地控制民众的集体思想和习惯是很重要的一个环节”。要完成这个基本任务，有智慧的少数人必须持续和系统地运用宣传工具，宣传机构提供给领导者“统一民众思想”的机制，这样领导者就能够“和军队控制士兵的身体一样逐渐控制民众的思想”。他认为这个“制造同意”的过程正是“民主过程的关键所在”。④ 美国著名的新闻评论家李普曼是精英统治的赞成者，他的《公众舆论》认为舆论充满了各种盲点、偏见，因此应该有少数有智慧的

---

① 陈龙．“霸权理论”与电视意识形态宰制论．新闻与传播研究，2003（1）

② ［美］诺姆·乔姆斯基．新自由主义和全球秩序．徐海铭，季海宏译．南京：江苏人民出版社，2001．27，28

③ ［美］诺姆·乔姆斯基．新自由主义和全球秩序．徐海铭，季海宏译．南京：江苏人民出版社，2001．29

④ ［美］诺姆·乔姆斯基．新自由主义和全球秩序．徐海铭，季海宏译．南京：江苏人民出版社，2001．38

"特殊阶级"负责制定政策和营造健康的舆论，公众只能是行动的观看者而不是参与者。政治宣传学家哈罗德·拉斯韦尔在《社会科学百科全书》中警告，少数有智慧的人必须认清"民众无知和愚蠢的一面"，民众必须为了自身利益而受到管理；而在没有军队，更为民主的社会中，管理者必须采用"一整套全新的管理机制，主要是宣传机制"①。他在《世界大战中的宣传技巧》更是介绍了"一战"中各国如何操纵符号，制造各种舆论，从而达到政治宣传的目的，他还建议政府应该让宣传家参与政策的实际执行过程，他们可以提供公众舆论状况的专门信息，以便决策在贯彻中较少地受到舆论的反对。

制造共识的方法很多，极端的方式就是操纵民意。操纵意识学说和理论形成于20世纪后半叶，并被用到了美苏之间的冷战中。但追根溯源，其主要根基在欧洲资产阶级革命时期就已经奠定。马基雅维利关于君主如何操纵舆论的论述是经典理论，所以意识操纵一直用"马基雅维利主义"这个词表示。美国社会学家拉扎斯菲尔德和默顿论述了现代社会控制人们观点和信仰更多采用的是群体诱导的方法，而政治学家哈罗德·拉斯韦尔认为许多国家宣传就是操纵符号制造舆论。德意志联邦共和国的社会学家赫伯特·弗兰克的著作《被操纵的人》（1964）是直接研究意识操纵的首批书籍之一，他对操纵的定义是"在大多数情况下，操纵应理解为秘密进行的心理影响并因此而使受影响的人蒙受损失。其最简单的例子便是广告"。俄罗斯谢·卡拉—穆尔扎的《论意识操纵》更是一部充分论证西方意识操纵理论和实践的力作，他把意识操纵定义为"通过人为的行为编制程序来对人施加精神影响的一种统治方法"②。从这个定义可以看出，作为权力手段的意识操纵只能在公民社会，随着以代表制民主为基础的政治秩序的建立而产生，也就是"西方类型民主"。因为在君主制度下只需下命令强制执行，并不需要操纵。美国在极短时期内就建立起了控制社会的一套有创意的技术体系，加利福尼亚大学传播学者、教授G. 席勒说："可以完全准确地把美国界定为一个分散的社会，在这里，操纵成为控制的主要工具之一，而这控制又握在一小撮起统治作用的大公司老板和政府头子手里。"③ 美国著名学者诺姆·乔姆斯基的一系列著作《制造共识：大众媒介政治经济学》、《必要

① ［美］诺姆·乔姆斯基. 新自由主义和全球秩序. 徐海铭，季海宏译. 南京：江苏人民出版社，2001. 39

② ［俄］谢·卡拉—穆尔扎. 论意识操纵. 徐昌翰，王晶等译. 北京：社会科学文献出版社，2004. 19

③ ［俄］谢·卡拉—穆尔扎. 论意识操纵. 徐昌翰，王晶等译. 北京：社会科学文献出版社，2004. 42

的幻象——民主社会的思想控制》、《海盗与君主》、《新自由主义和全球秩序》等都从不同角度论证了美国是如何操纵民意、制造共识的，他认为民主制度下的思想控制和独裁主义相比，是建立在自愿的基础上的，媒体被经济利益所控制，讨论得越激烈越能体现出宣传的功能，因为前提已经被限定了。对于那些自由主义者来说，他们确信从暴力和强迫向意识操纵过渡，在人类发展史上是个巨大的进步。穆尔扎用大量事实批驳了苏联的解体是体制危机和经济问题造成的说法，认为"从'技术操作层面上'摧毁苏联体制是改革年代中根据安东尼奥·葛兰西的理论——通过破坏国家政权及其意识形态环节的文化统治进行的"①，他还详细解读了西方在宣传中所用的一些思维范式对于苏联舆论的影响。

意识操纵具有隐秘性，而且是技艺高超、灵巧行事下的隐秘性，因而对其研究比较困难。学者们研究了很多防止被操纵的有益方法，其中一套被称为诠释学。从马基雅维利到历史学家和符号学家以及当代的哲学家海德格尔、哈贝马斯、福柯等都使用过诠释学方法，意在寻找试图操纵人们意识的种种言行的解释途径。在心理科学方面也逐渐形成研究意识操纵的学说，从巴甫洛夫的高级神经活动学说到勒邦（勒朋）等的群体心理机制研究，再到弗洛伊德的精神分析论，都是研究意识操纵的心理基础问题，精神分析学中的"心理保护"概念被引入意识操纵学说，意识操纵的成功有一半取决于如何使个体和社会群体的心理保护手段不起作用和停止起作用。1903 年，俄国心理生理学家 B. M. 别赫捷列夫在《诱导及其在社会生活中的作用》已经把诱导与意识操纵直接联系起来了。俄国 E. Л. 多岑科的《操纵心理学》更是直接研究操纵的接受心理。从 20 世纪 60 年代起，社会心理学转向"行为操纵法"的实验研究，20 世纪 70 年代行为主义的控制论阐述了使人受到控制是可能的。

美国语言学家乔姆斯基认为，政府"越自由民主"，就越有必要控制民众的思想，以确保他们对统治者的服从。② 美国政府一直深谙拉斯韦尔的"技巧政治"和李普曼的"艺术性的民主"，利用媒体巧妙地制造共识和假象，以便控制民众的思想和行动，使民众在政治上保持冷漠、服从的被动状态。乔姆斯基和赫尔曼提出美国媒体实际上遵循着一种特殊的"宣传模式"，解释了西方媒体特别是美国传媒在报道国际事务中所存在的偏见。宣传之所以能产生巨大

① ［俄］谢·卡拉—穆尔扎．论意识操纵．徐昌翰，王晶等译．北京：社会科学文献出版社，2004．48

② ［美］诺姆·乔姆斯基．新自由主义和全球秩序．徐海铭，季海宏译．南京：江苏人民出版社，2001．28

的效果在于它能够制造共识。美国传媒如何制造共识呢？主要通过五大新闻过滤器（filters）：①传媒机构日益集中的所有权和财富以及大众传媒机构的唯利是图；②作为大众传媒主要收入来源的广告；③对政府、商业公司、信息源的依赖以及由权力机构和上述信息源资助和认可的专家的依赖；④把“炮轰”（flak）作为惩戒媒体的手段；⑤把反共作为国教和控制机制。这五个过滤器相互作用、相互加强，使大公司和政府的精英“达成精英的共识，制造出民主认同的表象，并在普通民众心中制造了混淆、误解和冷漠，以便精英的规划得以前行”①。美国前司法部长拉姆西·克拉克在《世界人权宣言》50周年纪念日的讲话中说：“美国对新闻媒体的控制和操纵使它能把上述国家（指伊拉克、古巴、利比亚、伊朗、苏丹等——笔者注）披上魔鬼的外衣，而美国政策的受害者，则成了‘恐怖主义’的牺牲品，成了威胁世界和平和对人权进行侵犯的恐怖主义的牺牲品。”②

乔姆斯基等学者对以美国为首的西方大国政府操纵舆论的批判从反面说明了，即使在西方国家舆论控制仍然存在。统治者和社会管理者为了取得意识形态的领导权，必然会对舆论这种社会的表层意识进行调控，而大众传媒作为社会共识的主要生产者或制造者，则成为统治阶级对舆论进行调控的主要工具。

① 单波，李加莉．奥威尔问题统摄下的媒介控制及其核心问题．上海大学学报（社会科学版），2008（4）

② ［美］诺姆·乔姆斯基．新自由主义和全球秩序．徐海铭，季海宏译．南京：江苏人民出版社，2001．258

第二章　改革开放前中国舆论的特征

新中国建立政治统治权的第一步就是建立一套政治体制，在全国范围内形成统治网络。到1956年上半年，全国绝大部分地区基本上完成了对生产资料私有制的社会主义改造，1956年9月，中共八大会议认为国内的主要矛盾不再是工人阶级和资产阶级之间的矛盾，而是人民对于建立先进的工业国的要求同落后的农业国的现实之间的矛盾，是人民对于经济文化迅速发展的需要同当前经济文化不能满足人民需要的状况之间的矛盾。这一矛盾的实质，在中国社会主义制度已经建立的情况下，就是先进的社会主义制度同落后的社会生产之间的矛盾。大会作出了党和国家的工作重点必须转移到社会主义建设上来的重大战略决策，为新时期的社会主义事业发展和党的建设指明了方向。毛泽东随后发表了《关于正确处理人民内部矛盾的问题》的讲话，认为“在我们的面前有两类社会矛盾，这就是敌我之间的矛盾和人民内部的矛盾”。对于敌人就要实行专政，不给他们自由发表言论的权利；但对人民内部实行民主集中制，自由是有领导的自由，民主是集中指导下的民主。而且他认为我国社会主义和资本主义之间在意识形态方面的谁胜谁负的斗争，还需要一段相当长的时间才能解决。这个论断基本上符合当时的实际，是科学的。但是1957年9月中共八届三中全会否定了“八大”的正确路线，把无产阶级和资产阶级的矛盾、社会主义道路和资本主义道路的矛盾作为社会的主要矛盾，导致中国的意识形态斗争发生偏转，意识形态斗争成为统领一切的纲领。“反右派运动”实际上就是进行“政治思想战线上的社会主义革命”，阶级斗争开始扩大化。“文化大革命”执行的是无产阶级专政，即一党专政，使文化上舆论一律、定于一尊，出现了意识形态决定论。

第一节　舆论运动模式

早在抗战时期毛泽东就认为：“掌握思想领导是掌握一切领导的第一位。”新中国成立后确立了共产党在政治上的领导，同时也逐渐确立了马克思主义在意识形态领域的主导地位。但是他一再强调我国社会主义和资本主义之间在意识形态方面谁胜谁负的斗争，还需要一段相当长的时间才能解决。① 因此毛泽东对于资产阶级的舆论动向十分敏感，在舆论斗争中毛泽东明确提出一些发动舆论、组织舆论的模式，并在当时社会中运用。

一、急风暴雨式与和风细雨式

在反“右”过程中，毛泽东总结出两种不同的舆论方式，一种是和风细雨式，就是进行温和、渐进式的舆论宣传和批评；另一种就是急风暴雨式，就是进行猛烈的、急促的舆论斗争，且经常同群众运动相联系。毛泽东认为右派喜欢急风暴雨式，而共产党提倡和风细雨式，“其实，我们从前搞思想改造，包括批评胡适、梁漱溟，我们党内下的指示都是要和风细雨的”。和风细雨的主要体现就是“要把右派文章今天登一点，明天登一点；有就登一点，没有就不登；要阴登一点，阳登一点”。但是反“右”运动中，开始用急风暴雨的舆论斗争形式，“社会的运动总是螺旋形前进的。现在右派还要挖，不能松劲，还是急风暴雨。因为他们来了个急风暴雨，这好像是我们报复他们”。毛泽东准备进行一个月左右的急风暴雨式斗争，然后转入和风细雨的党内整风，“现在是暴雨天，过了七月，到了八月那个时候就可以和风细雨了，因为没有多少东西挖了嘛”②。在反“右”前期，毛泽东还一再强调对人民内部矛盾只能用说服而不是压服的方法。1957 年 3 月 10 日，毛泽东同新闻出版界的代表谈话时说：“现在搞大民主不适合大多数人民的利益。有些人对别人总想用大民主，想整人，到了整自已，民主就越小越好。我看在文学、新闻等方面解决问题要用小民主，小民主之上再加上一个‘小’字，就是毛毛雨，下个不停。”③ 但是随着他对阶级斗争形势的判断失误，急风暴雨式的舆论斗争一直到文化大革命都没有停止过，他还设想要定期“放火”，一个五年计划里头至少搞两次。

二、“种牛痘”增强思想上的免疫力

“种牛痘”是毛泽东提出的形象说法，与传播学中麦奎尔的接种免疫法不谋而合，其实质就是要让人民群众在思想上批判性地接触反面的东西，以增强他们对反面内容的抵抗力。“对待人民内部的思想问题，对待精神世界的问题，用简单的方法去处理，不但不会收效，而且非常有害。不让发表错误意见，结果错误意见还是存在着。而正确的意见如果是在温室里培养出来的，如果没有

① 中共中央宣传部．毛泽东邓小平江泽民论思想政治工作．北京：学习出版社，2000．2
② 毛泽东．毛泽东选集（第 5 卷）．北京：人民出版社，1977．445
③ 毛泽东．毛泽东新闻工作文选．北京：新华出版社，1983．192

见过风雨，没有取得免疫力，遇到错误意见就不能打胜仗。因此，只有采取讨论的方法、批评的方法、说理的方法，才能真正发展正确的意见，克服错误的意见，才能真正解决问题。”“同错误思想作斗争好比种牛痘，经过了牛痘疫苗的作用，人身上就增强了免疫力。在温室里培养出来的东西，不会有强大的生命力。”① 毛泽东曾经让《参考消息》“连骂我们的反动言论也要登”，“发行《参考消息》以及出版其他反面教材，就是‘种牛痘’，增强干部和群众在政治上的免疫力”②。当然，这种接触和刊登反动言论是有限的、微弱的，不至于使其对人民群众形成宣传。“单靠行政命令的办法，禁止人接触不正常的现象，禁止人接触丑恶的现象，禁止人接触错误思想，禁止人看牛鬼蛇神，这是不能解决问题的。当然我并不提倡发展牛鬼蛇神，我是说‘有一点也可以’。”如何对待错误的思想和舆论？“凡是错误的思想，凡是毒草，凡是牛鬼蛇神，都应该进行批判，决不能让它们自由泛滥。但是，这种批判应该是充分说理的，有分析的，有说服力的，而不应该是粗暴的、官僚主义的，或者是形而上学的、教条主义的。”③ 毛泽东把揭批高岗、饶漱石“反党集团”也视为对党员和群众“种牛痘”。

三、引蛇出洞进行舆论诱导

毛泽东在反“右”中采取的舆论引导方法就是诱敌深入、聚而歼之。1957年中共中央指示“在一个期间内不登或少登正面意见，对错误意见不作反批评”，毛泽东说“其目的是让魑魅魍魉、牛鬼蛇神‘大鸣大放’，让毒草大长特长，使人民看见，大吃一惊，原来世界上还有这些东西，以便动手歼灭这些丑类”④。5月16日中央的指示中说道：“最近一些天以来，社会上有少数带有反共情绪的人跃跃欲试，发表一些带有煽动性的言论，企图将正确解决人民内部矛盾、巩固人民民主专政、以利社会主义建设的正确方向，引导到错误方向去，此点请你们注意，放手让他们发表，并且暂时（几个星期内）不要批驳，使右翼分子在人民面前暴露其反动面目，过一个时期再研究反驳的问题。”⑤ 6月8日中共中央发布毛泽东起草的党内文件《关于组织力量准备反击右派分子进攻

---

① 毛泽东．毛泽东选集（第5卷）．北京：人民出版社，1977．391

② 毛泽东．毛泽东选集（第5卷）．北京：人民出版社，1977．349

③ 毛泽东．毛泽东选集（第5卷）．北京：人民出版社，1977．417

④ 毛泽东．毛泽东选集（第5卷）．北京：人民出版社，1977．436

⑤ 中共中央文献研究室．建国以来重要文献选编（第10册）．北京：中央文献出版社，1994．372

的指示》，其中谈到："最好让反动的教授、讲师、助教及学生大吐毒素，畅所欲言。他们是最好的教员。到了适当时机，则立即组织党团员分组开会，分别哪些是建设性的批评，加以接受，并改正自己的错误缺点。哪些是破坏性的批评，予以反驳。同时组织一些党外人士讲演，讲正面话。然后由较有威信的党的负责人做一个有分析、有说服力的总结性演说，将空气完全转变过来。整个过程，做得好，有一个月左右就够了，然后转入和风细雨的党内整风。"① 毛泽东最初让民主党派、知识分子等向中央提意见时是真心听取不同意见的，但是在这个过程中，由于部分知识分子言论过激，导致毛泽东过分警惕，并顺水推舟，让他们充分地发表自己的意见，表现自己，然后进行批判，这种做法被称为"引蛇出洞"，后来备受诟病。这些导致人们不敢讲真话、实话，造成"文革"中的一言堂现象，对毛主席的指示没有人敢反对，连建设性的意见也不敢提。

四、"四大"民主

"大鸣、大放、大字报、大辩论"被简称为"四大"，最早是右派在要求自由民主的言论中提出的，认为这是"大民主"；而整风、批评和自我批评这种和风细雨的说理方式被称为"小民主"。毛泽东认为"这个口号无产阶级可以用，资产阶级也可以用，左派可以用，中间派可以用，右派也可以用"②。而且毛泽东发现这"四大"民主更适合无产阶级，因为相信共产党的毕竟是大多数，"今年这一年（指 1957 年），群众创造了一种革命形式——群众斗争的形式，就是大鸣、大放、大辩论、大字报。现在我们革命的内容找到了它的很适合的形式。这种形式，在过去是不可能出现的"。这种形式充分发扬了社会主义民主，适合正确处理人民内部的矛盾与问题。"找到了这种形式，对于我们的事业会有很大的好处，克服主观主义、官僚主义、命令主义（所谓命令主义，就是打人骂人、强迫执行），领导干部同群众打成一片，就容易做到了。"③

大字报被毛泽东认为是除了报纸等媒体之外的轻型武器，"我看用大字报好，越多越好。大字报是没有阶级性的，等于语言没有阶级性一样。大字报是作战的武器之一，像步枪、短枪、机关枪这类轻武器。至于飞机、大炮，那大概是《文汇报》之类吧，还有《光明日报》，也还有一些别的报纸"④。

① 毛泽东．毛泽东选集（第 5 卷）．北京：人民出版社，1977．432
② 毛泽东．毛泽东选集（第 5 卷）．北京：人民出版社，1977．485
③ 毛泽东．毛泽东选集（第 5 卷）．北京：人民出版社，1977．467
④ 毛泽东．毛泽东选集（第 5 卷）．北京：人民出版社，1977．447

他认为通过大辩论解决了在中国革命中尚未解决的一些问题，“大辩论，全民性的，解决了和正在解决着革命和建设工作是否正确（革命和建设的成绩是不是主要的），是否应走社会主义道路，要不要共产党领导，要不要无产阶级专政，要不要民主集中制，以及我国的外交政策是否正确等项重大问题。很自然地要发生这样一次全民性的大辩论”。最初大字报是不能在商店的门市部、农村（区乡）、小学、军队的营和连队使用的，但是后来农村也普遍使用大字报。1958 年 4 月 2 日，《中共中央关于整风问题的指示》命令各地：“无论城市和农村的基层单位，无论在整风运动中和今后日常工作中，为了开展批评和自我批评，纠正错误，表扬先进，改进工作，都应该广泛使用鸣放辩论和写大字报的方法。”[①] 大字报不是人人都有权利贴的，一些反驳、答辩性的，只要不符合当前潮流，就会被打成反革命。

1966 年 5 月 25 日，北京大学聂元梓等人贴出了一张攻击北京市委和北大党委的大字报，6 月 1 日向全国广播，并被毛泽东誉为“全国第一张马列主义的大字报”。1966 年 8 月 7 日八届十一中全会印发毛泽东亲自拟定的《炮打司令部——我的一张大字报》，将矛头直指刘少奇、邓小平，这标志着文化大革命的开始。“四大”很适合群众运动，并在“文革”中被运用到极致，典型的口号是“踢开党委闹革命”、“就是要无法无天”等。1975 年“四大”被写进《中华人民共和国宪法》，并在第一章总纲中第十三条规定：“大鸣、大放、大辩论、大字报，是人民群众创造的社会主义革命的新形式。”这种所谓的“大民主”实际上是为少数人“造反有理”、操纵舆论提供了平台，它破坏了社会正常的秩序，造成各种冤假错案，却很少给人以辨别的机会，即使是国家主席刘少奇自辩性的大字报也被撕掉。1980 年的五届全国人大三次会议上，谭震林在书面发言中深刻指出了大字报这种“大民主”的本质。他说：“‘四大’根本没有民主的意义，而是‘文革’小组强有力的棍棒。‘文革’小组需要打击谁，一夜之间满城大字报。受到大字报揭发、批判、打击的同志，个人任何辩论的大字报，不管写了几张，是贴不出去的，即使贴上了，也立即被别的大字报所覆盖。因此，不能说它是‘大民主’，不能说取消‘四大’，就取消了‘大民主’。”[②] 邓小平曾尖锐指出“四大”是“不要社会主义法制的民主，不要党的领导的民主，不要纪律和秩序的民

① 中共中央文献研究室．建国以来重要文献选编（第 11 册）．北京：中央文献出版社，1995．232

② 罗平汉．大字报曾被写进宪法　被坏人利用泄露国家机密．中华文摘，2005（8）

主，绝不是社会主义民主"①。所以，1982 年修改后的《中华人民共和国宪法》取消了有关"四大"的条文。

五、全国性的群众运动

毛泽东把群众运动称作急风暴雨式大民主。新中国成立以来发动了一次又一次的群众运动，有政治、生产、经济建设性等具体的运动，也有相当部分是整风、教育、学习、批判等意识形态领域的运动，特别是反右派、反右倾等运动。群众运动实际上是综合性的舆论运动，它可以与上面的多种模式交叉使用，每次运动都广泛动员群众参与，采用"大鸣、大放、大字报、大辩论"、现场会、展览会等形式进行，如洪流般卷进更多的人，在全国形成一种强有力的舆论氛围，任何敢于反对的都如螳螂挡路，被横扫而去。为了从总体上对思想文艺战线进行舆论引导，对于一些不符合当时政治评价标准的思想、文艺倾向，都曾经进行轰轰烈烈的大批判，如对电影《武训传》的批判、对胡风等资产阶级唯心主义思想的批判、对《红楼梦》研究的批判等，把本来正常的文艺批评、观点之争无限上纲上线，导致原来曾经出现的"百花齐放"局面变成万马齐喑，许多冤假错案由此产生，反右扩大化更是导致全国大批人被划成右派。到了文化大革命运动时期，经常采用批斗会、游行示威的方式，最后发展到"文攻武斗"。在批斗会上，经常把被批斗对象形象丑化，或者剃阴阳头，或者画鬼脸，胸前挂的牌子上写着承认自己是牛鬼蛇神、反革命之类的话，还进行殴打唾骂，游街示众，对人身和尊严造成极大的伤害，导致有些人不堪屈辱而自杀，著名的如老舍、邓拓、李立三、严凤英、荣国团、范长江等。

文化大革命是群众运动的极端，毛泽东曾经说道："过去我们搞了农村的斗争、工厂的斗争、文化界的斗争，进行了社会主义教育运动，但不能解决问题，因为没有找到一种形式、一种方式，公开地、全面地、由下而上地发动广大群众来揭发我们的黑暗面。"② 毛泽东认为，文化大革命是唯一能解决所谓"揭发我们的黑暗面"问题的形式。但是群众运动一旦发动就很难掌握其尺度和方向，毛泽东逐渐失去了对文化大革命运动的控制，造成中国不堪回首的十年政治灾难。邓小平 1980 年总结说："历史经验证明，用大搞群众运动的办法，而不是用透彻说理、从容讨论的办法，去解决群众性的思想

---

① 金春明."文革"时期怪事怪语．北京：求实出版社，1989．45

② 中共中央文献研究室．建国以来毛泽东文稿（第 12 册）．北京：中央文献出版社，1998．220

教育问题，而不是用扎扎实实、稳步前进的办法，去解决现行制度的改革和新制度的建立问题，从来都是不成功的。"①

历史证明这些舆论模式有些是极端的、非常态的，虽然看似民主却是极端不民主。"引蛇出洞"造成人人不敢言，"四大"民主和群众运动造成社会混乱，并且"文革"中这些舆论操控模式的运用达到极致，引发全面的混乱，整个社会失去了正常的管理和工作秩序。因此对这种历史教训应该进行深刻总结，在社会主义建设中要采取正常的、有利的舆论调控方法。

第二节　"文革"前的舆情状况

从新中国成立到"文革"开始前，中国社会舆论环境一方面是人民群众以极大的热情投入新中国社会主义建设中，朝鲜战争中全民充满了爱国的情感和自豪感，在第一个五年计划中取得了社会主义建设的极大成就；另一方面是出现了一些错误的舆论导向，发动了一些错误群众运动，造成一定程度的损失。但是这个时期尚未出现极端的个人崇拜，执政者敢于纠正错误，所以政府政策时有调整，全国舆情并未出现失控。当时正反两面影响深远的社会舆论主要有：

一、合作化运动及反对的声音

在借鉴苏联计划经济体制的基础上，20 世纪 50 年代中国开始了合作化的道路，一时合作组、初级社、高级社成为"小手工业生产者的光明道路"，农村不再单干了，工厂也实行公私合营，最后完全国营。但是反对合作化的声音很多，最初在 1951 年国家领导人毛泽东和刘少奇就围绕山西农业生产互助合作的问题产生争议，4 月中共山西省委向华北局和中央提交了《把老区的互助组提高一下》的报告，认为应该积极地、稳健地提高农民生产合作组织，使其向更高一级的形式发展。刘少奇接到报告后连续在多个场合对该报告提出批评，并在对华北局的批示中认为：第一，国家工业化和土地国有化是实现农业集体化的前提。"如果认为目前组织合作社，就可以改造中国的农业，使个体的小农经济成为社会主义的经济，那是幻想。"第二，"由互助组是不能逐步发展提高到集体农庄的"。② 毛泽东支持山西省委的意见，在他

---

① 邓小平．邓小平文选（第 2 卷）．北京：人民出版社，1994．336

② 莫智群．毛泽东与刘少奇农业合作化思想比较．现代农业科学，2008（5）

主持下通过了《中共中央关于农业生产互助合作的决议（草案）》，指示全党要把农业互助合作当成一件大事去做。刘少奇等人接受了毛泽东的意见。1953年中共中央第三次农业互助合作会议前后，毛泽东两次找中共中央农村工作部负责人谈话，指示办好农业生产合作社，而且“要分派数字，摊派。多了冒进，少了右倾”①。在合作过程中，虽然报纸上报道了大量的工人、农民、小手工业者自愿加入合作之路，实际操作中却存在大量摊派数字、强制、冒进等问题，一些领导和农村干部对此产生抱怨。周恩来针对这种情况于1953年和1955年、1956年进行了反冒进运动。1953年4月28日的《人民日报》社论提出“必须量力而行”，1956年6月20日的《人民日报》社论《要反对保守主义，也要反对急躁情绪》认为：“我们对中央提出的‘又多、又快、又好、又省’的方针要有一个正确的了解，不要把它片面化、绝对化，这样才不会急躁冒进。”

但是1955年毛泽东连续发表文章论述合作化问题，其中《农业合作化的一场辩论和当前的阶级斗争》批驳了当时舆论中对合作社不满的言论，这些反对的意见被毛泽东概括为13条，包括“合作社只有三年优越性”的说法、“农村紧张根本由于合作社办得太多了”、“如不赶快下马，就要破坏工农联盟”等。② 毛泽东将这种争论上升到阶级斗争，1956年的反冒进更是被毛泽东认为是“打击群众积极性”，是右倾机会主义。③ 反冒进运动被迫中断，合作化运动的急进直接导致了后来的“大跃进”运动。

二、思想批判运动

为了使马克思主义、毛泽东思想占领思想高地，新中国成立后开始系统地提出建立和加强党的宣传教育工作：首先是创办和改造新闻出版、报纸广播等舆论宣传工具，根据毛泽东的舆论“一律与非一律”原则，保护人民的言论出版自由，同时剥夺反动派的言论出版自由。其次通过党的各级宣传机构，包括报纸、杂志、广播、电影、学校及各种文化教育部门等对全国人民进行思想教育工作，在全国掀起了学习马列、毛泽东思想的运动。再次，对资产阶级、封建残余思想等进行斗争和批判。

为了从总体上对思想文艺战线进行舆论引导，对于一些不符合当时政治评价标准的思想、文艺倾向，都进行了轰轰烈烈的大批判，如1950年对电影

① 毛泽东．毛泽东选集（第5卷）．北京：人民出版社，1977．116
② 毛泽东．毛泽东选集（第5卷）．北京：人民出版社，1977．200—202
③ 毛泽东．毛泽东选集（第5卷）．北京：人民出版社，1977．226

《武训传》的批判，1954 年对胡适思想和《红楼梦》研究的批判，1955 年对胡风等资产阶级唯心主义思想的批判等。其中对电影《武训传》的批判影响最为广泛，普通群众都参与进来了。1950 年上海昆仑影业公司拍摄完成的电影《武训传》在上海、北京等大城市上演，它讲述了清朝末期武训行乞 30 年兴办义学的故事。最初这部电影获得一片赞扬之声，据不完全统计："从 1950 年 12 月 5 日至 1951 年 3 月下旬，在上海的《大公报》、《文汇报》、《新闻日报》、《新民报》，北京的《光明日报》、《工人日报》、《大众电影》、《北京文艺》，天津的《天津日报》、《进步日报》等报刊上发表的赞扬或者主要是肯定武训和电影《武训传》的文章，有 30 多篇。"① 但也有些观众发表不同意见，特别是 1951 年 3 月以后，该电影在报刊上引发激烈的争论，有人认为武训是改良主义、反现实主义者。5 月 12 日《人民日报》转载杨耳的《陶行知先生表扬"武训精神"有积极作用吗?》，认为武训精神是不值得表扬的，《人民日报》希望就此展开讨论。对电影《武训传》的讨论引起了毛泽东的注意，5 月 20 日，《人民日报》发表毛泽东审阅和修改的社论《应当重视电影〈武训传〉的讨论》，将对武训这个历史人物的评价问题上升到如何看待中国近代历史和中国革命道路等根本性问题上来。社论还点名批评了 48 篇表扬武训和《武训传》的文章及其作者。全国各主要报刊转载了这篇社论，各地组织机关、团体进行学习讨论，在报刊上发表大量文章对该电影和武训本人进行批判，原来的学术讨论变成了政治批判运动。原来持赞扬立场的人们纷纷转变态度，其中有个叫罗维的典型代表，他原来曾在《工人日报》发表文章对这部电影加以推荐表扬，但是看了《人民日报》的社论后有了新的认识，并在 5 月 24 日《工人日报》发表文章《〈武训传〉的讨论教育了我》，检讨自己以前对武训的称赞表扬有原则性错误，原来认为武训是行乞攒钱兴学的"英雄"，现在认识到他的真实面目是"一个宣扬封建文化，调和阶级斗争的投降主义者"。参加拍摄《武训传》的工作人员都作了检讨。据统计，从《人民日报》社论开始到 6 月 19 日，一个月时间内仅《人民日报》收到声讨和批判的信稿就有 1 279 件②，其他报刊更是不可胜数。也有不少群众表示异议，各地的省报也多数没有报道当地的批判情况，有的甚至没有转载《人民日报》的社论。但是，有不同意见的均成为批判对象，关于武

① 刘勇，高化民. 大论争：建国以来重要论证实录（上）. 珠海：珠海出版社，2001. 44

② 刘勇，高化民. 大论争：建国以来重要论证实录（上）. 珠海：珠海出版社，2001. 54

训的所有电影、著作都被打入冷宫，武训研究成为禁区。

1980年，《齐鲁学刊》第4期发表张经济的文章《希望给武训平反》，《文汇报》、《光明日报》、《北京晚报》等竞相转载或摘要，引发对武训批判的反思，很多人指出了当时那种群众性政治批判的消极作用。对于当时的舆论批判运动，中共中央党史研究室撰写的《中国共产党历史》中，一方面肯定这种批判对于提高人们的思想认识是必要的，但又认为："当时的具体做法有明显缺点，即把思想认识问题不适当地提到向反动思想'投降'的政治高度，在教育文化界开了用政治批判解决思想问题的不好的先例，不利于通过充分民主讨论达到分清是非的目的。"①

这种文化思想领域的批判运动把本来正常的文艺批评、观点之争无限上纲上线，将学术问题政治化，对个人的观点批判演变成全国性的政治批斗，导致原来曾经出现的"百花齐放"局面变成星光黯淡，造成很多冤假错案，对知识分子和人文社会科学研究产生了消极影响。

三、反右扩大化

1956年发生反共反人民的世界性风潮，波兰和匈牙利事件引起退党风潮，中国国内相继发生群众、学生闹事的事件。即使这样，1957年年初，毛泽东仍然认为敌我矛盾是次要的，人民内部矛盾才是主要矛盾，要允许人们发表不同的意见，靠说服、讲理的办法统一思想。但是随着党外批评意见越来越活跃，各地出现罢工、罢课的情况。1957年5月19日，北京大学贴出了两张大字报，质疑团委"三大"的北大代表是如何产生的，以及要求开辟"民主墙"以帮助党整风，得到了党委的支持，从此揭开了席卷全国很多高校的民主运动，在大字报、大辩论、大串联中，大家议论的话题从高校教育到国家和党的工作，从国内到国际，从理论上分析社会主义民主的性质，针对当时存在的官僚主义、教条主义、宗派主义现象进行抨击。最初的大字报、大辩论还是理性的、说服性的，如复旦大学关于"厚今薄古还是厚古薄今"的师生大辩论在报纸上刊登，两派观点对峙，并没有扣帽子。但后来大字报的内容和在报纸上发表的文章、讲话变得非常激烈、尖锐，有人质问"是人民天下还是党天下"，甚至要求共产党"下轿"；② 有人替"胡风反革命集

---

① 中共中央党史研究室. 中国共产党历史第二卷（上册）. 北京：中共党史出版社，2011. 149

② 北京大学社会主义思想教育委员会. 北京大学右派分子反动言论汇集. 北京大学经济系政治经济学教研室印，1957. 117

团”辩护，认为《人民日报》对储安平“党天下”的批判有点断章取义等。这使得毛泽东认为事情正在起变化，在民主党派和高等院校中，资产阶级右派正在向党发动猖狂的进攻，左右两派最先争夺的是新闻界、教育界、文艺界、科技界的领导权；新闻界右派有号召工农群众反对政府的迹象，大量反动的、乌烟瘴气的言论刊登在报纸上，整个春季中国上空黑云翻滚，都是源自章罗同盟。6 月份，毛泽东号召组织力量反击右派分子的“猖狂”进攻，中共中央下达《关于组织力量准备反击右派分子进攻的指示》，认为这是一场既在党外又在党内进行的大战，如果不打胜，就可能出现“波匈事件”，反右派运动正式拉开序幕。《光明日报》、《文汇报》、《新民报》等报纸的资产阶级右派倾向最先受到批判，《光明日报》的社长章伯钧、总编辑储安平，《文汇报》的罗隆基、浦熙修被说成是章罗同盟，民盟、农工民主党被认为是“有组织、有计划、有纲领、有路线”① 地反共反社会主义。7 月 17 日至 21 日，毛泽东在青岛召开省市委书记会议期间撰写了《一九五七年夏季的形势》，并在会上印发。文章强调：“在我国社会主义革命时期，反共反人民反社会主义的资产阶级右派和人民的矛盾是敌我矛盾，是对抗性的、不可调和的、你死我活的矛盾。向工人阶级和共产党进行猖狂进攻的资产阶级右派是反动派、反革命派。”随后的反右扩大化中，大量提不同意见的人士被打成右派，1959 年统计约有 45 万人，1979 年复查后超过 55 万人，其中知识分子占 30 多万，② 很多人被迫害致死或不堪屈辱而自杀，他们的子女、家属在生活和工作上受到种种不公正待遇。

“文革”后，中国共产党对这段历史进行了自我检讨，党的十一届三中全会作出的《中国共产党中央委员会关于建国以来党的若干历史问题的决议》中认为：“在整风过程中，极少数资产阶级右派分子乘机鼓吹所谓‘大鸣大放’，向党和新生的社会主义制度放肆地发动进攻，妄图取代共产党的领导，对这种进攻进行坚决的反击是完全正确和必要的。但是反右派斗争被严重地扩大化了，把一批知识分子、爱国人士和党内干部错划为‘右派分子’，造成了不幸的后果。”③ 邓小平说：“问题出在哪里呢？问题是随着运动的发展，扩大化了，打击面宽了，打击的分量也太重。对大批的人确实处理

---

① 毛泽东．毛泽东选集（第 5 卷）．北京：人民出版社，1977．435

② 胡晓．暖春是怎样变成严冬的：从知识分子问题会议到反右派运动．安徽史学，2009（1）

③ 人民出版社．中国共产党中央委员会关于建国以来党的若干历史问题的决议．北京：人民出版社，1981．18

得不适当，太重，他们受了多年委屈，不能为人民贡献他们的聪明才智，这不但是他们个人的损失，也是整个国家的损失。”①

四、“大跃进”中不同的声音

1956年1月1日，《人民日报》社论提出批判右倾保守主义，响应中央“多、快、好、省”地建设社会主义的方针路线。1月25日，最高国务会议通过《1956年到1957年全国农业发展纲要（草案）》（又称《农业40条》），要求粮食、棉花年产量分别以8.7%、10.4%的速度递增，各种指标远远超过了实际可能。该纲要在工业、交通、文教等各行各业产生巨大的连锁反应，各行业纷纷制定过高的指标，造成急躁冒进，片面追求多和快，虚夸之风盛行。刘少奇、周恩来、陈云等中央领导对经济过热带来的严重后果十分重视，提出反冒进口号，使9月的中国共产党第八次代表大会坚持了正确的方针政策，“积极而又稳妥可靠地推进国民经济的发展”。但是，1957年毛泽东在中共八届三中全会上公开不点名地批评反冒进，之后多次开会批判反冒进，使反冒进没有彻底进行下去。后来中央提出15年内赶超英国的目标，1958年《人民日报》发表社论指出，要在15年左右的时间里，在钢铁和其他重要工业产品的产量方面赶上和超过英国；准备再用20年到30年的时间在经济上赶上并超过美国。从此“跃进”代替了“冒进”，各行各业都制定了更加急进的赶超目标。1958年5月的中共八大二次会议高度评价当时已经出现的“大跃进”形势，认为这标志着我国正在经历着“一天等于20年”的伟大时期，全国性的“大跃进”运动随之展开。毛泽东提出了一系列鼓舞人心的口号：15年赶上和超过英国，鼓足干劲、力争上游、多快好省地建设社会主义，要当促进派、不要当促退派，勤俭建国、勤俭持家，苦战三年、争取大部分地区的面貌基本改观等。所有这些号召，迅速地成为“大跃进”中主要的声音。

农村是“大跃进”的主战场，所以反映农村变化、农业生产的歌谣数量最多，寄托了农民对美好生活的向往。陕西安康的一首《我来了》（天上没有玉皇，地上没有龙王，我就是玉皇！我就是龙王！喝令三山五岳开道，我来了！②），在全国传诵，具有很大的震撼力。当时职业作家、诗人豪情万丈地写了很多“大跃进”的诗歌，留下了那个热火朝天时代的印记；各省市

---

① 邓小平. 邓小平文选（第2卷）. 北京：人民出版社，1994. 243

② 当年的“大跃进”歌谣，见《共产党员》，2007（6）

县、公社、生产队都有编写民歌的班子，周扬、郭沫若编辑出版的《红旗歌谣》收集了各地大量放大炮、吹牛皮的官方歌谣，当时流行的两句是“共产主义是天堂，人民公社是桥梁”。

“大跃进”运动使中国的社会主义建设脱离了国情和实际可能性，不顾客观规律，一味追求主观意志，虚夸成风，给国民经济和人民群众的社会生活造成严重损害。第一个五年计划期间（1952—1957 年），我国工业总产值平均每年增长 19.2%，农业总产值平均每年增长 4.2%，这个速度已经是不低的了；而在 1958 年的一年中，工农业的总产值更分别增长 66% 和 64%。在“二五”前三年的“大跃进”时期，工业产值增加了 1.3 倍，而农业产值则减少了 23%，① 这是造成其后三年饥荒的主要原因。由于虚报产量和大炼钢铁，再加上自然灾害，造成农村粮荒，很多地方发生严重的饥馑，并在 1960 年出现大规模饿死人的现象。民间流传大量反映民众真正生活状况的歌谣，如“谷撒地，薯叶枯，青壮炼铁去，收禾童与姑。来年日子怎么过，我为人民鼓与呼！”② 江苏海安县农村甚至传出童谣“毛主席，大胖脸，社员饿死他不管！”③ 有位老红军回河南探亲看到惨不忍睹的饿死人现象号啕大哭，向县里反映，但立即被押送出县境，而且恶人先告状，说他是“造谣煽动”，“对社会主义不满”④。一些地方干部意识到问题的严重性，他们对民间灾荒情况比较了解，开始对上面阳奉阴违或者改变上级命令，尽量减轻民众的负担，因此救了一些民众，但这些人后来不是被打成右倾机会主义，就是被逼而死；有些官员以死抗争，有的上书给中央领导反映实际情况，却被打成“现行反革命”⑤。

1959 年庐山会议本来是纠“左”的，但国防部长彭德怀在会议上的发言和写的“意见书”中认为，建设的步伐过快、比例失衡，特别是在思想方法和工作作风方面，暴露出不少值得注意的问题。第一，浮夸风气较普遍地滋长起来。“浮夸风气吹遍各地区各部门，一些不可置信的奇迹见之于报刊，确使党的威信蒙受重大损失。”他建议要把冲天干劲和科学分析结合起来。

---

① 王亚华，鄢一龙．十个五年计划完成情况的历史比较．宏观经济管理，2007（4）

② 李兴濂．大跃进中的官谣与民谣．杂文月刊，2008（8）

③ 王觉非．逝者如斯．北京：中国青年出版社，2001．426

④ 方汉奇，陈昌凤．正在发生的历史——中国当代新闻事业（上）．福州：福建人民出版社，2002．193

⑤ 李若建．理性与良知：“大跃进”时期的县级官员．开放时代，2010（9）

第二，“小资产阶级的狂热性，使我们容易犯“左”的错误”①。有些指标逐级提高，层层加码，把本来需要几年或者十几年才能达到的指标，变成一年或者几个月就要做到。政治挂帅不可能代替经济法则，更不能代替经济工作中的具体措施。当时党内对毛泽东批评的声音十分尖锐，毛泽东在谈到“右倾机会主义者”时对彭德怀进行了连珠炮式的批评，主要有：“专横独断”，“到了斯大林晚年”，“有些像铁托”，“好大喜功”，“偏听偏信”，“上有好者，下必有甚焉”，“错误一定要错到底才知道转弯”等。② 毛泽东认为这是党内的分裂派、右倾主义在兴风作浪，会议由纠“左”转成了反“右”。1959 年庐山会议后，彭德怀等几百万说真话的干部被打倒，戴上了“右倾分子”的帽子，于是敢于说真话的人越来越少。

但现实不以人的意志为转移，面对 1959 年至 1961 年国内三年“自然灾害”，国家领导人不得不进行反思，1961 年 1 月召开的中共八届九中全会正式通过了“调整、巩固、充实、提高”的方针，开始对国民经济进行调整。5 月，刘少奇在中央工作会议上说：“这几年发生的问题，到底主要是由于天灾呢，还是由于我们工作中间的缺点错误呢？湖南农民有一句话，他们说是‘三分天灾，七分人祸’。”“在大多数地方，我们工作中间的缺点错误是主要原因。”③ 为了统一思想，克服经济调整的阻力，中共中央 1962 年 1 月 11 日召开扩大的中央工作会议，有七千多人参加，被称为“七千人大会”。会议中大家对“大跃进”以来的成绩和错误看法不一，产生激烈的争论。毛泽东承认：“在社会主义建设上，我们还有很大的盲目性。”④ 他的讲话在与会者中引起了强烈共鸣，有的人抑制不住多年的积郁和委屈，竟当场失声痛哭。会议重点批评了“左倾”思想和领导作风，开始对国民经济进行调整。

五、全民教育运动

新中国成立以来，为了用马克思主义理论武装人民，统一全国民众的思想，帮助人民破除封建迷信思想，对国民的思想改造不断地进行。1957 年，

---

① 中共中央文献研究室．建国以来重要文献选编（第 12 册）．北京：中央文献出版社，1996．441

② 中共中央文献研究室．建国以来重要文献选编（第 12 册）．北京：中央文献出版社，1996．4

③ 刘少奇．刘少奇选集（下卷）．北京：人民出版社，1985．337

④ 刘勇，高化民．大论争：建国以来重要论证实录（中）．珠海：珠海出版社，2001．200

中共中央在全国农村进行了一次大规模的社会主义教育，主要是学习马列主义毛泽东思想，使社会主义理论具有广泛的群众基础。1958 年至 1961 年，在农村进行社会主义和共产主义教育运动，采用“大鸣、大放、大字报、大辩论”、现场会和展览会等形式，在全国形成政治思想学习的氛围。期间的 1960 年还特别展开了一次毛泽东著作学习运动，结合中国的国情进行政治教育。这种社会主义教育运动到 1964 年就扩展到全党全民，各条战线和各种知识分子开展自我教育和自我改造运动和整风学习运动；工业企业间举行比先进、学先进、赶先进、帮后进运动。1963 年至 1966 年，中共中央在全国城乡开展社会主义教育运动，这场运动在农村被称为“四清”（清账目、清仓库、清工分、清财物），在城市被称为“五反”（反对贪污盗窃、反对投机倒把、反对铺张浪费、反对分散主义、反对官僚主义运动）。“四清”运动发生在中国刚经历巨大的经济困难时期，是为了打击国内的贪污腐败分子和反动分子的破坏活动、教育干部群众而发起的，对于社会主义建设具有振奋精神、激励进步的作用，但是运动中由于过分强调阶级斗争、斗私批修，错误地“发生了打人、捆绑罚跪、吊人等极端现象，影响了农村社会的稳定”①。直到文化大革命开始，“四清”运动才逐渐停止。

除了理论、政治上的整体思想观念教育外，还用各种英雄、榜样人物教育、激励人民，激发人民的建设干劲和爱国主义精神。1989 年，李瑞环在宣传会议上的讲话《坚持正面宣传为主的方针》对以往的正面宣传作了总结：“五十年代，关于中国共产党三十年伟大、光荣、正确历史的宣传，朝鲜战争保家卫国的爱国主义宣传，黄继光、邱少云等战斗英雄的宣传和孟泰、马恒昌、李顺达、郝建秀、王崇伦等劳动模范的宣传，以及大规模有计划的社会主义经济建设的宣传；六十年代，关于独立自主、自力更生、上下一心克服暂时困难的宣传，大庆油田创业史、‘铁人’王进喜、雷锋精神和焦裕禄事迹的宣传等，都曾对我国人民发挥了巨大的鼓舞作用。其中学习雷锋和焦裕禄的运动影响最深远，一直到八九十年代仍然一再重新学习两者的精神。”雷锋是个孤儿，是人民养育了他，后来成为一名战士，1962 年 8 月在一次事故中不幸牺牲，年仅 22 岁。在短暂而又平凡的一生中，他热爱集体，关心战友及其家人、全心全意为人民服务。1963 年年初，媒体相继对雷锋事迹进行报道，毛泽东主席题词“向雷锋同志学习”，其他国家领导人也都为学习雷锋精神题词，从此在全国各行各业开展了一个学习雷锋精神的热潮。共青团

① 林小波．四清运动始末．党史天地．2005（4）

中央、全国总工会和全国妇联相继作出决定，以各种形式组织学习和宣传雷锋的活动。《人民日报》、《解放军报》等报纸都用大量篇幅报道了各地开展学雷锋活动的情况、雷锋日记中体现的“螺丝钉”精神、“要把有限的生命，投入到无限为人民服务之中去”、公而忘私的奉献精神等成为人们学习的榜样。周恩来的题词“向雷锋同志学习：爱憎分明的阶级立场，言行一致的革命精神，公而忘私的共产主义风格，奋不顾身的无产阶级斗志”可以说是全面地概括了雷锋精神的内涵。雷锋成为好人好事的代名词，《学习雷锋好榜样》的歌曲一直传唱至今，每年的3月5日被定为“学雷锋纪念日”。

焦裕禄是河南兰考县县委书记，在兰考县遭受严重的内涝、风沙、盐碱三害的时候，他坚持在抗灾生产第一线，以身作则、紧密联系群众。1964年5月因劳成疾，以身殉职。1966年2月7日，《人民日报》发表长篇通讯《县委书记的榜样——焦裕禄》，全面介绍了焦裕禄的感人事迹，同时还刊登了《向毛泽东同志的好学生——焦裕禄同志学习》的社论。随后，全国各种报刊先后刊登了数十篇文章通讯，在全国掀起了一个学习焦裕禄的热潮。这两个榜样人物一个是普通公民学习的好榜样，一个是干部学习的好榜样，其精神永远不过时。1990年3月5日，江泽民等党和国家领导人分别题词，号召全国人民进一步向雷锋学习，弘扬雷锋精神。5月10日，《人民日报》发表了《领导干部要学焦裕禄》的社论，在全国再次掀起学习焦裕禄的热潮。

这种学习先进、榜样的运动有利于国民的政治思想教育，有利于在社会中形成拥护党和政府领导的舆论环境，也有利于形成良好的社会风尚。这是每个政府都常用的舆论手段。

第三节 “文革”中的舆论特征

文化大革命中舆论标准高度一致，媒体报道千篇一律，社会舆论手段出现极端化现象，当时的舆论特征主要表现为：

一、阶级斗争成为舆论评价标准

舆论评价标准是人们在舆论活动中评判是非善恶的依据或规范，在文化大革命时期，一切都要以阶级斗争作为准绳，阶级斗争要天天讲、月月讲、年年讲，家庭、邻里、公交车上到处都讲阶级斗争，无限上纲上线。一个妇女在公交车上对小孩唱一首外国摇篮歌《宝贝》，一个教师听到后站起来严厉指责，好几位乘客都说是资产阶级的靡靡之音……为什么唱这种软绵绵的歌曲而不唱《祝福毛主席万寿无疆》?① 毛主席的教导“凡是错误的思想，凡是毒草，凡是牛鬼蛇神，都应该进行批判，绝不能让它们自由泛滥”在各个场合都被提到。一个农村“反革命分子”给一个人送了瓶酱油，被老贫农教育，说是阶级敌人拉拢、腐蚀青年人。② 一个“反革命分子”给一个病人送了一包饼干，被认为“饼干里有毒”③。一个人到商店买糖球多了引起售货员警惕，认为是富裕农民要搞破坏，坚决不卖给他。④ 青年养鱼风、养鸽风也被认为是资产阶级和无产阶级争夺青年的反映，一些工人、农民、学生纷纷在报纸上表态要与这种风气作斗争。一个小学生的邻居老太太是富农，小学生原来很恭敬地叫她“奶奶”，结果也被教育要讲阶级斗争，再也不称呼她“奶奶”了。⑤上海工人马玉华认为最重要的关心是政治上的关心，“我和爱人、子女的关系，是阶级的关系、革命同志的关系”⑥，家庭、邻里等社会各种关系都被赋予阶级斗争的关系，人与人之间互相警惕、戒备。

整个社会紧绷着阶级斗争的弦，任何不满当权者所作所为的言论都被说成是反党、反社会主义、反对伟大领袖毛主席，正如刘少奇说的，“有些党组织，混淆了敌我矛盾和人民内部矛盾这两类不同性质的矛盾，竟然用对待敌人的手段，审判和惩罚了一些有缺点和错误的党员，甚至审判和惩罚了敢于说真话、敢于坚持真理的党员”⑦。1951 年颁布的《中华人民共和国惩办反革命条例》中，对反革命并没有明确具体的规定。1967 年 1 月 13 日，中共中央、国务院颁布《关于在无产阶级文化大革命中加强公安工作的若干规定》，凡是“攻击诬蔑伟大领袖毛主席和他的亲密战友林彪同志的，都是现行反革命行为，应当依法惩办”⑧。谭震林、陈毅、叶剑英等老一辈革命家不满“文化大革命”的一些做法，以各种方式进行了抵制和抗争，其中最突出的是，1967 年 1 月 20 日在京西宾馆举行的军委扩大会议上，叶剑英、徐向前等部队老同志为了抵制在部队实行“四大”而与江青激烈抗争，被称为“大闹京西宾馆”事件；在 2 月周恩来主持的怀仁堂碰头会上，陈毅、谭震

---

① 公共车辆上也有阶级斗争．文汇报，1968－05－04

② 这是一瓶酱油吗?．人民日报，1969－12－23

③ 饼干里有“毒”．山西日报，1970－03－06

④ 站柜台不要忘记阶级斗争．人民日报，1969－10－20

⑤ 用阶级观点看邻居．山西日报，1970－06－01

⑥ 鼓励亲人一辈子扎根农村．文汇报，1971－01－25

⑦ 刘少奇．刘少奇选集（下卷）．北京：人民出版社，1985．409

⑧ 中国共产党大事记（1966）．http：//cpc. people. com. cn/GB/64162/64164/index. html

林、徐向前等部队老同志和“文革”派围绕要不要党的领导、应不应该将老干部统统打倒、要不要稳定军队等重大问题，展开了激烈的争论，被称为“大闹怀仁堂”。这些党内的争论被“文革”派认为是反革命复辟，要反击所谓的“二月逆流”。

二、“文攻武斗”口号兴起

自从毛主席在天安门城楼先后9次接见来自全国各地的红卫兵，红卫兵运动很快在全国兴起。红卫兵“敢想、敢说、敢干、敢革命、敢造反”，其中最著名的口号是“革命无罪，造反有理”，他们不仅对一些专政对象随意抄家、绑架、批斗、审讯乃至施刑等，而且不同的红卫兵派系都认为自己是最忠于毛泽东思想的，相互之间经常发生群体武斗，其惨烈程度有如爆发“全面内战”。1967年7月22日，江青接见群众时提出“文攻武斗”，次日《文汇报》公开刊发“文攻武斗”的口号。同日，广州就发生第一场特大型武斗，即“7·23中山纪念堂武斗事件”①，参加者超过万人，造反派和“主义兵”共死难59人，伤者无数。毛泽东主义红卫兵总部（主义兵）发行《7·23血案特刊》，其中《告全国人民书》的上方就是最高指示“要用文斗，不用武斗”。但这个最高指示只能是武斗后失败一方的抗议。

刘结挺和张西挺夫妇分别是四川宜宾地委书记和市委书记，“文革”中他们秉承江青的“文攻武斗”指示，认为解决问题的“唯一办法就是武力解决”②，先后组织策划了多次大规模的武斗，其中仅三次“武装支泸”，就打死2 000多人，伤残8 000千多人；县级以上干部被他们揪斗迫害致死的有100多人。由于罪行严重，中央撤销了他们的职务，但是他们还利用各种手段为自己辩解。“文攻武斗”造成全国青年分成不同的派别进行暴力攻击，很多无辜的人失去生命。他们还攻击公检法机关、企事业领导班组，造成机构瘫痪，生产陷于停顿。

三、“反潮流精神”盛行

由于毛泽东1965年对中国的教育制度产生怀疑，1966年高等院校和高级中学相继实行推荐和考试相结合的招生制度。1968年7月，《人民日报》发表毛泽东关于从有实践经验的工人、农民中间选拔大学生的指示，学制缩

---

① “文革”中的武斗. http://www.mala.cn/thread-1099798-1-1.html. 2008-12-21

② 四川省依法逮捕现行反革命分子刘结挺、张西挺. 光明日报，1978-07-05

短，无产阶级政治挂帅，全国各地兴起创办此类学校的风潮。此年派遣“工宣队”、“军宣队”进驻学校的办法，不仅普及各教育单位，而且扩大到除军管以外的各级党政机关。1969 年开始让贫下中农管理学校，批判“分数挂帅”。1973 年 8 月 10 日，《人民日报》发表《一份发人深省的答卷》，说的是考生张铁生写在考试“白卷”上的一封信，他对让自己忙于革命生产无暇学习只能交“白卷”的考试制度不服气。《辽宁日报》首先在 7 月 19 日转载，并加了编者按，鼓励人们针对教育战线的阶级斗争进行讨论。之后，引发全国大讨论，各地报纸都进行了报道，并刊登了各地有特色的言论，主要导向是批判智育第一、死读书、只认分数，认为录取的主要标准应该是政治觉悟。《人民日报》连续发表文章一直到该年年底，一时间张铁生成了“白卷英雄”。《北京日报》还发表学生黄帅的来信和日记摘抄，批判“师道尊严”，并掀起大讨论。《人民日报》对此进行转载，黄帅也成为英雄，文化考查的招生制度基本废除。由于学习张铁生、黄帅“反潮流精神”，1974 年的全国教育战线非常混乱，学生们声称“不做驯服的小绵羊　要做革命小闯将”（《长江日报》1974 年 1 月 21 日）。1974 年 2 月 11 日，《人民日报》再次发表黄帅的公开信，因为在对黄帅的一片赞扬声中，出现了例外的声音。有一个内蒙古干部说他并不反对“批修”，但是“对老师的批判”和“对学生的崇拜”太过分了。黄帅指责此人如果不是别有用心，就是政治上的糊涂虫。编者热情地赞扬了黄帅的信，鼓励了她的做法。西方通讯社称黄帅已成为“中国文化革命的第二阶段的政治运动中的著名人物之一”①。2 月 16 日，上海市第 16 中学一年级学生张有莉、葛树慧把一张《向修正主义教育路线猛烈开火》的大字报贴到校园内，学校广大师生“连声赞扬这两位小将敢于反潮流的革命精神”②，这已是她俩的第三张大字报了。针对有人提出“不懂业务就没有实际领导权”的观点，群众、媒体又批判了“大学者，乃有大师之谓也”的学究思想，可以说中国的大学精神在“文革”中被彻底清除，“发生根本的革命变化，工人阶级领导学校”③。《文汇报》1975 年 6 月 3 日发表《可贵的反潮流精神》，摘编了一些小学红卫兵大字报内容。日本《朝日新闻》12 月 24 日刊登该报驻京记者电讯《北京大学的活跃的教育革命运动》，描述了北京大学自 12 月 21 日开始同清华大学一样在校园贴大字报，而且总结了北大大字报的特点：①校内没有被点名批判的；②批判的内容客观而且

---

① 意英驻京记者评述《人民日报》发表黄帅的公开信．参考消息，1974－02－14

② 第三张大字报．文汇报．1974－04－18

③ 决不许资产阶级知识分子统治学校．光明日报，1974－08－03

丰富多彩；③这场运动是五四运动、文化大革命、批林批孔运动的延续。①该电讯还谈到北京大学文学系12名著名教授贴出揭露旧教育弊病的大字报，工勤人员诉苦的大字报给人印象最深，当年全国有16万多名工农兵被选送上大学。由于教育战线由贫下中农管理，推荐选拔的大学生也是工农兵，造成高等教育质量严重下降，影响了一代人的培养。

四、"上山下乡"号召下的狂热

文化大革命中青年学生积极响应毛泽东、党中央的号召，参与各种社会运动，其中除了红卫兵运动外，还有大规模的上山下乡运动，这些运动对这一代人的人生影响深远。1968年12月22日，毛泽东发出"知识青年到农村去，接受贫下中农的再教育，很有必要"的号召，在全国掀起了上山下乡的热潮。新闻媒体、戏剧、文艺作品等大力宣扬下乡的青年与父母决裂、在农村安家落户的做法，称他们为"敢于同旧传统观念决裂的好青年"。1974年11月，女大学生白启娴同农民社员结婚，《河北日报》发表她的来信，并加了编者按，支持她的革命行动，批判那种看不起农民的旧传统观念，此篇报道经新华社向全国转发。据新华社报道，1972年有40万知识青年上山下乡，1974年11月报道有60多万知识青年奔赴农村，1975年报道我国有将近1 000万知识青年上山下乡，被称为是"意识形态的一场革命"，他们"用实际行动批判刘少奇、林彪鼓吹的'读书做官'、'下乡镀金'、'劳动惩罚'、'变相劳改'等谬论，批判'劳心者治人，劳力者治于人'、'唯上智与下愚不移'等孔孟之道。他们的行动，鼓舞着人们破除旧的传统观念，使社会的风气为之一变"②。据统计，"文革"期间上山下乡的知青共有1 600多万人，大部分集中在黑龙江、内蒙古、新疆等边远省区，生活条件艰苦，精神生活苦闷，许多女青年不得不与当地农民结婚。

刚刚粉碎"四人帮"，下乡知青热切渴望中央能够解决他们的问题，寻求出路。但是1978年的秋天，全国上山下乡工作会议通过的《知青工作四十条》仍然肯定文化大革命中上山下乡的做法，要继续动员城镇知识青年下乡，这使得在边疆兵团的知青十分失望，于是他们开始了回城的抗争。此时，西双版纳橄榄坝农场七分场的上海女知青徐玲先之死直接导致云南知青的大规模返城运动。1978年年底，云南农垦总局几十个农场的知青们组织起来请

---

① 北京大学活跃的教育革命运动．参考消息，1975－12－28

② 我国有将近一千万知识青年上山下乡．光明日报，1975－01－20

愿、罢工、绝食、卧轨等，认为上山下乡并没有达成缩小城乡、工农、脑力与体力这三大差别的目的，而且在经济上得不偿失，强烈要求回城。他们组织的北上请愿团卧轨行动震动全国，引起国内外媒体关注；他们在北京受到领导接见与会谈的新闻被全国大小报纸竞相报道。此后中央调查组对云南知青进行广泛调查，意识到知青问题的严重性，1979 年 1 月下旬，国务院批准知青返城。返城之风很快蔓延全国，绝大部分知青返回他们原来所在的城市。

满怀热情改造世界、改造农村的知识青年在经过严酷的生活磨砺后，逐渐对往日的理想产生怀疑，开始对一味听从上级号召、缺乏独立判断的集体无意识行为进行理性思考。

五、“天安门事件”体现舆论力量

十年文化大革命强调阶级斗争、人定胜天，社会主义生产建设发展迟缓，人民生活困顿，群众对“四人帮”的做法产生了不满的情绪。1976 年 1 月 8 日，中共中央副主席、国务院总理、政协全国委员会主席周恩来逝世，全国人民对周总理怀有深厚的感情，纷纷缅怀追悼。但是“四人帮”不仅不组织追悼活动，还大力进行“批邓、反击右倾翻案风”，阻挠人民群众自发性的悼念。在周恩来追悼大会的前一天，《人民日报》在头版发表《大辩论带来大变化》一文，强奸民意地写道：“近来，全国人民都在关心清华大学关于教育革命的大辩论。”周恩来遗体被送往火化时，虽然并没有事先发布这个消息，但消息迅速在民众中传播，十里长安街站满了几十万悲痛送别的群众。3 月下旬至 4 月 5 日，全国各地特别是大城市的群众，纷纷自发悼念周恩来，对“四人帮”控制的新闻媒体歪曲民意的报道表示强烈不满。3 月 5 日、25 日，上海市人民首先起来声讨《文汇报》对周恩来的映射性攻击，贴出揭露张春桥政治野心的标语，举行一系列的悼念活动，但受到压制。清明前后，北京上百万群众到天安门广场悼念周总理，用大量的诗歌揭露“四人帮”想要篡党夺权的野心，拥护副总理邓小平主持中央工作。“四人帮”采用各种手段欺瞒党中央和毛主席，使中央政治局会议认为这是“反革命性质”的反扑，并从 4 月 4 日晚开始清理花圈、标语，对在广场上活跃的舆论领袖人物作为“反革命”进行抓捕。5 日，广场上的广大群众采取抗议行动，遭到残酷镇压，大批人士被抓，群众被驱散，此次事件被错误地宣布为“反革命事件”。7 日，中共中央撤销了邓小平党内外一切职务。但是以“天安门事件”为中心的强大抗议运动反映了广大人民群众“扬眉剑出鞘”的强烈心声，表明社会舆论有其自身的运动规律，虽然暂时被强力压制，却如汹涌的社会暗流随时可以喷发而出，为粉碎“四人帮”打下了广泛的群众基础。

第三章　中国舆情调控机制的初步建立

经济基础决定上层建筑，中国共产党取得政权后要维护统治，首先要解决老百姓的生存问题，发展生产力成为当时最急迫的任务。新中国成立之初，百废待兴，为稳固政治统治权力，开始对农业、手工业和工商业进行社会主义改造，逐步建立社会主义的经济秩序。而在意识形态方面，消除封建和资产阶级的思想影响是当时文化艺术领域的主要任务。葛兰西认为，新兴国家“文化政策首先是消极的，离不开对过去的批判；目的是破坏和消除对过去的记忆”①。只有在对过去意识形态进行批判的基础上才能建立新的思想领导，中国共产党从新中国成立到“文革”时期对舆情的调控基本上就是建立新的文化领导权的过程。

第一节　舆情调控指导方针的初步提出

1957 年，针对当时的“大鸣”、“大放”、“大字报”等大民主形式空前活跃的状况，毛泽东一再谈到舆论的自由和控制以及舆情调控的理想状态。

首先，他提出了在我国人民的政治生活中判断言论和行动是非的六个标准：“（一）有利于团结全国各族人民，而不是分裂人民；（二）有利于社会主义改造和社会主义建设，而不是不利于社会主义改造和社会主义建设；（三）有利于巩固人民民主专政，而不是破坏或者削弱这个专政；（四）有利于巩固民主集中制，而不是破坏或者削弱这个制度；（五）有利于巩固共产党的领导，而不是摆脱或者削弱这种领导；（六）有利于社会主义的国际团结和全世界爱好和平人民的国际团结，而不是有损于这些团结。”② 在这六条标准中，最重要的是社会主义道路和共产党的领导这两条。这六条标准是中国共产党建立理想的社会主义国家的言行准则，后来被邓小平简化为“三个

---

① ［意］安东尼奥·葛兰西. 狱中札记 . 曹雷雨，姜丽等译. 北京：中国社会科学出版社，2000. 219

② 毛泽东. 毛泽东选集（第 5 卷）. 北京：人民出版社，1977. 393

有利于”，江泽民、胡锦涛等党和国家领导人都继承和发展了这种舆论导向的理论。

其次，毛泽东谈到了建立一个既有言论自由，又有纪律、有统一意志的理想民主国家。1957 年 3 月 20 日，毛泽东在上海党员干部会议上的讲话中指出：“我们希望造成这样一个中国，希望把我们国家变成这样一个活泼的国家，使人们敢于批评，敢于说话，有意见敢于说，不要使人不敢说。”1957 年 7 月在青岛召开的省委书记会议上强调：“我们的目标，是想造成又有集中又有民主，又有纪律又有自由，又有统一意志，又有个人心情舒畅、生动活泼，那样一种政治局面。”①

在改革开放以前，中国并没有专门的舆情调控政策和方针，这些关于言论的思想可以说是充分体现了共产主义理论中理想的形态，也描绘出中国未来舆情调控的基本指导思想，只是在“文革”中这些目标完全被忽略了。当时在思想政治领域有几个纲领性的思想、文艺方针，对于舆论和舆论环境的引导具有重要的指导作用。

一、舆论一律与非一律

毛泽东在 1955 年批判胡风“反革命集团”时写的文章《驳“舆论一律”》中说到：“我们的舆论，是一律，又是不一律。在人民内部，是允许舆论不一律的，这就是批评的自由，发表各种不同意见的自由，宣传有神论和宣传无神论（即唯物论）的自由。”因为人民内部总有先进和落后之分，不可能也不应该使“舆论一律”。“但是对待国际国内不同的阶级特别是敌对阶级，不许他们在中国发表反革命意见，不许他们有言论自由，要实行一律，即要用专政即独裁的方法，只许他们规规矩矩，不许他们乱说乱动。这里不但舆论一律，而且法律也一律。”② 毛泽东总结的这个规律实际上在各国政府和组织对舆情的调控中都存在，为了维护政治上的统治和社会的稳定，对反政府言论一般都实行舆论一律。只要社会有矛盾存在就会有舆论的不一律，克服了矛盾，舆论会暂时一律；但新的矛盾一来，又产生了不一律。无论是对敌人还是对人民内部，都存在舆论一律的方面，不过对于解决人民内部矛盾，毛泽东认为用强制性的行政命令和说服教育两种相辅相成的方法。人民内部的自由不是无政府状态，而是有领导的自由，民主是集中指导下的民主。

---

① 毛泽东．毛泽东选集（第 5 卷）．北京：人民出版社，1977．456

② 毛泽东．毛泽东选集（第 5 卷）．北京：人民出版社，1977．157

中国在社会主义改造时期，这个舆情调控指导方针得到了较好的实施，保证了对国民党残余势力、外国敌对势力和其他反共势力的言论控制，使得社会主义建设顺利进行。但是随着反右扩大化和文化大革命的到来，把敌对势力扩大化了，实行的是全面的无产阶级专政，大搞全面的阶级斗争，而人民内部的民主并没有得到贯彻实施。在阶级斗争扩大化的年代，只要是敢于发表不同意见的人都被冠以阶级敌人的名称，不是右派就是反革命，把人民内部矛盾当作敌我矛盾，对阶级敌人“不许乱说乱动”，导致人民内部的舆论高度一律。

从理论上来说，任何社会的舆论都存在一律和非一律。舆论一律指的是意见的一致性，社会成员能够达成某种程度的共识，没有这种共识整个社会就不可能存在。非一律指的是意见的多样性，这是由社会成员的多样性和个性差异以及社会利益关系决定的，而且这种非一律是绝对的，意见的统一是相对的。在舆论传播的过程中，既有统一的意见出现，也有纷繁复杂的不同意见存在。

二、“百花齐放，百家争鸣”方针

1957 年 2 月 27 日，在最高国务会议上毛泽东做了《正确处理人民内部矛盾》报告，提出“‘百花齐放，百家争鸣’的方针，这是促进艺术发展和科学进步的方针，是促进我国的社会主义文化繁荣的方针”，指出艺术界和科学界不同风格、不同学派间的是非问题只有通过施行“双百”方针的途径去解决，而不能用简单的行政手段去解决。1957 年 3 月 12 日召开的中国共产党全国宣传工作会议上，毛泽东将这个方针具体论述为“收和放”的问题：“放，就是放手让大家讲意见，使人们敢于说话，敢于批评，敢于争论；不怕错误的议论，不怕有毒素的东西；发展各种意见之间的相互争论和相互批评，既容许批评的自由，也容许批评批评者的自由；对于错误的意见，不是压服，而是说服，以理服人。收，就是不许人家说不同的意见，不许人家发表错误的意见，发表了就‘一棍子打死’。”“我们采取放的方针，因为这是有利于我们国家巩固和文化发展的方计。”① 3 月 16 日，《中共中央关于传达全国宣传工作会议的指示》指出，党提出的“百花齐放，百家争鸣”政策的目的，“是用说服的方法，用自由辩论的方法，而不是用粗暴的方法，向知识分子进行长期的、耐心的、细致的马克思主义的宣传，促进我国的科学文

① 毛泽东．毛泽东选集（第 5 卷）．北京：人民出版社，1977．388，414，415

艺在马克思主义的指导下迅速地繁荣起来”①。1956 年 5 月 26 日，中共中央宣传部部长陆定一应中国科学院和中国文联的邀请，在中南海怀仁堂向1 000余位科学工作者、文艺工作者做了题为“百花齐放，百家争鸣”的讲话，系统阐述了党中央提出的“双百”政策，他指出：我们所主张的“百花齐放，百家争鸣”是提倡在文学艺术工作和科学研究工作中有独立思考的自由，有辩论的自由，有创造和批评的自由，有发表自己意见、坚持自己意见和保留自己意见的自由。“百花齐放，百家争鸣”的政策，就是要我们在文艺工作和科学工作方面，把一切积极因素都调动起来，更好地为人民服务，为繁荣我国的文学艺术而努力，为使我国的科学工作赶上世界先进水平而努力。“百花齐放，百家争鸣”是人民内部的自由在文艺和科学工作领域中的表现。这篇讲话稿征求毛泽东同意后于 6 月 13 日刊登在《人民日报》上。

“双百”方针提出后引起社会各界特别是学术界、文化界人士的大讨论，它的执行使科技、文化等领域呈现出生动活泼的繁荣局面，过去许多不敢谈和不能谈的问题都开始谈了。1957 年 3 月 25 日，在 1 700 多人参加的北京市宣传工作会议上，讨论如何具体贯彻“双百”方针，赞成“放”的人数居多，大家批评当时北京放得不够。4 月 20 日，北京市委第一书记彭真在2 800多人参加的宣传工作会议扩大会②上指出，有些群众推派代表向上级领导请愿是一种正当的手段，领导干部不应当害怕，更不应该阻挠、压制。虽然“双百”方针主要适用于文艺、文化出版、学术界，但是这种文化艺术的繁荣体现在新闻媒体上。4 月 27 日，《文汇报》刊登了《马寅初谈人口问题》，对中国人口增长过快敲响警钟；《人民日报》等报纸采访了华罗庚、钱伟长、陈寅恪等科学家和学者。然而这种尊重知识分子的“科学家的春天”很短暂，6 月开始对右派的言论、学术观点进行批判，毛泽东认为章罗联盟③利用这两个口号反对共产党，从而开始了大规模的反右派运动，使得“双百”方针的执行受到干扰。“文革”中基本只有一家之言，张春桥曾露骨地说“百家争鸣，一家做主，最后听江青的”④，搞得思想文化领域百花凋零、万马齐

---

① 中共中央文献研究室. 建国以来重要文献选编（第 10 册）. 北京：中央文献出版社，1994. 132

② 中共北京市委召开宣传工作会议. 新华半月刊，1957－05－25

③ 章罗联盟：毛泽东一直称其为“章罗同盟”，指的是章伯钧和罗隆基，两人都是中国民主同盟中央副主席，章伯钧兼任交通部部长、光明日报社社长，罗隆基兼任森林工业部部长。《光明日报》总编辑储安平被认为是其重要成员。因为他们发表文章或者在会议讲话中要求与共产党“轮流坐庄”和成立政治设计院、平反委员会，认为共产党是“党天下”等，在 1957 年被认为反党反社会主义的右派集团。

④ 夏杏珍. “双百”方针研究述评. 当代中国史研究，2008（6）

喑。陆定一在1986年说："反右派以后，'百花齐放，百家争鸣'的方针形式上没有被废除，但实际上停止执行了。"①

三、批评和自我批评

联系实际、联系群众、批评和自我批评一直是中国共产党的三大优良作风，也是新中国成立后指导各项工作的基本指导方针，其中尤以批评和自我批评对舆论的影响较大。1950年4月，为了防止共产党作为执政党在工作中产生错误和骄傲情绪，产生严重的官僚主义倾向，中共中央发布《关于在报纸刊物上开展批评和自我批评的决定》，并在《人民日报》第一版显著位置刊载了这一决定，"在一切公开的场合，在人民群众中，特别是在报纸刊物上展开对于我们工作中的一切错误和缺点的批评与自我批评"②。

1954年4月，毛泽东提出了新闻批评的"开、好、管"三字方针。"开，就是开展批评；好，就是开展好；管，就是要把这件事管起来。"③ 三字方针明确指出要进行舆论监督，新闻批评要在党的领导下进行，而不是放任自流。5月，在北京市委宣传工作会议④上，文艺演员对文化部门领导提出批评，党外人士也批评有些单位党组织发扬民主不够，重大事情和他们商量不够。7月17日，中共中央在《关于改进报纸工作的决议》中再次强调："报纸是党用来开展批评和自我批评的最尖锐的武器。"1956年2月19日，毛泽东在对中宣部报告的批语中写道："这是对学术思想的不同意见，什么人都可以谈论，无所谓损害威信。""如果国内对此类学术问题和任何领导人有不同意见，不应加以禁止。"⑤ 而且他多次提到批评要尖锐。1957年年初，毛泽东再次强调解决人民内部矛盾的民主办法就是批评与自我批评，用一个公式就是"团结—批判—团结"⑥。但由于"左倾"思想的干扰，从1957年后半年开始，正常的新闻批评受到破坏。中共十一届三中全会以后，新闻批评传统得以恢复。

这三个方针不仅仅针对文化艺术领域，而且涉及社会政治文化生活的各

① 陆定一．"百花齐放，百家争鸣"的历史回顾——纪念"双百"方针三十周年．理论月刊，1986（6）
② 新华社新闻研究所．新闻工作文献选编．北京：新华出版社，1990．254
③ 毛泽东．毛泽东新闻工作文选．北京：新华出版社，1983．177
④ 中共北京市委召开宣传工作会议．新华半月刊，1957－05－25
⑤ 毛泽东．毛泽东文集（第7卷）．北京：人民出版社，1999．9
⑥ 毛泽东．毛泽东选集（第5卷）．北京：人民出版社，1977．388

个方面，它是当时人人都熟知的宣传政策，其出发点是正确的，但是从反右扩大化到“文革”时期，这些方针基本上没有得到贯彻执行。

第二节 舆情调控机制的雏形

一、舆情调控体制

中国的政治体制是党政两套班子、民主党派政治协商，中国共产党领导意识形态，各级政府机构处理具体的国家公共事务，各民主党派参政议政。但是从反右之后到改革开放初期，民主党派的参政议政作用并不突出。

1．党委领导意识形态

早在解放战争时期，中国共产党已经逐步建立健全中央集中领导的各项制度。1941 年 2 月 2 日，中央给各中央局、各将领发出指示，规定凡有全国意义的通电、宣言和对内指示，必须事先请示中央。1948 年建立了向中央请示报告的制度，健全党委制度，加强中央统一领导。新中国成立以后，中央一再发出指示，要求各地党委把思想问题抓起来，1957 年毛泽东又多次谈到“各个省、市、自治区的党委应该把思想问题抓起来”。政法文教、新闻领域都是在党委领导下，“在不违背中央政策法令的条件下，地方政法文教部门受命于省市委、自治区党委和省、市、自治区人民委员会，不得违反”。“省市委、自治区党委的第一书记和整个党委必须把这个伟大斗争完全掌握起来，必须把民主党派（政治界）、教育界、新闻界（包括一切报纸和刊物）、科技界、文艺界、卫生界、工商界的政治改造工作和思想改造工作完全掌握在自己手中。各省、市、自治区要有自己的马克思主义理论家，自己的科学家和技术人才，自己的文学家、艺术家和文艺理论家，要有自己的出色的报纸和刊物的编辑和记者。”① 强调党委对新闻媒体的领导，书记要亲自抓，不能委托给宣传部，“各级党委，特别是省、市和自治区一级的第一书记，对于了解工厂、学校以及报纸、刊物的思想政治动向，加强思想政治工作，解决这些方面的具体问题等项任务，应该立即抓起来，并且教会地委、县委两级和城市区级第一书记抓起这些工作。不应该只委托宣传部部长、文教部部长、教育和文化厅厅长这些同志去做而自己不去管它们”②。由于中国新闻媒体是

① 毛泽东．毛泽东选集（第 5 卷）．北京：人民出版社，1977．418，462，463

② 中共中央文献研究室．建国以来重要文献选编（第 10 册）．北京：中央文献出版社，1994．163

党的喉舌，重要的领导都是由党和政府委派，因而新闻媒体对党和政府是无条件服从，特别是反右运动中对新闻媒体进行整顿后，基本上没有敢于与中央不一致的。1959 年，新华社进行体制“改革”，将分社管理权下放给地方，直接受省委辖制，直到 1961 年才收回对地方分社的管理权。在一次人民日报社、新华总社主持的分社社长会上，大家还交流了怎样“绝对服从省委”，“做党的驯服工具”的经验，“绝对服从，就不必去调查研究，不用也不敢去独立思考了。对于‘大跃进’中的问题，对人民群众的疾苦，也都视而不见了”①。

2. 新闻媒体主管部门领导制

在党和政府机构设置方面，中共中央宣传部（简称中宣部）是中共中央主管意识形态方面工作的综合职能部门，在各级党的组织中都设有宣传部。“中央宣传部内除应设立与上列各项工作相应的各处外，还应设立国际宣传处，以担负党的国际宣传工作。各中央局、中央分局、省委、大市委、区党委的宣传部得设立理论教育处（兼管学校）、宣传处、文化艺术处、报纸出版与广播处及干部管理处（或称科）。”② 1966 年毛泽东说中宣部是“阎王殿”，要“打倒阎王，解放小鬼”③，号召地方造反，中宣部陷入瘫痪。文化大革命开始后成立了中央组织宣传组，后称中央宣传组，主管意识形态工作。

除了中共中央的意识形态管理机构外，政府也有对新闻出版的行业管理机构。1949 年 11 月，新闻总署成立，主管新闻出版方面的事务，新闻总署下设国家通讯社即新华通讯社、广播事业局、出版局及国家书店。1952 年 2 月，新闻总署被撤销，广播事业局改由政务院（后来改称国务院）主管，宣传业务归中宣部主管。“文革”时期中宣部被取消，中央广播事业局被列为中央直属部门。1973 年成立了国家出版事业管理局，直属国务院。

3. 建立全国性的广播、宣传网

为了使党和政府的声音传达到全国各个角落，新中国开始建立广播、宣传网络的巨大工程。1950 年 4 月，新闻总署发出《关于建立广播收音网的决定》，要求在各县市、人民解放军各级政治机关、全国机关、团体、工厂、学校普遍建立收音站，设置收音员，及时向群众预报和介绍广播节目。1952

① 田中初．新闻实践与政治控制．济南：山东人民出版社，2005．131

② 中共中央文献研究室．建国以来重要文献选编（第 2 册）．北京：中央文献出版社，1992．75

③ 中国共产党大事记（1966）．http：//cpc. people. com. cn/GB/64162/64164/4416081. html.

年，全国已有收音站2万多个①。报纸早在新中国成立前就已经形成了遍布各个团体的通讯员制度，新中国成立后《人民日报》迅速在全国各行各业发展其通讯员。

1951年1月1日，中共中央发布的《中共中央关于在全党建立对人民群众的宣传网的决定》中指出，由于没有建立必要的制度，对人民群众的宣传工作缺乏经常性和组织性，使得许多错误的和反动的宣传和谣言经常在人民群众中流传，党的政策与主张没有及时在人民群众中进行充分的宣传解释，不利于党与人民群众联系的加强，这样，一部分党员在人民群众中进行工作时容易醉心于以简单的行政命令方法而不是以说服解释的方法来对待人民群众。为此，“就必须有系统地建立对人民群众的经常性的宣传网，即在党的每个支部设宣传员，在党的各级领导机关设报告员，并建立关于宣传员报告员工作的一定制度”。党和青年团的每个支部书记、支部委员和与人民群众有经常工作联系的党员和青年团员（如工会干部、合作社干部、区村干部、学校教师、民众教育馆的职员、墙报编辑等），都应当担任宣传员。宣传员的工作方法包括谈话、传递消息、读报、收听广播、书写和绘制宣传性的文字图画、编辑墙报等。报告员是高级的宣传员，由省、市、地区、县和区的党委员会的书记和委员，在省、市、地区、县和区的人民政府中担任负责工作的党员，以及其他由上述各级党的委员会所指定的党员担任。每个报告员每两个月必须向城乡人民群众（首先是工人、农民群众）的集会和代表会议做至少一次政治报告。这些报告的题目和内容要点应当由报告员所属的党的各级委员会书记指定或批准，报告的结果应当向党的各级委员会书记报告。宣传员和报告员制度的建立，就是在全国建立了一个舆论监控和汇报的机制，在群众中起带头响应党中央号召、鼓动舆论等作用。这样，在历次群众运动中就有了宣传员和教育者，如在进行多年的社会主义教育运动中，中央就指示“从中央委员到市委县委委员，与县一级相同的党委委员以及其他有相当文化和政治水平的同志，除年老体弱及有病者外，一律要使他们充当宣读员，至少一次到两次。回避不去的，叫做消极怠工分子”②。

在实际工作中，每个党员都是舆情的收集者和舆情调控的执行者。在党和政府、新闻机构等各个重要的领导岗位都是共产党员，而在当时要求党员做党的驯服工具，听党的话，一切服从党的指挥，所以党员是庞大的社会网

---

① 张涛．中华人民共和国新闻史．北京：经济日报出版社，1992．108

② 中共中央文献研究室．建国以来重要文献选编（第18册）．北京：中央文献出版社，1998．331

络中重要的舆情调控工具。1957年出现了一些地方性罢工、罢课的事件，中共中央指示①：首先，不允许党委和党员个人以主动地领导群众闹事的办法反对行政当局。其次，在群众非闹事不可的时候，党委应该指定一部分党员甚至全体党员参加，以便掌握领导，联系群众和教育群众，不使群众被破坏分子引向错误道路。但是党员不应该提出无理的要求，如果群众中有人提出无理要求和反动口号，应该加以批评和驳斥。再次，党员在群众闹事的过程中，必须遵守党的组织原则，随时向党的领导机关报告请示，按照领导机关的指示行动。从这个指示可以看出党员在舆论事件中所起的作用，就是在群众中顺势引导舆论、及时汇报情况。在每次运动中，中共中央都会号召全体党员尤其是高级领导干部要站稳立场、划清思想界限。

二、对新闻舆论的调控机制

改革开放之前，中国的新闻媒体主要是报刊、广播和新华通讯社，其中报刊的作用尤其突出。由于中国新闻媒体的党报、党刊、党台性质决定了它们的喉舌与工具职能，特别是在强调“政治挂帅”、“突出政治”的时代，媒体成为权力的婢女。党和政府通过掌控新闻媒体形成强大的新闻舆论，进而主导社会舆论的方向。

1. 直接控制新闻媒体

中国共产党一向重视新闻媒体的舆论导向作用，早在新中国成立之前，毛泽东就提出要“政治家办报”，指示党报必须无条件地宣传中央的路线和政策。新中国成立后，经过社会主义改造，绝大部分报纸和电台都成为党委控制下的机关报和电台，服从党委领导。毛泽东一再强调新闻媒体要做党的喉舌，要政治家办报。1957年，由于《人民日报》没有积极执行毛泽东的“引蛇出洞”策略，社长邓拓被毛泽东责骂：“过去我说你是书生办报，不对，应当说是死人办报。”毛泽东告诫即将到《人民日报》任总编辑的吴冷西说：“写文章尤其是社论，一定要从政治上总揽全局，紧密结合政治形势。这叫做政治家办报。”② 毛泽东直接把自己的秘书班底派去掌管党中央机关报，一个不行再换一个，如吴冷西、胡乔木、陈伯达等。当时的人民日报社社长和新华社社长经常是一人兼任，有时兼任中宣部副部长。“很多《人民

---

① 中共中央文献研究室．建国以来重要文献选编（第10册）．北京：中央文献出版社，1994．163

② 祝华新．人民日报，叫一声同志太沉重（1）．http：//www.chinaelections.org/NewsInfo.asp？NewsID＝176042

日报》的社论和重要文章并不是出自《人民日报》编辑部手笔，而由中宣部或中央组织的写作班子越俎代庖，然后直接以《人民日报》名义发表。”毛泽东、周恩来、刘少奇等党和国家领导人经常亲自指挥一些大的舆论战役，一些重要的社论都是由他们亲自操笔写作或审定，毛泽东曾说过：1957 年 4、5、6 这 3 个月，“实际上是我在当《人民日报》总编辑”①。新华社具有授权发布中央重要文件、讲话、文稿、重要消息的任务，“中央领导同志经常就稿件问题打电话或写信探讨。这一传统是毛泽东开创的。在新华社总编室进入会议室的过道上，悬挂着众多毛泽东、周恩来、刘少奇亲自给新华社撰写、修改文稿的手迹复制件中的五幅。在新华社多位值班老总的记忆里，都有领导人亲自打电话安排播发稿件和修改稿件等情况”②。党和政府根据各个时期不同工作重点布置宣传任务，并根据社会舆论反应调整新闻媒体宣传方向和重点，确定社论的调子。“报纸一个时期要有一定的方向，把大家的注意力集中过来。”③ 1967 年 1 月 1 日，《人民日报》、《红旗》杂志发表经毛泽东审定的题为《把无产阶级文化大革命进行到底》的社论，并相继发表社论肯定上海造反派的夺权，一时夺权之风席卷全国。

中央成立专门的写作班子写作重要的理论文章引导全国舆论导向，1962 年成立的钓鱼台写作班子是在中苏论战中负责起草论战文章和文件的，由邓小平领导，发表了大量中苏论战的文章，如著名的“前七篇”、“九评”、“二十五条”等。文化大革命中，各地党政领导机关先后被所谓“造反派”夺权，建立了军干群三结合的革命委员会，党委领导制度遭到破坏。新闻媒体的基调都紧跟中央“两报一刊”（即《人民日报》、《解放军报》、《红旗》杂志），在“文革”中对“两报一刊”审阅定稿的先是陈伯达、康生，后来换成姚文元、张春桥。“四人帮”不仅有个善于写作的旗手、被称为“舆论总管”的姚文元，而且有其御用的写作班子号称“梁效”④。由于“梁效”秉承毛泽东和“四人帮”所控制的“文革”小组意见，几乎每篇都要大量摘引革命导师的语录，所以其文章在中央报刊上发表后，全国各地大小报刊纷纷转载，“小报抄大报，大报抄梁效”成为当时的舆论风向标。罗思鼎（“螺丝

---

① 祝华新．人民日报，叫一声同志太沉重（1，2）．http：//www.chinaelections.org/scholar.asp？scholarID＝292

② 本刊记者．总理更正信亲历记．中国记者，2009（11）

③ 毛泽东．毛泽东新闻工作文选．北京：新华出版社，1983．210

④ “梁效”是“两校”的谐音，是在“文革”批林批孔运动中北京大学和清华大学大批判组发表文章时所用的笔名。

钉”）是“文革”期间上海市委写作组的笔名，是张春桥、姚文元控制的写作班子。“文革”后期为了抵制“四人帮”的舆论工具，1975年毛泽东、邓小平成立了国务院政治研究室作为写作和参谋班子。

2. 新闻媒体的管理法规

法律法规是对新闻媒体的公开管理手段，新中国成立初期制定了几个有关新闻的单行法规，1950年公布《全国报纸杂志登记暂行方法草案》，各地出版报纸杂志（包括公营和私营）必须实行申请登记。1956年，中共中央《关于报纸和期刊的创办、停办或改刊和办理手续的几项规定》中规定，中央级全国性的报纸刊物、各省市机关报的创办或停刊，必须经由中央批准。后来由于报刊太多，各种批办手续由中宣部代办。1958年，中央转发中宣部《关于改编报纸、刊物的创办、停刊和改刊的批准手续的意见》，规定批准后的报刊到文化部进行登记。这种报刊审批登记制度一直沿用到改革开放，主要部分至今没有大的改变。其他的相关法规有1951年制定的《保守国家机密暂行条例》、《中华人民共和国惩治反革命条例》等，其中也涉及新闻媒体的报道内容和方式。

3. 新闻媒体内容的审查规定

新闻媒体传播的内容直接对社会舆论形成导向，所以对传播内容的控制是执政者最关心的。自从中国报纸诞生后，新闻稿件的审查制度就一直存在。中国共产党纪律性最强，除中央制定的各项宣传纪律要严格遵循外，还有一些具体的内容审查制度。

1949年11月11日，新闻总署《关于稿件需经有关方面审阅后始得发表的指示》规定：无论记者、通讯员，采写新闻均应首先交由发布新闻的机关、团体负责人和新闻本身的当事人审查，要求他们考核事实是否准确，政治上、政策上有无问题，新闻本身可否发表，最好由他们签字同意，然后送往编辑部。这种审查被定为新闻稿件的必经手续和采访记者的纪律责任，编辑部在处理稿件的时候，首先检查这些手续是否齐备。如有特殊原因无法交给当事人审查，则应经过有关机关的负责人考核。同月，中宣部《关于克服新闻工作系统中无政府无纪律现象、坚持请示报告制度的指示》再次强调请示审查制度和宣传纪律，“请示审查制度是保障党和国家的宣传统一，防止政治上、政策上发生错误的重要步骤，破坏这种制度，会使我们在政治上遭受损失，是绝对不能允许的无政府无纪律状态”①。特别是有关党、政府和军

① 郎劲松. 中国新闻政策体系研究. 北京：新华出版社，2003. 217

队的报道内容，都要经过上级领导的审查签字才能发表。12 月，中央人民政府政务院《关于统一发布中央人民政府及其所属各机关重要新闻的办法》规定了中国的新闻发布制度，要求中央人民政府及其所属各机关重要新闻由国家通讯社统一发布。“中共中央及其他民主党派的中央总部之公告与重要性公告性新闻，一般由新华通讯社即国家通讯社统一发布，亦可直接交由有关报纸发表。属于国防、军事、公安、外交、财经及其他国家机密者不得作为新闻发布；对于外国记者发布中央人民政府及其所属各机关的新闻一事，由新闻总署国际新闻局统一办理，各机关不得对外国记者发布新闻。”①

由于舆论监督具有强大的威力，对于批评性的稿件有特殊的规定。战争期间批评党和政府的组织与人员的稿件要送给被批评的组织和人员阅看，征得他们同意后才能发表。一般来说，被批评者特别是领导肯定会想尽办法阻挠，因此批评稿件很难发出。但是 1950 年《关于在报纸刊物上展开批评和自我批评的决定》中规定：“凡在报纸刊物上公布的批评，都由报纸刊物的记者和编辑负独立的责任”，“任何人不得用权力压制工农兵通讯员在报纸刊物上的批评，或加以报复”。这就给予报纸刊物以更多的舆论自由。此后一段时间，报纸对党和政府的工作、个别党员干部的腐败做了一些尖锐的批评报道，导致新闻总署又颁布《关于改进报纸工作的决定》，其中规定：“报纸对于政府机关及其工作人员、经济组织及其工作人员的缺点和错误，应负批评的责任。这种批评应当是积极的、富于建设性的，实事求是的和与人为善的。报纸所发表的批评应当要求被批评者作适当的声明，以便向人民群众报告批评的结果。”1953 年，广西《宜山农民报》批评了宜山地委，中宣部在《关于党报不得批评同级党委问题给广西省委宣传部的复示》中指出：“党报是党委会的机关报，党报编辑部无权以报纸与党委会对立。”这从此成为中国新闻媒体批评性报道的基本原则，至今未有政策上的改变。1954 年中共中央《关于改进报纸工作的决议》中强调，报纸编辑部要在党委领导下积极负责，“批评的态度和观点必须正确，严格按照党的原则、中央的决议和党委的意图办事，做到实事求是”②。

在媒体内部也有不同的新闻报道权限，重要的国内新闻、国际时事报道都是由新华社、《人民日报》统一发布。“全国性的重大政治会议，如全国人民代表大会会议、政协全国委员会会议、党的全国代表大会的发言，凡党和

① 马德普等．变革中的中国公共政策（下册）．北京：中国经济出版社，1998．562

② 新华社新闻研究所．新闻工作文献选编．北京：新华出版社，1990．255，259，270

国家决定公布者，《人民日报》须一律发表全文，地方报纸则发摘要，或选登有关本地问题的个别代表的发言。"① 1949年8月，外国通讯社在全国的活动被禁止，反对共产党的外国报纸、杂志被查封，只有个别的友好报刊继续出版，但很快自生自灭。中国对外信息的发布都由中央批准、新华社统一发布。1952年8月27日，中共中央《关于国际时事宣传的决定》② 中规定：①国际时事的报道和评论，完全集中于中央，经中央审查后，统一由新华社和《人民日报》发表。②涉及我国国际关系和外交的地方性事件，亦统一由新华社发表消息，需要在地方报纸上单独发表报道和评论，亦须呈报中央批准。③对于某些重大政治事件，如有必要发动群众团体表示拥护、同情或抗议，以形成全国范围的社会舆论，统一由中央决定并通知各地。④为了国际礼节的需要，在外宾到各地参观时，各地报纸可以自行发表礼节性的消息。禁止外国记者擅自进入中国采访，必须经过相关部门的同意，并且有专人陪伴采访。对美国之音用强功率电波进行干扰，在"文革"期间偷听美国之音是叛国行为，会被打成反革命或者判刑。当时的《参考消息》被毛泽东作为"种牛痘"的疫苗，是一定级别的领导干部了解西方国家对中国评价的重要渠道，1971年12月1日，其发行突破600万份③。

三、舆情反映机制

得民心者得天下，而要了解民心、民意，就要通过一些渠道了解民众的意愿和需要。中国共产党代表的是最广大的人民群众，因此共产党的三大作风之一就是密切联系群众，倾听人民的声音。最初的舆情反映机制基本上包括以下几种方式：

1．遍布全国的宣传网中的报告员汇报制度

各级党和政府的宣传部门、专门的报告员把各地民情民意通过党的组织一级一级上报，由于中国共产党具有世界最大规模的组织系统，该组织系统也是世界上最广泛、最严密的，但是"文革"时期它变成了人们对不满言行的揭发、告密网络。

2．调查研究

毛泽东早就说过：没有调查就没有发言权。他一向重视调查研究工作。

---

① 中国社会科学院新闻研究所．中国共产党新闻工作文件汇编（中册）．北京：新华出版社，1980．483，484

② 郎劲松．中国新闻政策体系研究．北京：新华出版社，2003．220

③ 袁亮．周恩来刘少奇朱德陈云与新闻出版．北京：中国书籍出版社，2003．150

新中国成立后，其他国家领导人和各部级领导也经常到各地进行调查。如三年“自然灾害”后期，中央派出由邓小平、彭真直接领导的5个调查组和北京市委的工作组，在北京近郊和各县进行了一个多月的调查，听取了群众对粮食征购和余粮分配问题、三包一奖和评工记分问题、食堂问题等的意见，并向毛泽东报告。1961年，毛泽东亲自到浙江、湖南、广东农村进行调查。

3．人大代表、政协委员对民意的收集

人民代表和政协委员代表人民参政议政，其职责就是代表人民的意愿向中央提出建议，但是由于当时这些人所占比例较少，而且大部分都是领导，严重脱离人民群众，所以有时中央会集中派这些代表、委员到各地视察，然后将调查到的情况向上级汇报，或者开会时汇报。如1954年，《中国人民政治协商会议第二届全国委员会常务委员会工作报告》总结：“几年来，本会组织了政协委员会同全国人民代表大会的代表一起到全国各地进行视察。”“视察之后，不仅提出了许多有益的意见和建议，而且对于国家机关改进工作、改进领导作风都有帮助。”1955年，《中共中央关于人民代表到各地视察工作的通知》提出：中央认为不仅全国人民代表大会的代表应该下去视察，各省、市人民代表大会的代表也应该下去视察，并且每年一般应该视察两次，时间以春耕以后和秋收以后为好。因为通过这种方法，可以使全国人民代表大会和地方各级人民代表大会集中反映人民群众的意见和要求，从而能够正确及时地解决国家和地方的主要和重大问题，并便于开展批评和自我批评。不过，经过对民主党派的反右扩大化和党内的多次反右倾斗争，这些人大代表和政协委员敢于提出不同意见的已经没有，到了“文革”时期，两代会上所有的决议都是“全票通过”。

4．信访制度

新中国成立初期，各地人民来信大都被汇集到中共中央办公厅秘书室，秘书室有的直接回信，有的进行归类后转给相关单位处理，但由于来信太多，而且成批都是向毛泽东致敬的信，故没有办法一一回复。1951年，毛泽东特意批示要重视人民来信，要给人民来信以恰当的处理，满足群众的正当要求，要把这件事看成是共产党和人民政府加强与人民联系的一种方法。1951年6月7日，政务院颁布《关于处理人民来信和接见人民工作的决定》，要求各地政府成立专门处理人民来信的部门，人民信访制度由此确立。1963年9月20日，《中共中央、国务院关于加强人民来信来访工作的通知》再次强调各层单位领导要重视对人民来信的处理。

由于当时舆情反映渠道较少，且主动权在上级领导或者媒体把关人手里，使大量公众信访不能被报道，一些社会矛盾不能进入公众舆论的视野，所以即使出现“大跃进”时的大饥荒现象，人民逃荒要饭、饿殍遍地，各地领导部门也隐瞒不报。

5. 新闻媒体民意反映机制

新闻媒体是上情下达、下情上达的沟通工具，具有反映民情的重要功能。

（1）新闻报道。

新闻媒体是社会的瞭望者，报道社会真实情况是其最基本的职能。中国的新闻媒体以正面报道为主，大量报道了社会各行各业的成就和人民群众生活的方方面面。1950 年 4 月，中共中央《关于在报纸刊物上开展批评和自我批评的决定》发表后，有关批评性的稿件和灾难、事故性的报道增多，但是这时的新闻批评说不上是舆论监督，因为基本上都是在党的领导下进行的。如在“三反”、“五反”运动中对贪污腐败分子的揭露性报道，绝大部分是在中央作出处理决定后才报道，作为反面典型对人民进行教育的。《人民日报》1957 年 6 月 18 日关于广西饿死人事件的系列报道，也是在中共中央和国务院处理广西因灾饿死人事件的省级领导人之后才报道的，是为了配合党和政府的工作。关于自然灾害性的报道，也是从号召人们抗灾出发的，如 1960 年《人民日报》对各地的水旱灾害进行连续报道，动员全国人民开展抗旱抗涝防荒斗争，引起西方媒体的关注，英国《泰晤士报》还承认人民公社在抗灾中起了巨大作用。① 由于新闻媒体观点要与中央精神一致，所以在报道中都无限拔高，上纲上线。

（2）读者来信。

中国共产党媒体在延安时期就非常重视读者来信，新中国成立后报纸大都设有《读者来信》专栏，目的是通过来信了解各地群众对党和政府工作的各种意见，了解民众的思想动向。1950 年，中共中央《关于在报纸刊物上开展批评和自我批评的决定》发表后，报刊鼓励读者来信进行批评和揭发，《人民日报》在 1950 年 4 月收到读者来信 1 674 件，较 3 月份增加 1 倍，5 月份则增加到 2 487 件（《人民日报》1950 年 6 月 7 日报道）。地方报纸也都有《读者来信》专栏，如《河北日报》于 1950 年 5 月开辟的《读者来信》专栏，其主要内容有批评与建议、群众呼声、表扬先进人物等，每周 3 到 5 期，此专栏经常刊登批评、建议、稿件发表后的处理结果和被批评者的检讨。② 在群众性运动中，为了体现人民群众的广泛参与以及运动的成效，经常大量

---

① 见 1960 年 12 月 10 日的《参考消息》。

② 郭贵儒，白跃华．试论 50 年代我国的舆论监督及其历史作用．中共党史研究，2000（4）

刊登群众的来信和来稿，如在“文革”时期为了“阶级斗争要天天讲，月月讲，年年讲”，一些工人、农民、学生纷纷在报纸上表态。

（3）内部参考（内参）。

内部参考主要是一定级别的干部了解下情的内部秘密参考资料，各级部门早期都有内部参考，后来专指新闻内参。新闻内参是新闻工作者采写的重大但不适宜公开报道的稿件，呈送的对象为各级党组织和政府机关。除了特殊情况需要保密外，一般不太保密的内参可以通过内部刊物发送给更大范围内的领导干部看。新中国成立初期，《人民日报》和新华社都有内部参考资料。1953 年，《人民日报》决定不出内参。由于新华社的记者分布较广，可以利用他们的便利条件，反映工作中存在的一些问题、缺点和群众的思想情况，供给中央负责同志参考。因此，新华社除了发行通讯稿外，还创办了《内部参考》。1953 年 7 月，中共中央特意下发《关于新华社记者采写内部参考资料的规定》，与公开报道以正面报道为主的原则不同，规定采写的内容主要是困难、错误、缺点、问题，以及一些尚不成熟、带试验性的不宜公开报道的工作经验、自然灾害详细情况、反革命分子活动等。强调记者只负责客观真实反映，不要作结论或提建议，不得参与当地的争论，不得干预当地的工作。1959 年 6 月，广东省水灾严重，新华社广东分社记者写了《广东水灾继续发展，全省工作中心转入抗洪救灾》和《广州市人民极度关心汛情的发展》两篇报道，登在《内部参考》上，毛泽东阅后，指示“广东大雨，要如实公开报道。全国灾情，照样公开报道，唤起人民全力抗争”①。

由于很多舆情反映机制如同虚设，没有很好地起到反映民情、监督党和政府的作用，一些干部为了政绩和政治任务，向上瞒报、谎报，如 1959 年冬，河南信阳地区已经遍地哀鸿，但当地领导仍封锁消息，“灾荒报丰收”②。舆情反馈信息的匮乏和失真，使得领导无法得知公共决策的效果，从而偏离正确的轨道。“根据现有资料反映，领导高层虽然知道部分省、区有饿死人的情况，但从‘大跃进’以来，地方报灾系统部分失灵，一些地方领导匿灾不报，致使中央主要领导人无法全面了解到当时的灾情”③，所以在决策上出现失误。

① 毛泽东．毛泽东新闻工作文选．北京：新华出版社，1983．214

② 陈敏之，丁东．顾准日记．北京：经济日报出版社，1997．57

③ 田中初．新闻实践与政治控制．济南：山东人民出版社，2005．121

第三节 改革开放前舆情调控的经验教训

从新中国成立到文化大革命结束，中国的舆情调控有两个大的转折点，即1957年开始的反右派运动和1966年开始的文化大革命。反右派运动之前基本上执行的是对敌人的舆论一律和人民内部的不一律；反右扩大化后，曾经有过极端的舆论控制，虽随后进行了一些调整，但对舆论的控制时紧时松；十年文化大革命期间强调阶级斗争，形成一言堂。新中国成立近三十年的舆情调控特点鲜明，经验教训也较深刻。

一、党和政府舆情调控的经验教训

1．指导方针在执行中的偏差

“舆论一律与非一律”、“百花齐放，百家争鸣”、“批评和自我批评”这些指导思想或方针至今都是正确的，但是在反右扩大化后很少真正执行，文化大革命中已经完全抛弃了这些方针。1962年2月17日，周恩来同志对在京的话剧、歌剧、儿童剧作家的讲话中认为，在提出“双百”方针后的三年间，文艺领域出现了朝气蓬勃的现象，但是“一九五九年，尤其是一九六〇年以后，由于执行总路线在具体工作上发生偏差，不能不影响到各个方面，其中也包括文艺方面”①。文化大革命后期，“四人帮”控制了意识形态，在报刊上把毛主席“古为今用，洋为中用，百花齐放，推陈出新”中的“百花齐放”删掉了，所以1975年毛泽东说：“百花齐放都没有了。别人不能提意见，不好。”② 当时提出的文艺服务口号是“文艺为工农兵服务”、“文艺为政治服务”，突出“政治挂帅”。

经验告诉我们，好经却被念歪的现象屡见不鲜，我们今天要思考的是为何会发生这种变异？如何保证正确的指导方针顺利执行？

2．多数人对多数人的专政

每次运动都要发动广大的群众参与，反右扩大化中使用粗暴的斗争形式，在多数人的舆论压力下不容个人辩解，造成多数人的暴政。1962年2月8日，陈云在扩大的中央工作会议的陕西组会议上讲到：“这几年我们党内生

① 周恩来．对在京的话剧、歌剧、儿童剧作家的讲话．文艺研究，1979（1）

② 中共中央文献研究室．建国以来毛泽东文稿（第13册）．北京：中央文献出版社，2004．443

活不正常。‘逢人只说三分话，未可全抛一片心’，这种现象是非常危险的。”① 1963年在农村社会主义教育运动中，有些地方就发生过打人和乱搞斗争等违法乱纪现象。1964年进行的反对“四类”分子运动（地、富、反、坏分子，后来增加了“右”，成为“黑五类”），实际上就是让群众批判群众。1970年在清查“五·一六”反革命阴谋集团的时候也过分扩大化，“演变成为全国性的两派群众组织之间的大混战，数以百万计的人遭到残酷迫害”②。

毛泽东善于在政治斗争中发动群众，但是“文革”中事情的发展超过了他的控制能力，全国一片混乱，党和政府管理部门基本陷于瘫痪，失去了正常的舆情调控能力。发动群众斗群众，互相揭发，甚至自己揭发自己，造成人人自危，亲人、朋友、师生都互相警惕，如果不坦白就可能被举报。不仅对外的言行，而且独处时的行为、内心深处的想法都要向党汇报。用所谓的“四大民主”发动群众进行大规模舆论战争的手段是极端的，不利于政府的正常控制，也不利于社会进步，即使是西方资本主义国家也不赞同这种无政府主义状态的民主形式。毛泽东本来是反对这种方式的，“专政的制度不适用于人民内部。人民自己不能向自己专政，不能由一部分人民去压迫另一部分人民”③。不过由于对形势判断失误，导致他错误地发动文化大革命。

3. *左右摇摆不定*

毛泽东曾经说过既要反“左”也要反“右”，但实际上走了极左的路线。在以毛泽东为代表的极左冒进思想主导下，合作化运动中存在着大量摊派数字、强制性等问题，引发部分群众和干部的抱怨。针对这种情况，周恩来于1953年、1955年春和1956年分别发动了几次反冒进运动，进行整顿。但是1956年的反冒进被毛泽东认为是“打击群众积极性”，是右倾机会主义。合作化运动的急进直接导致了后来的“大跃进”运动。“大跃进”中“左倾”错误更是严重泛滥，但是毛泽东一直以为右倾才是危险的，以致1959年庐山会议上对“大跃进”提出质疑的彭德怀等人被打成“右倾”。1959—1961年的自然灾害、中苏关系破裂，导致中国国民经济出现严重危机，面临严重困难。1962年在扩大的中央工作会议“七千人大会”上，参会代表就过去几年

① 中共中央文献研究室. 建国以来重要文献选编（第15册）. 北京：中央文献出版社，1997. 171

② 中国共产党大事记（1970）. http：//cpc.people.com.cn/GB/64162/64164/4416088.html

③ 毛泽东. 关于正确处理人民内部矛盾的问题. 毛泽东选集（第5卷）. 北京：人民出版社，1977. 366

的经验进行了总结，针对庐山会议前后究竟是左倾是主要的，还是右倾是主要的，大家争论不已。刘少奇、毛泽东的讲话中都承认经济建设中犯了一定的错误，会议逐渐转向对某些左倾思想和领导作风的批判。刘少奇在讲话中说："有的同志说，犯左倾错误是方法问题，犯右倾错误是立场问题。我看这种说法是不正确的，是错误的。'右'不比'左'好，'左'也不比'右'好。"他号召大家"要做实事求是的、理论联系实际的、密切联系群众的、实行批评和自我批评的真正的左派。"① 朱德认为问题在于"反'左'容易出'右'，反'右'容易出'左'"②。

1966 年文化大革命的极"左"做法在一开始就遇到了周恩来、刘少奇、陈毅和陶铸等一批军队老干部的反对，但是毛泽东支持了中央文革小组，将其定性为"二月逆流"。在 1968 年 10 月中共八届二中全会上，林彪讲到："在运动过程中，一条是毛主席的正确路线，一条是干扰这条路线的左和右的干扰，但最主要的还是来自右的方面的干扰，最典型的表现是'二月逆流'。"③"九·一三"事件后，对林彪反革命集团的批判实际上是对"文革"的反思。1972 年，周恩来部署和督促《人民日报》、《红旗》杂志接连发表社论，批判极左思潮，并对经济、教育等进行整顿。但是由于"四人帮"一伙的反击，12 月毛泽东对批林问题指示："是极左？是极右，修正主义，分裂，阴谋诡计，叛党叛国。"④ 批判极左思潮就进行不下去了。文化大革命后期，"批林批孔"运动又使中国陷入混乱，1975 年毛泽东支持邓小平出来主持中央日常工作，辅助周恩来总理。邓小平大刀阔斧地对各方面进行整顿，取得了显著的效果，受到广泛好评。但是随着整顿的深入，就有否定文化大革命的趋势，这是"四人帮"所不能容许的，最终发动了全国性的"反击右倾翻案风"，对邓小平进行批判，一直到抓捕"四人帮"，文化大革命结束。

不是反"左"就是反"右"，从中可以看出中国的舆情调控定调不准，这主要与党内的斗争有关。整体来说，除了 1957 年右派言论有资产阶级自由化倾向外，基本上都是极左思想主导中国舆论环境，右倾现象基本是不存在的。

---

① 刘勇，高化民．大论争：建国以来重要论证实录（中）．珠海：珠海出版社，2001．194

② 朱德．纠正"左"的偏向，恢复和发展生产．朱德选集．北京：人民出版社，1983．388

③ 刘勇，高化民．大论争：建国以来重要论证实录（中）．珠海：珠海出版社，2001．394

④ 张涛．中华人民共和国新闻史．北京：经济日报出版社，1992．211

4．虚夸之风盛行

1957年11月13日，《人民日报》发表社论《发动全民，讨论四十条纲要，掀起农业生产新高潮》，认为“反冒进”是“右倾保守”倾向，提出了“大跃进”的口号。毛泽东提出“超英赶美”口号，从此各行各业片面追求多和快，虚夸之风盛行，“卫星”放得一个比一个高，水稻亩产从3万多斤到六七万斤，最后竟然到亩产13万斤（《广西日报》1959年9月12日），钢铁是“人有多大胆，钢有多大产”（《工人日报》1958年9月28日）。不仅工业、农业要“大跃进”，文化也要“大跃进”，报纸号召“作家要及时歌颂全民‘大跃进’”，要“把无产阶级红旗插满社会科学领域”。当时的南开大学一夜间竟提出两千多个研究项目，清华大学在设计项目、产品品种、教材、著作等方面不仅比数量，而且“比干劲、比决心、比大字报数量和质量、比向先进学习、比跃进规划”①，使得清华园变成大字报的海洋。新闻机构也制定了“大跃进”指标，相互挑战，忽略了新闻的真实性。1958年2月2日，《人民日报》社论《我们的行动口号——反对浪费，勤俭建国》又提出国民经济“全国大跃进”的口号。毛泽东也不断地将“赶英超美”的年限提前，要2至3年赶上英国，5至7年超过美国。新闻机构不仅宣传报道了许多“左”的错误做法，还推波助澜，不断提高指标。1958年8月27日，《人民日报》在报道山东寿张县高产“卫星”时，再次以通栏新闻标题鼓吹“人有多大胆，地有多大产”。这句口号传遍全国，成为“大跃进”时期最有代表性的口号。1959年，彭德怀在庐山会议上写给毛主席的意见书中已经说到“浮夸风气，吹遍各地区各部门，一些不可置信的奇迹也见之于报刊，确使党的威信蒙受重大损失”②。这种对社会主义建设的国情缺乏正确的认识和急于求成的思想，违背了事物运动的客观规律，过分强调主观意识形态，没有把革命的热情与科学的精神很好地结合起来。

5．个人崇拜一言堂

1959年庐山会议后，林彪取代彭德怀主持军委工作，在《解放军报》上大力宣传毛泽东思想，在全国掀起了“活学活用毛泽东思想”的高潮，而且从1961年5月1日后每天在报眼刊登毛主席语录。1964年，中国人民解放军总政治部汇编成《毛主席语录》，迅速成为全国党员和群众学习的主要内容。林彪由于政治野心，故意抬高毛泽东，大搞个人崇拜。新闻媒体也在宣传中

① 高艳林等．老新闻：共和国往事（1956—1958）．天津：天津人民出版社，1998．230

② 中共中央文献研究室．建国以来重要文献选编（第12册）．北京：中央文献出版社，1996．441

把什么东西都说成是毛泽东思想，如宣传旅大市第二医院内科医生徐志运用毛泽东思想创造了医治癌病的方法，根据“停停打打”的游击战术，采取所谓服服停停的游击服药方法，给患者服药，“先吃两天，再停两天，让病魔摸不到服药的规律”①。有些虚假的新闻也被广泛转载，如1958年7月1日《中国妇女》刊登的《毛主席来到我们的养猪场》一文，就完全是虚构的。虽然中央（1961、1964年曾两次下文）和毛泽东都曾经纠正这种不正常的现象，但是“文革”开始后，个人崇拜现象达到极端，全民大跳“忠字舞”表忠心，搞一系列“忠字化”运动、学习毛泽东著作运动；言必背语必录，而且制作成广为传唱的“语录歌”。把毛泽东说成是“伟大的导师，伟大的领袖，伟大的统帅，伟大的舵手”。还总结出“三忠于”，即“忠于毛主席，忠于毛泽东思想，忠于毛主席的无产阶级革命路线”；“四无限”，即对毛泽东、毛泽东思想、毛泽东的革命路线要“无限热爱，无限信仰，无限崇拜，无限忠诚”；“早请示，晚汇报”，饭前读语录，向毛泽东像行礼，佩戴毛泽东像章等。有些地方狂热的崇拜者还强行要求外国人佩戴像章，给外事工作造成困扰，当时西方媒体报道了中国存在的这种个人崇拜现象。林彪在党的第九次代表大会上讲话认为“中国共产党的一切成就，都是毛主席英明领导的结果，都是毛泽东思想的胜利”。“在任何时候、任何情况下，谁反对毛主席、谁反对毛泽东思想，就全党共讨之，全国共诛之。”② 而且作为军委主席的林彪，其控制的《解放军报》开创了在报眼位置每日刊登毛泽东语录的先例，使得全国大小报纸纷纷效仿。在报道中突出毛泽东和林彪的名字，而其他领导人则按照姓氏笔画的多少排列。

极端的个人崇拜造成权威主义盛行，20世纪50年代毛泽东曾经批评过有些地方党委工作方法是“一言堂”，就是指党委领导班子中“一把手”说了算。“文革”中刘少奇的党员是“驯服工具”论虽然遭到批判，但是毛泽东认为纪律还是要讲的。对于毛泽东的个人崇拜实际上就是造成了“一言堂”，敢于提不同意见的人都被打倒，甚至国家主席刘少奇都被迫害致死。这种“一言堂”的现象是权力的过分集中和缺少监督造成的，而党员和群众的封建愚忠思想以及历次运动造成的“明哲保身”思想助长了个人专断行为。如庐山会议上周恩来说彭德怀是一贯“好犯上”，要求所有领导同志都

---

① 中共中央文献研究室．建国以来重要文献选编（第14册）．北京：中央文献出版社，1997．218．

② 林彪．中国共产党第九次全国代表大会上的报告．http：//cpc．people．com．cn/GB/64162/64168/64561/4429445．html．

听从毛泽东。而彭德怀也检查自己，表示“拥护毛泽东同志，拥护党的总路线，永远做党的驯服工具”①。这种历史教训是深刻的，这种思想和行为也是需要戒除的。

6. 随意上纲上线

任何执政党都会面临各种批评的声音，中国共产党执政以来出现了部分党员和干部腐化现象、工作作风问题等，不可避免会出现一些批评意见。毛泽东、刘少奇、周恩来等国家领导人一再谈到要虚心听取不同意见，但是在实际工作中，却出现压制批评意见、无限上纲上线的现象，特别是在对知识分子的思想改造中经常使用大批判运动，使原来百家争鸣的学术现象变成了百家禁口的政治运动。即使在党的组织内部，也只能有正面的拥护和赞扬之声，不能对党的方针政策表示任何怀疑，不能对上级领导的做法进行批评。1962 年在七千人大会上，刘少奇揭露了这些现象：“有些党组织，不容许党员提出不同的意见，把敢于提意见的人随便说成是有思想问题，甚至指为‘反党分子’。”“有些党组织，甚至把党员对具体工作的具体意见，错误地说成是政治问题和路线问题，把党员对党组织领导人员的批评，错误地说成是反对党的领导。”② 这种随意上纲上线的做法使人民内部的矛盾被扩大为敌我矛盾，正常的讨论变成阶级斗争，整个社会舆论氛围被桎梏，人们不敢说真话、不敢提意见，更不敢对党和政府的做法提出批评。

二、新闻舆论调控的经验教训

中国共产党和政府把新闻媒体看做是政府的一个部门，是党的喉舌，因此党的方针政策的宣传和群众运动的发起都是通过媒体来进行的，媒体根据党在不同时期的政治路线和工作重点具有不同的宣传任务。当时的媒体还比较单一，主要是报刊、广播起重要作用。人民群众经常把中国共产党中央委员会机关报《人民日报》的报道视为党中央的声音，对新闻媒体的信任度非常高。新闻媒体通过宣传党的方针政策引导社会舆论，同时也会在社会环境的影响下对舆论产生错误的导向。

1. 政治挂帅统一切

毛泽东对新闻工作十分重视，他一再强调报纸在一个时期内要有一定的方向，也就是集中谈一个问题，把大家的注意力集中过来。要政治家办报，

① 李锐．庐山会议实录．郑州：河南人民出版社，1994．303
② 刘少奇．刘少奇选集（下卷）．北京：人民出版社，1985．409

一下子看到问题所在。在反“右”运动中对一些新闻媒体的文人办报倾向进行了批判，报纸的党性得到极大的增强。

当时的媒体报道和文艺创作都是为政治服务，为了营造舆论一律的氛围，媒体对有些事情进行有选择的屏蔽，如人们一直被《为了六十一个阶级兄弟》中那种阶级兄弟般的热情所感动，但文中对61个人中毒的原因只字不提，而更荒诞的是，61人中有不少家庭出身是地主富农，甚至是“反革命”的家属，但为了宣传的需要都说成是贫下中农，当时新闻界和文艺界的报道和宣传都是围绕如何体现阶级友爱、一方有难八方支援的精神，新闻热潮一直持续到四月上旬。仅仅根据平陆县档案馆的资料统计，这时期发表在各级各类报刊上的通讯、报道、评论和读者来信有600多篇。在案件审判过后，《人民日报》、《山西日报》等报刊只是先后在头版重要位置刊发了《平陆事件的教训》、《时刻保持高度的警惕》等长篇社论，强调的是阶级斗争意识：“平陆民工受暗害的事件清楚地说明，肃清残余的反革命分子，以及诈骗、盗窃、流氓等反革命分子，仍然是一个长期的斗争。”而《中国青年报》的社论《提高警惕，肃清残敌》则强调：“认为在肃反、反右斗争取得胜利后就没有什么阶级斗争了，社会主义建设可以风平浪静了，这种想法是幼稚的，也是有害的。”① 三十多年后学者和媒体才揭示出幕后真相，当时公安机关很快就抓住了投毒人张德才及其同伙，而且事件发生两个月后就宣判了他们死刑，1960年4月2日有5万名群众参加公判大会，② 平陆县人民法院的布告几乎在全国各地同时张贴，对这种社会舆论汹汹的事件，媒体却一片沉默。

文化大革命中媒体更是强调突出政治：“突出不突出政治，是一个方向问题，是坚持社会主义道路还是不坚持社会主义道路的问题，是关系到我们的社会是向共产主义前进还是让资本主义复辟的问题。”③

2. 正面人物“高大全”

文化大革命中样板戏“三突出”的创作原则被扩展到整个文艺、文化战线，并且强调它是无产阶级的创作原则，“在文艺创作中，是否贯彻、运用‘三突出’的创作原则，是关系到是否执行毛主席革命文艺路线的大问题”④。1969年，“四人帮”的笔杆子姚文元在审阅一篇稿子时为“三突出”下了定

① 杜兴．61个阶级兄弟和他们的阶级敌人．时代教育，2008（5）

② 马贵民．六十一个阶级兄弟中毒揭秘——重访1960年平陆县特大投毒案始末．新闻三昧，1998（1）

③ 突出政治是一切工作的根本．人民日报，1966－04－06

④ 鲁戈．坚持“三突出”创作原则，塑造无产阶级英雄典型．文史哲，1975（1）

义，即“在所有人物中突出正面人物；在正面人物中突出英雄人物；在英雄人物中突出主要英雄人物”。在实践中又引出两条主要的规定：第一，主要英雄人物要“高大完美”，“起点要高”，要始终占领“第一把交椅”；第二，在一部作品里，“主要英雄人物”只许有一个，其余一切人物要始终处于“陪衬”地位。① 这种描述英雄人物的方法在新闻媒体报道中被后人称为“高、大、全”（高大全），即凡是英雄人物的报道都把他们描述得非常崇高、伟大而且完美，如在对雷锋精神的宣传中重墨渲染他的无私奉献精神，却不谈他的个人情感，在二十多年后才报道他曾经谈恋爱的事情。

“三突出”的模式限制了文艺、文学作品和新闻报道形式的多样性，而且在语言上也陷入过于夸张的作风。为了显示革命的激情，人物和报道要充满激情，满口豪言壮语，字字千钧、铿锵有力。报道开头大多写“全国形势一派大好”，“在毛主席、党中央的领导下取得了重大胜利”；报道英雄的心理状态时必定说道“想起了黄继光、董存瑞……”；而人民群众对待党和政府的关怀必定“满含热泪”或“热泪盈眶”，一个劲地说共产党好。这种说教式、拔高式的文风使新闻报道失去客观性和真实性，虽然在粉碎“四人帮”以后立刻受到批判，但一直延续到改革开放以后相当长时间，影响了舆论多样性和独特性的发展。

3．淡化负面新闻

1950年4月，中共中央《关于在报纸刊物上开展批评和自我批评的决定》发表后，有关批评性的稿件和灾难、事故性的报道增多，但是随着反右倾的开始，对批评性报道又严加控制，毛泽东在庐山会议上说：“一个高级队（指生产队）一个错误，70几万个生产队，70几万条，都要登，一年到头也登不完。结果又如何？国家必垮台，就是帝国主义不来，不要说一年，一个星期也会灭亡的，大家无心工作了。”② 这时的新闻批评还算不上舆论监督，因为基本上是在党的领导下进行，是作为反面典型对人民进行教育的。

报纸对灾难性新闻也有报道，如1957年6月18日《人民日报》发表广西饿死人事件的系列报道，但这是在事件处理后才报道的。1959—1961年被称为“三年自然灾害时期”，全国死人无数，据原国家统计局局长李成瑞推算，1958—1963年中国非正常死亡人口有2 158万③。报纸对于这么重大的

① 李德君．“三突出”是复辟资本主义文艺的反动原则．中央民族大学学报（哲社版），1977（2）

② 李锐．庐山会议实录（第3版）．郑州：河南人民出版社，2000．136

③ 李成瑞．“大跃进”引起的人口变动．中共党史研究，1997（2）

灾难却没有报道，相反一味号召“大跃进”，鼓吹全国形势一片大好。1960年1月2日，《人民日报》发表社论《开门红、满堂红、红到底》，认为“1960年一派开门红、满堂红的大好形势展现在我们面前。这是1960年继续跃进的预兆”。7月10日，全国几乎所有的报纸都在头版头条发表了李琦的著名国画《毛主席走遍全国》，画像下方配了一首河北民谣，其中有“主席走遍全国，工也乐来农也乐。粮山棉山冲天，钢水铁水成河”①。当时官方和媒体都把责任推到天灾，10月《人民日报》国庆社论解释“两年来，全国大部分地区连续遭受严重的自然灾害，造成粮食严重减产”，还说“人民公社已使我国农民永远摆脱了那种每遭自然灾害必然有成百万、成千万人饥饿、逃荒和死亡的历史命运”。1960年下半年，由于粮食严重匮乏，不得不发动全民大搞粮食代用品，面对当时的困难形势，中共中央书记处终于作出《关于经常报道灾情的指示》，“对于今年内全国灾情，必须经常作适当的报道”。但是宣传成绩、鼓舞士气还是第一位的，学者孙发友曾对1961年1—3月《人民日报》关于灾害报道的标题作一集纳，发现都是着眼于战胜灾害、支援灾区②。实际上中央在1959—1961年多次针对一些灾荒问题发出指示，要求各地重视，但媒体宣传仍然以讲成绩为主，从1960年12月29日《人民日报》报道的标题《我国农业生产1960年遭受特大天灾，六亿人民满怀信心克服严重困难》就可以看出。

“文革”时期新闻革命化，1976年唐山大地震死亡24万人，但是当时的报纸关于灾情的报道竟然只有一句话：“震中地区遭到不同程度的损失。”《人民日报》在半个月内刊登来自震区的照片30多张，却无一张是反映灾情的，全都是“欢呼关怀”、“军民抢救”、“恢复家园”等，甚至连作为正面背景的“断壁残垣”也找不到，文字报道更是如此，电视报道也不让发图像消息。③ 在这种时刻，“四人帮”还要求新闻报道配合政治斗争的需要，将灾情与批判邓小平等政治运动结合起来，“姚文元以‘全国还有其他的大事，学习、批邓、抓革命、促生产等’为名，限制发表抗震救灾的稿件”，8月11日《人民日报》社论标题竟然是《深入批邓　抗震救灾》，说当时“地大震，人大干，掀起了批邓反击右倾翻案风的新高潮”。④

---

① 田中初．新闻实践与政治控制．济南：山东人民出版社，2005．126

② 孙发友．从“人本位”到“事本位”——我国灾害报道观念变化分析．现代传播，2001（2）

③ 田中初．新闻实践与政治控制．济南：山东人民出版社，2005．146，147

④ 田中初．新闻实践与政治控制．济南：山东人民出版社，2005．147

4.“假大空”报喜不报忧

在“大跃进”运动中媒体的宣传更加鼓动人们盲目的热情，实际上“大跃进”的口号就是媒体最先提出的。1957 年 11 月 13 日，《人民日报》发表社论《发动全民，讨论四十条纲要，掀起农业生产新高潮》，在把矛头指向“右倾保守”倾向的同时，社论发明了一个后来让全世界目瞪口呆的词汇——“大跃进”：“他们不了解在农业合作化以后，我们就有条件也有必要在生产战线上来一个大跃进。”1958 年 2 月 2 日，《人民日报》社论《我们的行动口号——反对浪费，勤俭建国》正式发布国民经济“全国大跃进”的口号：“我们国家现在正面临着一个全国大跃进的新形势，工业建设和工业生产要大跃进，农业生产要大跃进，文教卫生事业也要大跃进。”毛泽东对这个口号大加赞赏，从此“大跃进”成为历史中一个虚报产量、大放卫星的时代的代名词。很多其他“大跃进”的口号也是媒体大肆宣扬的，而且直接对社会生产发号施令，《人民日报》对只是北方小麦高产不过瘾，以社论形式催促南方《水稻生产要加油》。1958 年 7 月 28 日，在社论《今年秋季大丰收一定要实现》中公然提出：“没有万斤的思想，就没有万斤的收获；没有万斤的指标，就没有万斤的措施。”“人有多大的胆，地有多大的产。”“大肆宣传人民公社吃饭不要钱，过节摆宴席，导致各公社互相攀比，造成了严重的浪费。”①

1960 年 4 月 28 日，毛泽东在一份批示中提到，在宣传报道方面要“防止发生不切实际的浮夸风”②。1961 年 5 月，刘少奇与《人民日报》副总编辑胡绩伟等谈话，对“大跃进”中的宣传提出严厉批评：“你们《人民日报》上登的新闻，有多少是真的？你们天天用大字登头条新闻，今天说哪里生产如何好，昨日说哪里的公共食堂办得好，究竟有多少是真的？怎么能指导实际工作呢？”他认为三年来，“报纸在宣传生产建设成就方面的浮夸风，在推广先进经验方面的瞎指挥风，在政策宣传方面的片面性，这些，对实际工作造成了很大的恶果。你们宣传了很多高指标，放卫星，在这个问题上使我们党在国际上陷于被动。”③

针对国外媒体对中国饥荒民众大量死亡的报道，1960 年 1 月 1 日，《人民日报》社论《展望 60 年代》驳斥“美国宣传机器”关于 1959 年是中国

---

① 张涛．中华人民共和国新闻史．北京：经济日报出版社，1992．148

② 中共中央文献研究室．建国以来毛泽东文稿（第 9 册）．北京：中央文献出版社，1996．161

③ 中共中央文献研究室．刘少奇年谱（下）．北京：中央文献出版社，1996．518

“最黯淡的年份”、“最困难的年份”的“谣言”，声称1959年“就全国来说仍然得到了比1958年更大的丰收”，“全国城乡都洋溢着欣欣向荣的景象”。1960年五六月份，在夏收前青黄不接、人民生活面临巨大困境的时候，《人民日报》连续在头版大肆渲染全国各地集会示威“支持苏联反对美帝国主义间谍飞机入侵和破坏四国会谈”，以及解放军炮轰金门的政治斗争新闻，转移注意力。

对于媒体报喜不报忧的现象，群众有很多不满，但这种不满的声音很难发出来。刘少奇对《人民日报》“大跃进”时期的报道给予“祸国殃民”的尖锐评语，但是“假大空”的虚夸之风并没有完全被禁止，在“文革”期间更是发展到高峰，从文风到内容，全部是政治性口号，缺乏实质性内容。

“文革”时期新闻报道更是在当权者的直接控制下，“稍有揭发批判，就成了‘负面报道’或‘暴露阴暗面’；稍微据理力争，即使不给你扣上‘反党反社会主义’的大帽子，也要扣一顶‘右倾机会主义分子’的小帽子”①。新闻媒体过分地成为政治权力的传声筒，缺乏正常的舆论监督机制，使得社会高度政治化。

5．媒体成为单纯的传声筒

由于早期过分地强调党报是党的喉舌，造成人们认为《人民日报》每字每句均代表中央的态度。1956年7月1日，《人民日版》改版发表《致读者》社论，宣言“报纸是社会的言论机关”，“《人民日报》是党的报纸，也是人民的报纸”。改版一个月后，中共中央在批转《人民日报》编辑委员会向中央的报告中说：“为了便于今后在报纸上展开各种不同意见的争论，《人民日报》应该强调它是中央的机关报，又是人民的报纸。”“我们党的各种报纸，都是人民群众的报纸，它们应该发表党的指示，同时尽量反映人民群众的意见；如果片面强调它们是党的机关报，反而容易在宣传上处于被动的地位。”② 由此从理论上来说，党报既是党的喉舌，也是人民的喉舌，应该真实地反映社会情况和人民的呼声。但是自从反右扩大化以后，特别是文化大革命中，中国的媒体基本上缺少自主性，完全成为权力的附庸，以“政治挂帅”，强调阶级斗争，不能有任何不同的声音。当时的媒体报道和文艺创作都是为政治服务的，为了营造舆论一律的氛围，媒体对有些事情进行有选择的屏蔽，如《为了六十一个阶级兄弟》只是宣扬阶级友爱，而对61人中毒

① 戴煌．上世纪四、五十年代的舆论监督．同舟共进，2008（6）

② 中国社会科学院新闻研究所．中国共产党新闻工作文件汇编（中册）．北京：新华出版社，1980．483，484

的原因只字不提；为了树立雷锋“高大全”的正面形象，对雷锋日记中提到的个人情感也避而不谈。《人民日报》1966 年 4 月 6 日发表社论《突出政治是一切工作的根本》，认为“突出不突出政治，是一个方向问题，是坚持社会主义道路还是不坚持社会主义道路的问题，是关系到我们的社会是向共产主义前进还是让资本主义复辟的问题”。

中国的报刊在 20 世纪 50 年代初曾经出现过观点互相不一致，有时甚至与中央不一致的情况，如在合作化运动中报道了一些不同的舆论观点，在公私合营中出现偏颇的报道等，这些不一致大多是由于对党的政策理解不到位造成的。不过在毛泽东提出“双百”方针后，知识分子、民主党派纷纷在报刊上发表言论，出现了舆论不一律，其中以《文汇报》、《光明日报》和《新民报》的右派言论最多、最激烈，因而在反右运动一开始就受到批判，经过一次又一次检查才过关。

可以说这一时期舆情调控过于强调控制和政治宣传，导致全国民众政治神经紧张，舆论高度一致。其间调控方针虽在不断地调整，但总体趋势是极左的，“文革”后期的舆情调控违背了人民意愿和社会发展规律，最终导致人民群众对“四人帮”及其控制的舆论工具极端不满，爆发了“天安门事件”。

三、舆情调控的正面经验

新中国成立后的近三十年，在政治统治和经济建设方面都处于探索阶段，其总体的特征是政治压倒一切，上层建筑决定经济基础，对错误思想言论的各种大批判运动形成舆论高度一律，各种政治宣传在一定层面上调动了广大人民群众的革命热情，有利于社会形成共识，达到空前的团结。

1. 党和政府成功建立政治、经济和思想上的领导权

在 1956 年之前的社会主义改造过程中，党和政府通过媒体报道宣传和组织学习、讨论、现身说法等，积极调动亿万农民和大多数其他个体劳动者成为社会主义集体所有制下的劳动者，成功地动员工商业者参与到公私合营的改造中来，到 1956 年基本取得社会主义改造的胜利。在思想上建立了马克思主义、毛泽东思想在全国的指导地位，批判封建主义和资本主义的腐朽思想，继承和发扬中国传统文化中优秀的部分，“人民群众逐渐树立起明确的社会主义意识，爱国主义、集体主义、为人民服务等共同价值观在越来越多的社会成员中得到崇尚。在全国范围内，社会主义新型的社会关系及与此相适应

的良好社会风气、社会道德规范正在形成"①。

2．新闻舆论起到正面宣传的激励作用

新中国成立以来，新闻舆论在宣传党的方针政策、鼓励广大群众进行社会主义建设、争当先进模范等方面确实起到极大的正面作用。"从 1949 年到 1956 年，党在抓住国民经济恢复和发展的中心任务的同时，进行了剿匪反霸、土地改革、镇压反革命、抗美援朝和民主改革五大运动，其间还进行了'三反'、'五反'等运动。"② 新闻媒体在党委的领导下，配合党中央的具体部署进行了一系列宣传报道，对夺取斗争的胜利起到了重要的作用。社论、评论本身就具有强烈的意见倾向，作为中共中央的机关报，《人民日报》的社论更是全国新闻媒体的风向标，被群众视为代表了中央的态度。在历次重要运动中，《人民日报》的社论、评论都起到了或号召鼓动或批评的作用，如"三反"运动中的社论《克服右倾思想，争取反贪污斗争的彻底胜利》、朝鲜战争中的社论《中国人民解放军部队抗美援朝保家卫国的伟大意义》、1956 年整顿时的社论《既要反对保守主义，也要反对急躁情绪》、1957 年反右派的社论《文汇报一个时间内的资产阶级方向》、1961 年响应"八字方针"的《大兴调查研究之风》等，当然这些社论都是在中央或者个别领导人的授意下发表的，对于有重要意义的评论，中央会指示新华社向全国转发，其他报刊、广播纷纷转载、转播，造成全国性的舆论声势。

3．树立了不同时代的榜样人物

英雄、模范人物的报道造就了一个时代学习的榜样，如朝鲜战争中的《英雄杨根思永垂不朽》、《爱民模范罗盛教》、《伟大的战士邱少云》、《马特洛索夫式的英雄黄继光》、《宁死不屈的八勇士》等。对社会主义建设中涌现的先进模范人物也充分进行了报道宣传，据统计，"出席第一届全国人民代表大会的劳动模范 155 人基本上都是首先由新闻机构报道而为社会所认识推崇"③，如孟泰、郝建秀、王崇伦、徐建春，以及后来的雷锋、焦裕禄、欧阳海、工业学大庆中的王进喜、农业学大寨中的陈永贵等，这些英雄模范人物不仅在当时激励了人们的爱国热情和英雄气概，而且有的影响持续到现在。

4．以标语口号凝练时代精神

报刊通过总结社会实践经验，提出了一些奋斗目标或鼓动性的口号，配

① 中共中央党史研究室．中国共产党历史第二卷（1949—1978）（上册）．北京：中共党史出版社，2011．361

② 张涛．中华人民共和国新闻史．北京：经济日报出版社，1992．57

③ 张涛．中华人民共和国新闻史．北京：经济日报出版社，1992．90

合宣传了党的建设任务，如“人民公社”、“人人动手除‘四害’”、“人有多大胆，地有多大产”、“把心交给党”、“又红又专”、“大跃进”、“全心全意为人民服务”、“跑步进入社会主义”等。有些新闻标题也具有一定的号召性，如“节约棉布 利国利己”、“作家要及时歌颂全民大跃进”、“号召全国人民奋发图强 自力更生建设祖国”、“毛主席题词号召向雷锋同志学习”、“大庆精神大庆人”、“广阔天地大有作为”等。中宣部在国家重大节日的时候都会公布一些人民游行集会或者媒体报道的宣传口号，对一些民众中流行却不适宜的口号进行禁止。这些口号和标题虽然有的是错误决策、错误路线的产物，但是在当时确实起到了号召民众、引导舆论的作用。

5. 培养了忠于革命的干部群众

文化大革命中，许多人被打成右派甚至“反革命”，遭受了极大的迫害，但他们仍然忠于职守，坚持工作，“由于老一辈革命家对这场内乱的抵制和抗争，由于各级干部和人民群众的不断觉醒和共同努力，这十年间，社会主义建设在一些重要领域仍然取得了一定进展”①。其中在科学技术发展方面最引人注目的成果是成功制造出原子弹和发射人造卫星。

广大干部群众在经历各种狂热的政治运动过程中，逐渐意识到中央有些的决定是错误的，因而采取各种形式的抵制和抗争。在“大跃进”和“三年自然灾害”中，很多基层的干部消极地执行上级命令，用各种方法保护当地群众；中央的部分领导干部也敢于提出不同意见，刘少奇、彭德怀以及“二月逆流”中的军政领导等都坚持正确的意见。十一届三中全会前夕，中共中央为“二月逆流”平反，人们改称之为“二月抗争”，实际上它集中体现了中国共产党内部对“文化大革命”的不满情绪。一些普通的党员、知识分子和群众也敢于直接向中央提出不同的意见。虽然他们大多数惨遭迫害，但是这些不同的声音使错误的政治运动对中国的破坏得到一定程度的限制，而文化大革命后期的“天安门事件”更是表达了广大人民群众的真正呼声，预示着“四人帮”的下台，顺应了历史的潮流。

① 中共中央党史研究室．中国共产党历史第二卷（1949—1978）（下册）．北京：中共党史出版社，2011．972

第四章　改革开放以来舆论环境的变化

1976年10月，“四人帮”被隔离审查，宣告了文化大革命十年动乱的结束，中国进入了新的历史发展时期。1978年的十一届三中全会标志着中国改革开放的开始，从此改革之风吹遍神州大地。30多年来中国经济快速发展，取得了令世界瞩目的成就；在“思想解放”的号召下，中国舆论环境发生了巨大的变化。社会越来越民主，思想意见的表达环境越来越宽松，不同观点的交流、争论被视为正常现象。

第一节　舆论环境的发展变化

一、改革开放初期的舆论反思和新旧交替

改革之初人心思变，针对过去的历史遗留问题如何进行评价、对社会中新兴事物如何判断，干部群众中间展开了激烈的争论，从总体上来说，20世纪80年代中国的观念变革还处在一个新旧交替和抗衡相持的阶段。在一些比较开放的地区首先形成新的思想观念和价值观，但是这种新思想还不太成熟，处于一种朦胧、探索的阶段；落后地区旧的思想观念仍有一定的市场，但在动摇中。当然这种新旧思想的划分并非以地域为界限，而是存在于不同的人心中。

1. 拨乱反正思想无禁区

粉碎“四人帮”后，对历史上的一些冤假错案开始平反昭雪，全国各地共有54万多名错划右派被摘掉帽子。广大干部群众要求为“天安门事件”平反的呼声也愈加高涨，1978年10月，中国共青团的两报一刊复刊，复刊后的《中国青年》第一期就有一篇介绍“天安门事件”中的青年工人韩志雄的文章《革命何须怕断头》，虽然杂志被上级强令删改，但先期发出的杂志在群众中产生了广泛影响。11月，北京市委决定为“天安门事件”中受到迫害的同志平反，新华社向全国播发《中共北京市委宣布　天安门事件完全是革命行动》。虽然当时中央并没有作出统一决定，但是地方政府和新闻单位

的做法代表了民心所向，同时一部歌颂“天安门事件”中人民群众同“四人帮”作斗争的话剧《于无声处》在全国各地上演，震动全国；各种版本的《天安门革命诗抄》在民间广为流传。中国共产党顺应民心，在中央政治局会议上宣布为“天安门事件”、“薄一波等六十一人案件”和彭德怀、陶铸等人的冤案平反，对“反击右倾翻案风”的错误文件全部予以撤销，满足了广大干部群众的强烈要求。12 月，党的十一届三中全会批判了“两个凡是”的错误方针，停止使用“以阶级斗争为纲”的口号，确定把党和国家的工作重点转移到社会主义现代化建设上来，作出实行改革开放的重大决策，实现了中国历史上具有深远意义的重大转折。到 1982 年，“经中共中央批准平反的影响较大的冤假错案有 30 多件，全国共平反纠正了约 300 万名干部的冤假错案，47 万名被错误处理的共产党员恢复了党籍，数以千万计的无辜受株连的干部群众得到了解脱”①。从此各行各业都开始了“拨乱反正”的工作，对过去的错误进行检讨，中国逐渐走上以经济建设为中心的道路。

由于改革开放之初要对文化大革命中的错误进行纠正，主张思想解放，所以思想文艺战线和新闻媒体环境都呈现出前所未有的宽松，敢于冲破一些禁区进行批评和评价。1979 年《读书》杂志创刊，创刊号中的一篇文章题目就是《读书无禁区》，虽然该文章受到了主管部门的批评，但“读书无禁区”一直被《读书》杂志奉为圭臬。同年，《连环画报》第 8 期发表陈宜明、刘宇廉、李斌三人合作的根据同名小说改编的连环画《枫》，真实生动地再现了文化大革命中的动乱悲剧，杂志推出三天就被文化部出版局勒令停止发行并追查责任。但是编辑部据理力争，并越级上诉，引起上级部门的重视，由此新闻媒体、文艺类杂志上展开了一系列的争论。在多方努力下，这期杂志顺利发行并加印了 10 万份②，这组作品后来被人们评价为“冲破了文艺禁区”。文学界也连续出版揭批林彪、“四人帮”的作品，很受欢迎，“重要的是在文学上开始揭露了社会生活中黑暗的东西，这是新中国成立以后文学艺术发展史上一个重大的突破，突破了过去不允许写生活中任何阴暗面的禁区”③。原南方日报社社长范以锦认为改革开放初期是新闻界最开放的时期，因为那时上面鼓励媒体敢说，敢于冲破禁区。1980 年刚刚复刊的《羊城晚报》就发表了多篇关于刘少奇事迹和遗骨安置情况的报道，而当时刘少奇尚

① 中共中央文献研究室. 中国 1978—2008. 北京：中央文献出版社，2009. 43

② 冯玥. 终有一天见天日. 中国青年报，2005-09-07

③ 洁泯. 在革命现实主义的道路上——谈一九七九年若干中短篇小说. 上海文学，1980(1)

未公开平反。其中5月15日副刊《花地》刊登的纪实文学《最后的二十七天》描写刘少奇最后的悲惨遭遇，反响巨大，《人民日报》、《文汇报》全文转载，境外媒体也进行转载或播出消息。这些报道引起一些人的责问，认为报社擅自发表，但是报社得到了当时省委领导人的支持，几乎没有受到批评和阻挠。在这一年，中共中央公开为刘少奇彻底平反，恢复名誉。种种现象表明，这个时期新旧思想发生激烈的冲撞和论争，但是最终在思想解放的旗帜下，在上级领导的支持下，媒体冲破了很多禁区，当然这些仍然是在国家的意识形态限制范围内。1979年3月，邓小平提出著名的“坚持四项基本原则”，为现代化建设和思想理论领域的讨论划定了底线。

2. 动乱后的迷茫与反思

十年文化大革命给人们的思想感情带来巨大的创伤，特别是那些深受其害的红卫兵和上山下乡的知青。当社会逐渐走上正常的发展轨道，原来冤假错案中的人纷纷回家团聚，人们对于过去的狂热、非理性行为进行反思，于是改革开放初期伤痕文学、反思文学以及各种形式对过去进行清算、揭露、批判的文艺作品盛行一时，但是这种诉苦、反思并不是抛弃社会主义的本质属性，而是具有强大的意识形态调解治愈功能，“文革伤痕‘诉苦’愈合机制的惯性却和国家意识形态对反映社会主义建设新人和新的人际关系的文学作品的召唤并行不悖”①。

但是在反思、否定过去之后人们又陷入迷茫，面对涌入的各种西方思潮和改革开放中各种新生的事物，人们感到无所适从，对人生的目标、价值产生困惑，当时青年中流行“一切向钱看”的口号，1980年《中国青年》刊登的“潘晓来信”《人生的路呵，怎么越走越窄……》，引发了一场关于人生观的大讨论，读者纷纷参与这场人生意义的讨论，不足一个月就收到了2万多封读者来信②。《人民日报》、新华社、《中国青年》等国内媒体都对此进行了报道，有的媒体还设立专栏进行讨论，美联社、路透社等国际大通讯社也进行了报道，读者来信更是源源不断。后来因为质疑“潘晓来信”是真的青年心声还是《中国青年》编辑部的编造而产生争论，直到12月才结束“潘晓讨论”。《中国青年》当年的发行量达到了369万份，共收到关于这场讨论的6万多封读者来信。这场讨论反映了青年面对时代所作的思考，“人生的意义是什么，这是80年代的特定内容”③。1982年，作家路遥的小说《人

① 王琼．“伤痕文学”话语的愈合机制．兰州学刊，2007（2）

② 宋守山．传媒三十年．广州：南方日报出版社，2009．29

③ 中共中央文献研究室．中国1978—2008．北京：中央文献出版社，2009．40

生》发表，主人公高加林为了理想不断向命运挑战，为了从农村到城市担负了“负心汉”的恶名，最终又回到原来的黄土地开始重新思考自己的人生。高加林的经历和行为引发人们对人生的思索，正如作者所说的：人生的道路虽然漫长，但紧要处常常只有几步，特别是当人年轻的时候。这部小说出版后立即成为畅销的励志名作，并在1984年被拍成电影，一再引发当时对人生价值的讨论。

青年对人生观的探索在任何时代都有，关于人生观的讨论不断出现。“80年代，青年思考的主旋律是‘人为什么活着’，90年代，青年思考的主旋律是‘人怎样活得更好’。”2000年，《中国青年》第15期再次对人生价值观进行专题讨论，即“昨天的理想，今天真的已经放弃?”同时，《深圳青年》也有一篇类似的文章《茫茫都市，谁还在守望昨日的理想》，反映了网络的兴起和多元文化对青年的影响，“人们把诸如‘理想’等经典命题放置在‘昨日’的时间场中，在人生价值的讨论中实现了由意义探询向情感抒发的质的转变。以前是追问人生，现在是感受人生；以前是寻求一种标准，现在是传达一种情绪；以前的讨论文体是思想报告、战斗檄文、议论文章，现在则是怀旧赋、墓志铭或《大话西游》之类的东西”①。

3. 雷锋精神的发扬光大

雷锋精神在任何时代都不过时。在新时期，各种思潮风起云涌、人生价值多元化，军校大学生张华为救淘粪的老汉牺牲引发许多的思考，在他的事迹经媒体大量正面报道后其受到大家尊敬的同时，也在全国特别是大学生中展开了争论，有的舆论对一个是天之骄子、充满朝气的大学生，一个是淘粪的69岁老农，这样的牺牲是否值得产生争论。“人生价值如何衡量”的争论在1998年美国大片《拯救大兵瑞恩》放映后被再次引发，著名作家梁晓声写了一篇题为《冰冷的理念》的文章，发表在1998年10月27日上海《新民晚报》。一名硕士生为救一位老人而冒生命危险是不值得的观点在1982年“不值得”派中引起的共鸣似乎更普遍，而他当时也不能对张华的死作出非常自信的评价。但是在《拯救大兵瑞恩》中牺牲那么多士兵的生命只为救另一名士兵的价值观引发他的思考，人救人之人性体现，是根本排斥什么“值得与不值得”的讨论和辩论的。进行这种讨论和辩论的民族，其思想意识肯定有了疾病。

在商品大潮的冲击下，“崇高”、“伟大”被无情地解构了，年轻人普遍

① 孔亮. 关于人生价值观的五次讨论. 青年思想家，2001（6）

显示出对政治的冷漠和美好的世俗梦想，政治的冷漠导致道德的冷漠，出现“一切向钱看”的思潮。在人们感叹人心不古的时候，助人为乐、见义勇为的精神又一次被媒体提倡。1993—1994 年，战士徐洪刚、警察姚次会先后为了救助群众被歹徒刺伤而牺牲，成为见义勇为、不畏强暴的英雄。1994 年，各新闻媒体对徐洪刚、姚次会的英雄事迹广为报道，他们舍己为人、勇斗歹徒的壮举在全国民众中引起强烈反响，掀起了新一轮学习雷锋精神的高潮。1995 年全党掀起学习援藏干部孔繁森的高潮，孔繁森原来是山东省干部，为响应党的号召，两次进藏，历时十载。在藏区他为群众送温暖、治病，带领群众致富；一生两袖清风，抚养孤儿，以身殉职，把自己的一腔热血洒在青藏高原，体现了新时期崇高的人生境界和价值观。他的事迹经报道后，他被誉为“九十年代的雷锋”、“新时期的焦裕禄”、“领导干部的楷模”、“民族团结的典范”。《人民日报》社论《向孔繁森同志学习》中谈到：“在今天发展社会主义市场经济，物质生活条件比过去大大改善的情况下，到艰苦的地方去工作，更加需要奉献精神、牺牲精神和艰苦奋斗的精神。”

零点市场调查公司 1999 年对“助人为乐”的调查显示：在京、沪、穗三地 18 岁以上的 1 500 位市民中，当问到“遇到路上有人倒在血泊中你会怎么办”时，72.1% 的人会主动帮助，15.8% 犹豫不决，7.5% 不予理睬。① 人们之所以不予理睬，与现实中有些人助人为乐却引火烧身、惹来麻烦有关，救人反被诬陷的事情屡见不鲜，甚至有见义勇为者因此致残或失去生活能力却没有人帮助，令人心寒。2007 年，南京的彭宇因为扶起摔倒在公交车旁的徐老太太而被其告上法庭，该案件经过媒体报道引发全国性的争议，媒体和网民的态度一边倒，几乎都认为被告彭宇是见义勇为，做好事却被反咬一口，法院判决冤枉了彭宇。由于网民对一审判决结果不满，将徐家的电话、地址及其律师的手机和工作单位公布在网上，很多人打电话对其进行指责。争议最激烈的是司法机关和媒体，法院认为由于媒体的误导使很多人产生了“好人不能做、做好事要赔钱”的错误认识，引发了人们的道德危机感；使社会公众误认为司法不公，严重损害了司法的权威和公信力。② 而媒体则暗示和质疑判决中的疑点。最后在舆论和政府有关部门的调解下，双方达成和解。

2009 年 10 月 24 日，长江大学 10 余名大学生在荆州宝塔河段手拉手组成人梯救助不慎滑入江中的 2 名小男孩。因大多数同学不会游泳，最终 2 名男

① 助人为乐与文化程度有关. 北方市场导报，1999 - 01 - 28

② 媒体和司法：谁干涉了谁. 南方周末，2008 - 04 - 10

孩获救，有3名大学生不幸英勇献身，他们的英雄行为经报道后立即在全国引起强烈反响，人们为“90后”大学生的英勇行为所感动，谴责救助过程中见死不救的渔夫、挟尸要价的打捞公司，并且引发一系列的话题，其中再次引发关于牺牲3个大学生救2个小孩值不值的讨论。31日，武汉《长江日报》评论员文章认为：“不允许人们问牺牲值不值，是一种极端；但否定牺牲，则是另一个极端。”江苏《扬子晚报》评论谈到：三个花样年华，沉没于救人义举的瞬间；欣慰的是，我们看到了“90后”大学生用实际行动、用生命诠释了当代大学生的时代价值。他们的英勇行为，让我们对这些被称为“迷失的、自我为中心的、无社会责任感的、垮掉的”“90后”重新认识。

随着时代的发展，助人为乐、见义勇为的精神已经得到整个社会的提倡和支持，为了让见义勇为者流血不流泪，社会上成立了很多见义勇为基金，政府也每年评选见义勇为的模范，使见义勇为的行为得到体制性的支持。更多的助人行为逐渐走向规范化、组织化、法制法，很多民间性的慈善组织和志愿者组织纷纷成立。2008年中国志愿者人数已经达到2 946万名，在中国举办的奥运会、亚运会、抗震救灾的历次活动中都有大量的志愿者参与，2010年广州亚运会、亚残运会志愿者报名人数突破90万人。还有很多志愿者参与到平时的助贫、扶弱活动中，帮助兴建学校、助养儿童等。社会越发展，参与公益性活动的人越多，说明社会的文明理性化程度越高。

二、市场经济的强烈冲击

改革开放以后，市场经济飞速发展，由此带来人们思想的转型和价值观念的多元化，并体现在社会生活的各个方面。

1.“蛇口风波”引发新旧价值观的争论

1979年，中共中央决定兴办特区，从此特区成为中国经济快速发展的一个窗口，也是引领思想变革的先锋地带。其中“深圳速度”成为全国学习的榜样，他们提出的“时间就是生命，效率就是金钱”成为人们生活的一种节奏。

1988年1月12日，深圳蛇口举行“青年教育专家与蛇口青年座谈会”，中国青年思想教育研究中心研究报告员李燕杰、曲啸、彭清一和蛇口近70名青年进行座谈，思想教育工作的专家谈到来深圳的有两种人，既有建设者，也有淘金者。淘金者是为了到深圳捞一把，特区不欢迎淘金者，应该把国家利益放在第一位。在场的青年与其争辩，认为赚钱是正当的，淘金者同样为特区建设出了力。双方展开了激烈的争论，而这种争论是专家们在其他地方没有遇到的，有的专家在第二天的电视演讲上批评了蛇口青年，并整理成报告上报中央和有关单位，说蛇口青年有明显的错误言论，整个气氛是嘲弄的甚至是敌对的。一些地方报纸如《羊城晚报》、《天津青年报》、《南京日报》报道了双方的争论，引起了关注。《蛇口通讯报》的两位记者当时也参加了座谈会，于2月1日在该报撰文《蛇口：陈腐说教与现代化意识的一次激烈交锋》报道这件事，海内外多家报纸刊物进行了报道和转载。由于这场争论在全国产生了很大影响，1988年8月6日，《人民日报》以显赫位置和较大篇幅刊载实习研究生曾宪斌的文章《蛇口风波答问录》，这篇文章报道的是当时蛇口领导人袁庚的讲话，其中他说的“我非常赞赏这句话：我可以不同意你的观点，但我誓死捍卫你发表不同意见的权利。这是保卫宪法赋予的言论自由的神圣权利”成为当时广泛传播的名言。《人民日报》从8月8日到9月14日还开辟了“蛇口风波”的讨论专栏，为更多人参加讨论提供版面，期间共收到1 531件来稿，其中266件支持教育专家，占全部的17%。①

“蛇口风波”不仅体现了当时不同的价值观念的激烈交锋，而且蛇口青年勇于挑战权威、敢于发言和蛇口领导“不以言治罪”的作风体现了中国民主政治的发展。

2. *物价改革中的恐慌*

经济体制改革是在探索中前进的，改革开放实行商品经济，人民的物质生活丰富了，生活水平提高了，但是宏观经济调控出现了一些问题，突出表现为20世纪80年代后期，由于中国经济过热、市场混乱、通货膨胀，新闻媒体过分宣传“万元户”的消费水平，整个社会出现“头脑发热，经济膨胀”现象，导致1985年和1988年的抢购风潮。1985年抢购的风潮直接原因是银行突击放贷、钱币投放过多而导致的通货膨胀，极大地刺激了投资、消费需求，导致抢购。虽然有关民生的物品价格只是部分放开，但是各种商品涨价之风一时难以控制，表明民众对于价格改革缺乏一定的心理承受能力，国家只得放慢物价、工资改革的步伐。但是价格放开之后，却成了一匹脱缰的野马，价格涨到了难以承受的地步。1987年年末，当时的国务院主要领导人为了平息群众舆论，要求新华社发一条“我国物价基本稳定”的通稿。财贸编辑室奉命就此发了一条三四百字的消息，结果引起了读者的强烈不满，一时抗议的电话和来信不断，指责新华社“睁着眼睛说瞎话”②。为此新华社记者进行了近一个月的调查，播发了《关于物价的通信》、《从物价看国情》

---

① 马立诚．特区30年：蛇口风波再回首．南方都市报，2010－08－29

② 陈芸．见证价格闯关：新华社被批“睁着眼睛说瞎话”．http：//news. QQ. com 2009－10－28

等稿件，把物价改革诸多难点进行客观、辩证的分析，联系中国国情，从各个侧面向群众解释，在政府与群众之间架起了沟通理解的桥梁。1988 年 3 月，国家开始调整 280 个种类的商品零售价，统计局公布的 7 月物价上涨幅度为 19.3%，为改革开放以来的最高纪录。在这种情况下，8 月 17 日，中央政治局会议通过关于价格、工资改革的初步方案，19 日，《人民日报》、中央人民广播电台发布了消息，当天就出现抢购风潮，商店被抢购一空，银行发生挤兑。8 月 30 日，国务院召开第 20 次常务会议，发出紧急通知，表示方案中所说的绝大多数商品价格放开是长远目标，目前还在修改完善中。此后中央实行治理整顿，严控物价，甚至有些城市出现以前的购物票证制度。10 月 6 日，国务院通过《关于从严控制社会集团购买力的决定》，10 月 24 日，国务院通过《关于加强物价管理，严格控制物价上涨的决定》。1989 年 1 月 1 日，《人民日报》发表题为《同心同德，艰苦奋斗——1989 年元旦献词》的社论。社论指出：在改革的第十年，我们遇到了前所未有的严重问题，最突出的就是经济生活中明显的通货膨胀、物价上涨幅度过大，党政机关和社会上的某些消极腐败现象触目惊心。物价改革中的风波显示改革初期人们对社会变革缺乏心理准备，特别是与民生有关的制度改革易引起巨大波动。随着市场经济的发展、工资制度和物价制度不断变革，人们逐渐有了成熟的消费观念和处变不惊的应变能力。

3. “脑体倒挂” 冲击学界

改革开放鼓励一部分人先富起来，经济体制的改革使得个体户像雨后春笋般增长，“倒爷”、“万元户” 成为新兴财富人物的代名词。1984 年、1988 年中国对外开放的城市不断增加，经济体制、科技体制、教育体制相继进行改革，改革重点从农村转向城市，改革的步伐不断加速，商海大潮迭起，充满了金钱的诱惑，越来越多的人涌入商海弄潮，一时间“下海”、“第二职业”成为当时的流行语。1988 年，中国最大的经济特区海南点燃了无数青年人的激情和梦想，出现了“十万人才下海南”的商海热潮，其中有大学毕业生、待业青年，有停薪留职的企事业职工和政府工作人员。“海南热”只是“全民经商热”的一个缩影，在“10 亿人民 9 亿商”的年代，收入分配出现明显的不平衡，很多个体户成为“万元户”，“倒爷”成为富翁，而从事科技、教育等脑力劳动的人却收入微薄，生活清贫，出现了严重的“脑体倒挂”，“拿手术刀不如拿剃头刀，造原子弹的不如卖茶叶蛋的”。大学生中出现“厌学风”、“读书无用论”。资料显示，北京地区 1989 级研究生招生原计划招收8 600名，但报名人数不足 6 000 名，报名与招生出现倒挂，为应届毕业生报考研究生比例最低的一年。也是在那时，毕业生的首选不是政府机关，更不是科研院所和大专院校，而是外贸公司、商检、海关。①

进入20世纪90年代，商业浪潮席卷全民，出现股票热、房地产热等各种商海热潮，那些手拿铁饭碗的人不甘于收入过低，到外面兼职，引发“第二职业热”，其中老师兼职现象十分普遍。在这种情况下，一篇《教授卖馅饼》的报道使得更多的知识分子坐不住“冷板凳”。1992年，北京林业大学的一位党总支书记为体验生活，在校园摆摊卖馅饼，却被某报写成《讲师卖馅饼》，之后莫名其妙成了《教授卖馅饼》，并被全国其他报刊转载。尽管该书记亲自前往报社澄清，但为了迎合当时的形势需要，没有一家报纸认真更正，导致舆论产生错误的导向和影响：教授下海说明知识分子待遇低，一方面对学生产生不良影响，另一方面对知识分子产生连锁反应，导致更多的人理直气壮地兼职，甚至辞职下海。

三、发展不平衡带来的社会矛盾激化

1. 群体性事件频发凸显社会矛盾加剧

21世纪以来出现了很多大灾大难，群体性事件频繁发生。突发性群体事件是由于各种原因导致突然爆发、具有一定规模群众参与的非常态的社会事件，它的发生往往会影响社会秩序，是影响社会和谐的重要因素。突发性群体事件发生的根源在于社会转型期各种利益多元化，矛盾更加复杂、尖锐，突出表现在几个方面：贫富差距拉大引发的仇富舆论；拆迁问题引发的系列舆论；医疗改革、房价上涨、社会安全等关系民生的问题得不到有效解决；党群关系紧张；环境、食品等污染造成的群体性抗议等。

2004年10月18日，重庆市万州区突发上万民众集体围攻区政府事件，此事被定性为“突发性群体事件”，这是首次出现“群体事件”这一名词②。其后突发性群体事件呈现逐渐增多的趋势：仅2008年就有3月14日拉萨打砸抢烧事件、6月28日贵州瓮安事件、7月5日陕西府谷事件、10月江西铜鼓群体冲突事件等；2009年以来有湖北石首骚乱、广东韶关市劳工群殴、海南东方市村民斗殴、江西南康市家具业主聚集、福建南平市医闹事件、贵州德江县舞龙事件、河北保定市依棉工人进京上访、云南陆良事件、新疆7·15针刺事件、吉林通钢暴力事件、河南杞县“钴60”事件、浙江温州出租车司机罢工事件、广东番禺垃圾场焚烧事件、山西因地震谣言发生群体逃亡

① 井洋．折射：二十年前的三大病症．黑龙江日报，2008-03-31

② 彭逸林，李浩然．现代传媒应对突发性群体事件的策略研究．重庆大学学报（社会科学版），2005（5）

事件等。这些群体性事件一方面说明中国社会矛盾的激化已经严重威胁到社会的和谐，另一方面从事件解决的过程反映出有些地方政府处理舆情能力较低，忽视舆情的重要性，最终导致舆情失控，故加强政府舆情调控能力刻不容缓。

2. 贫富不均引发仇富、仇官舆论

在改革开放中，由于经济发展的不平衡，造成城乡差别、贫富差距悬殊。据2005年《中国证券报》报道：波士顿咨询公司副总裁邓俊豪说，不到0.5%的家庭拥有全国个人财富的60%以上。即使在这些富有的群体内部，也有大约70%的财富掌握在资产超过50万美元的家庭手中。2010年九三学社中央援引一组数字显示，我国收入最高的10%群体和收入最低的10%群体的收入差距，从1988年的7.3倍已经上升到23倍。① 这种差距已经超过国际警戒线，容易导致社会危机。特别是致富的人群中既有靠辛勤劳动或智慧经商致富的，也有靠偷税漏税、非法经营致富的，更有一部分权力阶层靠权力的寻租成为富裕阶层。大量不合理、不合法的暴富现象，加剧了分配不公，引起群众的强烈不满。2000年，一本美国小说《穷爸爸，富爸爸》在中国连续两年进入图书销售排行榜前10名，2008年大陆和台湾联合拍摄同名电影，反映了贫富差距已经影响到孩子们的成长，形成比富、攀富心理，并且青年女性“傍大款”现象盛行。这些现象导致民众对为富不仁和有权有势的特权阶层产生抵触情绪与强烈的社会不公平感，进而在社会中形成仇富、仇官心理，甚至引起社会动荡。

在2003年10月16日哈尔滨“宝马撞人”案件中，虽然撞人的车主苏秀文并不是权贵也不是富人，但是她开的宝马车是富人的象征，使得网上流传着各种关于她身份的猜测，说她是“黑龙江省某领导亲属”，她的丈夫是大老板，“用钱买通了关系”、证人被“封口”等，号召百万网民签名公审苏秀文。虽然有关领导出面澄清与之没有关系，调查也显示她丈夫只是个小老板，但是网民不相信。正如蔡方华在其评论《解析宝马撞人事件的几个关键词》中所说：“宝马意味着财富，而财富又意味着权力，当宝马与农用四轮车之间发生了如此尖锐的对立的时候，有多少人会相信‘官办’的结果是公正的呢？”此后全国各地相继发生宝马车交通肇事的案件，都成为舆论的焦点。2009年5月7日，杭州富二代“飙车案”中杭州交警宣布“当时车速在70码（公里/小时）”，由此引发舆论不满，“欺实马”一词迅速成为流行语，隐

① 周祚，邱瑞贤等. 收入差距多大？23倍. 广州日报，2010-03-04

含了人们对官商勾结愚弄百姓的讽刺。2010 年 10 月 16 日，河北大学校园内发生交通事故，一辆轿车撞倒两名女生，造成一死一伤，但是司机不但没有停车，反而口出狂言："有本事你们告去，我爸爸是李刚。"后查出肇事司机的父亲李刚是保定市某公安分局副局长，此事迅速成为网民和媒体议论的焦点，"我爸是李刚"也迅速成为社会流行语，网民还对此展开造句大赛，引起国内外媒体的关注。2011 年 3 月 29 日，《河北法制报》记者调查认为，司机说"我爸是李刚"的语境不是面对公众的狂语，而是在审讯室里对保安说的，但是舆论更加相信李刚的力量，认为媒体记者被收买。在涉及官商的舆论中，由于长期的社会不公平、失去监督制约的公权力、地域性司法腐败等，导致公众宁愿相信自己的感觉，所以每当出现与官商有关的案件时都会引发社会矛盾的集体宣泄。

3. 企业追逐利益过程中的失衡

一些企业在市场竞争中不遵守国家法律或者钻法律的空子，罔顾职工和消费者的生命健康，导致出现各种各样的舆论事件，充分显示了市场经济中的企业道德失衡和诚信机制的缺乏，突出表现在食品、药品安全出现各种问题，矿难事故频发，使用未成年人做苦工等方面，每当类似事件发生都会引发舆论的谴责，促使政府加强相应的管理。

人们在生活日趋富裕的同时，越来越重视食品卫生和身体健康，但是食品安全事故不断出现，"毒米粉事件"、"注水肉"、"苏丹红"、"三聚氰胺"、"地沟油"等食品事故牵涉甚广，特别是 2008 年三鹿牌婴幼儿奶粉对婴儿的身体健康造成极大伤害，导致患泌尿系统结石的儿童剧增，有将近 30 万名儿童患病，6 名儿童死亡。婴儿的父母对国产奶粉普遍产生不信任感，只好花高价购买进口奶粉。2011 年又连续发生"瘦肉精"、"染色馒头"、"回炉面包"、"牛肉膏"等恶性事件，公众面对食品安全乱象无所适从，不知道吃什么才是安全的，并由此引发对食品企业的职业道德质疑和政府质量监督管理缺位的批判。这是中国的市场经济发展过分追求经济利益而缺乏基本的商业品德、缺乏诚信机制的结果。尽管中国在 2009 年已经实施了《食品安全法》，但是并未震慑黑心商家。政府为了让老百姓吃上放心的食品，加大对食品安全的监管和治理，2010 年 2 月，国务院成立了专门的食品安全委员会，对食品安全状况进行调查分析，制定规划和指导原则，督促落实食品安全监管责任，境外媒体对中国政府的积极应对行为表示赞扬，但真正实现食品安全的过程任重而道远。与食品安全相关联的是药品安全事故，2010 年 3 月，山西近百名儿童因为接种乙脑疫苗致死、致残或引发各种后遗症，经媒体曝光后相关部门仍然拒不承认疫苗存在问题，也否认存在官商勾结。经上级部门的调查发现，山西省疾控中心和药品公司操作违规，出现“高温暴露疫苗”的情况。在各地的疫苗问题中，辽宁等地也发现接种儿童出现身体不适的类似问题，4 月，江苏等地又发现人用狂犬疫苗存在质量问题。种种情况使公众对药品质量产生怀疑，进而反思中国防疫系统体制，网络上一篇《宝宝，妈妈不再带你打疫苗》的帖子迅速引起家长们的关注，掀起拒打疫苗的活动。疫苗质量安全攸关数千万百姓特别是婴幼儿的生命健康，疫苗质量问题此前早有曝光，近年来却呈现越来越多的趋势。2011 年全国“两会”期间，中国疾控中心主任王宇接受新华社采访，谈到要加大对免疫接种的监测力度，最大限度避免不良反应事件的发生，并对出现不良反应的情况进行及时妥当的处理，同时要进一步做好宣传工作，让公众知道，疫苗是保护我们健康最为经济有效的措施。

虽然国家多次下令强调安全生产，但是由于过分追求速度和效益而罔顾矿工生命安全，近年来中国矿难事故频繁发生。据 2010 年 3 月 20 日国家煤炭网上发布的《近年全国重大矿难事故一览表》统计，自 2004 年以来全国重大矿难就有 20 起，死亡职工 1 800 多名。有网民更是列举了自 2000 年以来每一次矿难及其死亡人数，列表长得令人痛心。《法制日报》2011 年 4 月 21 日发表评论《煤矿行业“保护伞”现四大腐败特征》，即官员入股煤矿多为口头约定，反调查能力强；不法矿主为获取利益千方百计打通“关节”；矿主“花钱消灾”，执法部门“收钱创收”；一些单位有令不行，监管制度形同虚设。更重要的是许多矿难发生后，矿山和地方行政领导为了避免上级政府的处罚，用各种手段对媒体和矿工家属隐瞒事情真相，甚至对媒体进行贿赂或者恐吓。

继 2007 年媒体曝光山西“黑砖窑”大量使用拐骗来的未成年人当苦工的事件之后，2010 年 12 月，媒体又曝光了新疆一绿色建材化工厂使用黑奴工的骇人事件，立刻引发社会舆论的关注，舆情矛头直指包工头和黑工厂，人们纷纷要求缉拿凶手，惩治相关责任人，新疆维吾尔族自治区领导立即批示要求严厉打击丑恶现象。2010 年 12 月 10 日，媒体爆料在新疆托克逊县库米什镇一家名为佳尔思的绿色建材化工厂有十余名黑奴工，其中 8 人为智障人。网友对该新闻事件进行转载与传播，该新闻以震撼的图片和令人惊骇的内容情节引发网友的关注，新闻转载量迅速攀升。新疆维吾尔自治区党委书记张春贤 13 日批示，要求严厉打击丑恶现象：“即使‘上天入地’，也要把不法分子缉拿归案、依法严惩、公开处理，还人民群众一个公道。”该批示经媒体报道后，成功地引导了舆论，“要求缉拿凶手、惩治相关责任人”成为主流舆情。关键时刻政府采用的行政问责手段既体现了依法行政的决心，同时也起到了缓和舆论的作用，舆情热度逐渐消退。关于新疆“智障工事件”，舆论继续以“智障包身工组织者曾向全国多地输送工人、为被解救民工寻亲”等多条主线进行热烈讨论，舆论关注由问责转向关爱。

四、执法管理引发的抗争

虽然整个社会管理逐渐法制化、规范化，政府一再要求建设和谐社会，实行人性化管理，让权力在阳光下运行，但是由于执政管理观念的转变缓慢，许多具体的操作仍然存在很多问题，不断引起舆论的强烈攻击，其中比较普遍的舆论集中在以下几个方面：

1. 城市管理中的舆论争议

城市管理监察机构（简称城管）是根据1997年国务院《关于进一步推进相对集中行政处罚权工作的决定》及《中华人民共和国行政处罚法》设立的相对集中行政处罚权的机构，是为了改变以往政出多门、效率低下的行政执法弊端，当时被认为是对行政管理体制和行政执法体制的重大改革和创新。由于城管的职责范围十分广泛，几乎涵盖了百姓生活的方方面面，但是没有设立相应的监督制度，导致近年来城管在行政执法中使用暴力的事件屡见不鲜。在城市管理中流动摊贩与市容环境、交通畅通存在不可避免的矛盾，城管的执法对象大部分是失业人员和进城的农民工以及孤、寡、残疾等弱势群体，他们靠摆摊维持基本的生计，而作为城市的管理者不得不取缔这些摊贩，这就使其处于两难境地。自身素质不高（甚至部分是招募来的临时人员）、执法粗暴是各地城管普遍存在的问题，近年来频频曝出的城管暴力执法、伤人甚至杀人事件，让这支队伍的社会形象降到了冰点。2009年7月13日，云南一日发生三起城管暴力执法致7人受伤事件；2010年10月，郑州一个月内发生四次城管打人事件。几乎天天都有城管暴力执法的报道，在网络上百度视频中城管暴力执法的视频约有1 998个（截至2011年5月），城管暴力执法似乎已成了社会的一大“公害”，引起公众的极大愤慨，曾有学者在媒体上呼吁“废除城管”。

城管暴力执法引发被管理者以暴抗暴，一些商贩不满其粗暴行为，围堵、攻击城管的群体性暴力事件不断发生，城管与小商小贩之间长期存在的“敌对状态”陷入暴力执法与暴力抗法的怪圈。在舆论中大部分民众同情商贩的遭遇，对城管的暴力行径大加挞伐，甚至将“城管”视为一个特有的与暴力相连接的词汇，“城管”成为一个形容词，意味着粗暴、血腥、恐怖，常用的口头禅如“你也太城管了”、“城管来了”。2010年10月，游戏软件《小贩大战城管》因为折射现实而在网络走红，甚至被数家国外媒体报道。“城管”作为具有中国特色的城市管理制度，在执法过程中具有很多中国性的难题，城管为城市的规范化作出了重要贡献，关键是如何平衡民众谋生和城市管理之间的矛盾，特别是文明执法的问题。济南市的两位城管创作了一首卡通版本的《城管之歌》，诉说城管工作人员的无奈和渴望被理解的心情，这首歌迅速在网上走红，得到了相当数量网民的理解。

2009 年，上海交通执法部门为了完成罚款指标，招募社会上的不良人士充当诱饵，引诱私家车主上当而进行罚款的“钓鱼执法”现象曝光，且调查发现上海各区均不同程度地存在“钓鱼执法”现象，引起了社会的广泛关注和思考。自从事件被媒体曝光以来，该案中被“钓鱼”司机的律师郝劲松每天都收到全国各地大量车主的来信和电话，反映自己被“钓鱼执法”的情况。网民“公子羿”在天涯社区发帖控诉引发访问数量近 20 万，评论近 2 000。“80 后”作家韩寒在博客中转载并对此进行评论，更是引发 40 多万粉丝的关注，评论几千篇。近年来“钓鱼执法”事件频频发生，使得人们对政府的公信力产生怀疑，上海“钓鱼式执法”案浮出水面后，人民网调查，九成上海市民认为政府最没诚信。有评论认为：“‘钓鱼式执法’以设骗局方式，有组织地栽赃陷害良民，以作伪证来讹诈受害者钱财，这种诱民入罪的方式实质上是以违法的形式来‘执法’，已经严重背离了人民政府的宗旨，是公权力的乱作为、瞎作为。”①

2. 强拆舆论风波

2007 年 3 月初，网上各大论坛开始流传一个帖子《史上最牛的钉子户》，帖子主要是一张图片：一个被挖成 10 米深大坑的楼盘地基正中央，孤零零地立着一栋二层小楼，犹如大海中的一叶孤舟。由此引发人们对强拆中“钉子户”的关注，来自全国和世界的上百家媒体对此进行了报道，男户主站在屋顶挥舞国旗的场景深具震撼力与感召力，女户主知法守法的理性姿态深受公众赞赏。媒体和舆论几乎一边倒地对“钉子户”持支持的态度，而且称其为“一个伟大的标志性事件”，因为在此期间中国通过了《物权法》，公众关注的是如何保护私有财产。昝爱宗在光明观察频道发表《面对权力强拆合法私人房产不能当“沉默大多数”》，认为没有法治，也就没有人权；没有人权，自然也就没有物权。但是《物权法》似乎没有明确该如何解决此类拆迁纠纷，此后长沙、上海、北京等地都出现很典型的“钉子户”，不过舆论对于

① 刘习飞.“钓鱼式执法”让我们反思什么. http：//www. chinacourt. org/html/article/2009 10/28/379054. shtml

这些“钉子户”不再是一味支持，而是根据情况进行评价，如部分网友认为长沙繁华商厦门口挺立三年的“钉子户”漫天要价，“这也太有碍市容了，还是应该以大局为重，不能这样为所欲为”。

与“钉子户”相关联的是在城市建设和征地的过程中出现地方政府和房产发展商强行拆迁的事件。2004年，湖南发生“嘉禾强拆事件”，在此事件中，嘉禾县委县政府联合下文对与拆迁户有亲属关系的公职人员实施“四包”、“两停”政策，也就是要求公职人动员亲属拆迁，否则将暂停工作、停发工资，最后导致3位拆迁对象被错误拘留、11位公职人员遭“株连”。株连式的强拆更是导致父子关系紧张、夫妻离婚、兄弟反目。在媒体报道、中央调查的过程中，地方政府还在进行阻挠，并且宣称“谁影响嘉禾一阵子，我就影响他一辈子”。事件发生后，国务院进行了调查并将情况通报全国，认为这是一起集体滥用行政权力、损害群众利益的违法违规事件。嘉禾县5名官员被罢免，震惊全国。强拆事件不断发生，甚至出现了流血事件，更有一些拆迁户自焚以保护自身权益，从2009年四川成都的唐福珍开始，江苏东海、盐城，北京海淀，山东胶州，福建泉州，黑龙江东宁先后发生拆迁户自焚事件。2010年9月10日，江西宜黄发生的因拆迁自焚事件中所反映的尤令人触目惊心。户主钟如奎家3人烧成重伤，12日，宜黄县政府办公室发布的声明却称，事件并非自焚而是伤者不慎将自己点燃。16日，钟家姐妹准备赴京反映情况，在南昌昌北机场遭到宜黄政府人员围截，被逼躲到厕所发短信给媒体，随后在新浪微博对事件进行动态“直播”，全国其他媒体也非常关注此事的进展并不断报道，引起了公众的广泛同情。宜黄县政府在事件引发全国舆论时，不是积极进行自我检讨，而是一味忙于网上删帖，甚至通过限制当事人人身自由、没收当事人手机、在机场封堵当事人上访、在医院抢夺尸体等手段，试图封堵信息，掩盖真相，减少负面舆论。10月10日，宜黄县委书记、县长被免职。在强拆事件中地方政府片面追求政绩，忽视民生，漠视少数人、个别群体的利益，认为“发展后才能谈民生”，“大发展必然大稳定”，“大政绩可以弥补小过失”，“良性违法无所谓”，“为了整体利益，可以牺牲个体利益”，“对付难缠户最快、最有效的办法就是摆大阵势，强力压制”。在宜黄县委书记、县长被免职后，一位自称宜黄干部的人在网上发表文章《透视江西宜黄强拆自焚事件》，强调城市建设中“强拆”是无奈的，提出“没有强拆就没有新中国”、“没有强拆就没有中国的城市化”、“每个人其实都是强拆政策的受益者”等“雷人”观点。《人民日报》连续对“宜黄事件”发表多篇评论文章，认为宜黄官员漠视人权，把民众当对手，把维稳大局“地方化”乃至“个人化”，并以此排斥司法救济，干预媒体监督。针对宜黄部分官员的言论，《人民日报》评论《值得警思的“强拆论”》中谈到，我们应该认真学习科学发展与和谐社会的要义——任何发展，都是为了人民的幸福和尊严，离不开社会的公平正义，都不能容忍对人民群众合法权益的损害。

3. 公检法中冤假错案引发的舆论

公检法机关本是伸张正义、惩治邪恶的地方，但是由于刑讯逼供、有罪推定的传统做法导致许多冤假错案，由此引发舆论对法制系统的关注。2003年，“孙志刚事件”经《南方都市报》报道后引发了人们对收容遣送制度的强烈不满，一个刚毕业参加工作的大学生因为上街没带证件就被收容，并且遭到毒打，惨死在收容人员救护站。在媒体和舆论对该事件的监督过程中，许志永等三位法学博士以普通公民身份上书全国人大常委会，要求对旧的《收容遣送办法》进行违宪审查，随后贺卫方等五位资深法学家也上书要求对违宪审查启动特别调查程序，他们的上书行为引起了众多媒体的强烈关注，对收容遣送制度的改革起到重要的推动作用。虽然“孙志刚事件”中对政法系统进行了整顿，一些责任人被处分或追究刑事责任，但是政法系统的类似案件仍然不断发生。2009年2月，云南青年李乔明死在看守所，警方宣称他是在玩“躲猫猫”时撞墙而死。但是家属在死者身上发现伤痕，故警方的说法遭到公众特别是网民的质疑，于是一场以“躲猫猫”为标志的舆论抨击热潮迅速掀起。“躲猫猫”从一种娱乐游戏变成一种对公权力的不满，从一种质疑的声音变成一种肯定式的反讽：“‘躲猫猫撞到墙?’真佩服民警同志啊”、“真相在跟我们‘躲猫猫’”、“以后家里有小孩的可不能教他们再玩躲猫猫了！多危险啊”。云南省委宣传部迅速组织事件真相调查委员会，并公开邀请网友和社会人士参与调查。调查结果发现李乔明是被狱霸以玩游戏为名殴打致死的，说明狱中管理存在漏洞。同年12月又发生邢鲲在昆明派出所候问室内死亡事件，警方新闻发布会上宣称他是用纸币打开手铐，用鞋带上吊而死。这种匪夷所思的解释在媒体和网络上刚刚刊登就引发众多民众质疑，并且感到公众的智商被愚弄了。邢鲲罪不至死，为何自杀？邢鲲是自杀还是“被自杀”？在对事情真相进行探讨的同时，网民对这种“一张纸币开手铐，两根鞋带能上吊”的回答不断地开玩笑：“人民币真够坚挺的”、“现在的钱还真是万能啊，随便的纸币都能打开手铐了，这哥们咋这想不开呢？怎么没撞死在纸币上”、“手铐肯定是豆腐做的，鞋带是钢丝做的”。而手铐制造商坚称其手铐没有质量问题。这一年看守所离奇死亡的案件不断发生，而警方给出的解释是“躲猫猫死”、“兴奋死”、“做梦死”、“掉床死”、“发烧死”。2010年还发生所谓的“喝水死”、“洗脸死”。警方种种匪夷所思、违背常识的解释，被媒体和网民称为是在考验我们国人的想象力，暴露出的是有关部门对民众的糊弄，更是对民众智商的挑衅！

系列冤假错案在近年来屡次被发现。1991 年，杨志杰因为被错误认定是河北保定曲阳县一场爆炸案的肇事者而在监狱中度过了 12 年，2003 年被撤诉释放回家，《南方周末》记者曾历时 4 年、派 6 名记者、5 次追踪报道他的冤案。在社会影响最大的是佘祥林案件，佘祥林因为“杀妻”的罪名被判处有期徒刑 15 年，被关押 11 年后即 2005 年，因妻子突然回家而被无罪释放。同样，2010 年河南商丘市的农民赵作海因涉嫌杀害同村人服刑 11 年后，因为被害人现身而被无罪释放，检方调查认定存在刑讯逼供。在舆论的谴责声中，原来参与该案的司法工作人员面临种种压力，一些被点名的法官在媒体和网络上发表声明称自己与此无关。种种冤案使人们对司法机关的公平和正义产生怀疑，人民网的人民时评认为应该以此为契机，树立科学的政绩观，规范执法行为。但是即使在刑法已经坚持“疑罪从无”原则的今天，仍然有宁波的吴大全冤案，幸亏他在狱中与杀人者相遇才得以撤销死刑和死缓的判决书，但是当地司法机关为避免吴大全释放后向新闻界申冤，引发如同河南“赵作海冤案”一般的舆论，竟然罗列其他罪名继续关押吴大全。

4．暴力事件一再发生

社会分配不均、生活压力加大，造成一些人心理的不平衡，对社会进行报复的暴力行为时有发生，特别是本来应该是主持社会正义的公检法机关，由于贪污腐败或者暴力执法等问题成为社会宣泄的主要对象。2008 年，袭击公检法的现象达到一个高峰，7 月，北京青年杨佳单刀闯上海闸北警局连杀六人震惊全国，其后数天上海市又接连发生 3 起民众持刀袭击、威胁警察的案件。同月，云南孟连县发生胶农冲突事件，40 余名公安民警和 10 余名胶农在冲突中受伤，同月还发生广西钦州、广东惠州等地严重的警民冲突。此外还有 10 月广东三江镇警民冲突，11 月深圳保安发生大规模警民冲突，12 月云南麒麟法院遭到原告方的暴力袭击。新华网发表文章称“今年恐成警民冲突最重一年，为社会怨气积聚所致”。而这并不是结束，2009 年 10 月 14 日，贵州何胜凯闯入遵义市中级人民法院办公楼，持刀对该院的法警、保洁员等进行连续刺杀，造成 1 人死亡，3 人受伤。在他之前的申诉书中曾经写到：“法官是社会正义和良知的最后一条底线，竟然如此腐烂、卑劣，不铲除大乱之期不远。”① 相当数量的网民看了他以往被冤枉、上诉的经历后评价

① 谭翊飞. 遵义中院杀人事件. 南方人物周刊，2009（43）

说是社会把他逼疯了。2010 年6 月1 日上午10 点多，湖南省永州市零陵区邮政分局保安队长朱军携带冲锋枪进入零陵区法院4 楼办公室，对几位法官进行疯狂扫射，当场造成3 名法官死亡、3 名法官受伤的惨剧。这些暴力事件的背后都是由于袭击者受过各种不公正的待遇，申诉无门，铤而走险。网络上对于这些暴力袭击公检法的行为颇为支持，说明社会矛盾已经达到相当严重的程度。人民法院是维护社会正义和司法公正的最后一道保护屏障，“一旦在这里受到了不公正的待遇，有些不理智、性情急躁的人士往往就会借题发挥、寻衅肇事，暴力袭击法院可能就是其极端行为的表现形式”①。

除了对执法部门暴力袭击外，一些心怀怨恨的人还将袭击目标转向手无缚鸡之力的幼儿，2010 年连续发生的6 起袭击幼儿园的悲惨事件就是最典型的案例。对于残杀无辜幼小的儿童案件，全国民众一致谴责，但也有舆论对此事件进行反思，认为是社会矛盾的加剧导致人性的歪曲。

五、对外舆论的交流与撞击

1. 面对“妖魔化中国”说不

随着中国经济的发展，西方在惊叹中国发展速度的同时，“中国威胁论”也悄然兴起。西方媒体对中国的妖魔化报道，激发中国人特别是曾经留学的华人的愤慨，而国内青年盲目崇拜美国等发达国家的热潮引发人们的思考。20 世纪90 年代，中国内地民族主义情绪升温，对西方进行批判的书籍十分热销。1996 年，宋强、张藏藏（张小波）等人撰写的《中国可以说不》销量超过300 万册。书中关于冷战后中美关系和民族主义的观点引起了大讨论，全国和世界近百家媒体对此进行关注和报道。市场上形成一个“说不”热潮，《中国还是能说不》、《中国仍然可以说不》、《中国为什么说不》等相继出笼。同年，三位曾经在美国任访问记者或访问学者的博士出版了《妖魔化背后的中国》，讲述了美国学术、出版、新闻等领域有一股“反华”势力，主导大众传播媒介，尤其是美国的著名大报、大电视台，对中国极尽丑化之能事，向美国公众灌输一种妖魔化的中国形象。从此“说不”、“妖魔化”成为流行语，但是人们对这些宣扬激进民族主义情绪的书籍观点不一：一种赞成书中的观点，对美国的霸权主义思想进行批判；另一种认为该书作者是凭空杜撰，歪曲西方语法逻辑。2008 年，中国奥运火炬传递在海外遇阻事件使中国人又一次被西方妖魔化，《人民日报》4 月25 日文章《“妖魔化中国”

① 张宏民，张明学. 法院遭遇暴力袭击和人犯逃脱事件透析. 学理论，2009（32）

为何卷土重来》认为："一些西方媒体借奥运圣火传递鼓动的反华喧嚣，使一度甚嚣尘上的'妖魔化中国'又卷土重来，部分西方有识之士也感觉到了这股风潮。德国著名中国问题专家托马斯·海贝勒不久前撰文说，西方一些媒体的负面报道是在歇斯底里地'妖魔化中国'，最可悲的是，中国改革开放几十年所取得的巨大成就都被忽视了。"其后一部《中国不高兴》的书籍登上畅销书排行榜，是《中国可以说不》观点的继续。"中国不高兴"的标志性事件是中国奥运会火炬海外传递遇阻后引发的中国年轻人的抗议，包括抵制家乐福等。在对内政愤懑的同时，中国人的不高兴更多是源于西方媒体和主流舆论对于中国发展的误解、低估和不认可，甚至包括刻意的歪曲、丑化、妖魔化等，书中要求西方正视中国的不高兴。对于该书引发的民族主义争论，2009 年新浪网曾经做过一个调查，在近两万投票的网民中，认为该书直言内政外交，是谏言国策，指出的一些问题值得深思的占 69.5%；认为其言论过于偏激有投机嫌疑、说中国知识分子矮化中国是以偏概全的占 21.4%。[①] 也有媒体评论说这本书"携带着'不高兴'病毒，正在毒化我们民族的心理，易感染人群是那些心理还在脆弱期的未成年人，以及刚刚成年的年轻人。把青春期骚动发酵为国家人格愤懑，并发泄为暴力行为"。中国的讨论引起了境外媒体的关注，香港《亚洲周刊》在 2009 年 3 月 18 日的报道中称，《中国不高兴》是中国国内民族主义情绪高涨的标志，"南沙群岛问题、钓鱼岛问题、俄罗斯军舰击沉中国货轮问题、法国佳士得拍卖行拍卖圆明园兽首问题，这些都激起了中国民众的愤慨，民族主义情绪高涨。"3 月 20 日的《时代》周刊对《中国不高兴》背后的中国民族主义力量表示了担忧，"如果民族情绪不加以适当制止，它可能会推动北京方面采取好战孤立主义路线"[②]。

2. 抗议北约轰炸我国驻南斯拉夫大使馆

1999 年 5 月 7 日深夜，以美国为首的北约悍然用导弹袭击我国驻南斯拉夫大使馆，造成我国 3 位新闻工作者死亡、20 多位驻南工作人员受伤，馆舍受到严重损坏。这一恶性事件激起中国人民极大的愤慨，中国政府和有关部门发表了严正的声明，外交部长唐家璇代表中国政府向美国驻华大使提出四项严正要求，全国各地爆发了抗议美国轰炸我大使馆的游行示威，北京、上

① 你如何看待《中国不高兴》这本书. http：//survey.news.sina.com.cn/result/31871.html.

② 学者出版书籍《中国不高兴》引发民族主义争论. http：//news.sina.com.cn/c/sd/2009-03-23/104917463327.shtml

海、广州等地民众到美国大使馆前抗议，中国的媒体连续大量刊登相关报道，"愤怒谴责美国与北约的野蛮暴行"。但是美国媒体对于这种明显、故意的轰炸避而不谈，却大肆渲染中国民众围攻美国大使馆的场景，声称美国驻华使馆人员生命安全受到威胁，说中国民众的反美游行示威背后有中国政府的支持；英国广播公司反复播放北京抗议示威中的过火行为和言论。5 月 13 日，党中央、国务院在人民大会堂召开大会，欢迎回国的我国驻南工作人员。江泽民在讲话中指出，我们要继续坚定不移地坚持以经济建设为中心，推进改革开放，保持社会稳定，贯彻执行独立自主的和平外交政策。此后政府和媒体一致强调中国对外开放政策不变，引导舆论趋向平复。这种在国家利益面前，民众与政府声调一致、共同对外的舆论在以后的 2001 年"撞机"事件中也有所体现。党和政府的舆情调控既让中国民众充分表达了爱国主义热情，又限制在一定的程度内，使之不影响中国的国际关系，不妨碍社会稳定、改革开放的大局。

3. 奥运火炬传递海外被阻引发华人抗议

2008 年，中国人民热情地准备和期待着奥运会，但是西方支持的"藏独"势力鼓动西藏部分人发动骚乱，造成了拉萨"3·14"打砸抢事件。事发后西方媒体不顾客观事实，故意混淆视听，污蔑中国政府对西藏进行镇压。而中国媒体在事件发生时没有被批准进行报道，导致国内外舆论被西方报道所左右。随后中央向媒体通报了整个事件的经过及其背景，中央电视台播放了大量"藏独"分子打砸抢的画面，也报道了部分被蛊惑群众的悔过表现，引起民众对"藏独"分子的愤慨。在奥运火炬海外传递过程中，一些"藏独"、"疆独"分子在沿途多站城市如伊斯坦布尔、伦敦、巴黎等进行有组织、有计划的骚扰，特别是在巴黎传递中，"藏独"分子用残忍的暴力手段从坐在轮椅上的中国残疾运动员金晶手上抢夺火炬，未遂后还冲击圣火传递队伍，辱骂爱国留学生，撕毁中国国旗。更让人气愤的是西方媒体的歪曲性报道，法国主流媒体《费加罗报》和《解放报》对火炬传递的报道标题竟然是"火炬在巴黎惨败"、"给中国一记耳光"，极尽幸灾乐祸之能事。由此引发海内外华人的强烈抗议，甚至许多网民发起抵制法货的运动，动员大家 5 月 1 日到传言其总裁曾援助过"藏独"的家乐福超市门口示威抗议。抵制法国货的帖子不仅出现在诸如天涯、西祠胡同、猫扑、搜狐社区等中国最受欢迎的几大论坛上，也出现在许多知名的海外华人论坛中，如"约克论坛"，多个国家的华人团体举行有史以来最大规模的示威抗议活动，巴黎约 3 万华人参与了"反暴力、要安全"的游行示威。全球华人的举动震动了西方世界，也有西方国家人士表示支持。中国学生创建"反 CNN"网站（Anti-

CNN)，揭露以美国 CNN 为首的西方媒体，“做人不能太 CNN 了”迅速成为流行语。此次事件充分显示了中华民族强大的爱国主义精神，政府在支持民众理性表达愤怒情绪的同时，也适时地制止了一些不理性的行为。

第二节　改革开放以来社会舆论的特点

改革开放以来，中国的舆论环境出现了较大的变化，导致党和政府舆情调控的难度增加。由于一些官员没有认识到这些变化，仍然以旧的思维和手段来干涉舆论，反而激化了社会矛盾，所以认识新时期的舆论特征很重要。

一、社会舆论丰富多样

在思想解放运动的宣传下，社会舆论呈现出多样化的趋势。特别是经济体制改革导致社会利益分化，价值观念多元化，由此形成了社会舆论的分化。所谓多样化，首先是公众的意见倾向多样化，对同一事物有不同的评价，只要不是反对党和社会主义，基本上允许不同意见的辩论，使社会逐渐出现多种声音而不是一种声音，如 20 世纪 90 年代“消费文化”兴起，面对金钱崇拜、“傍大款”等现象，在媒体上开展“干得好不如嫁得好”的大讨论；其次，表现在舆论的内容五彩缤纷，什么样的议题都进入人们议论的范畴，如对改革人物步鑫生的评价，对美国电影《廊桥遗梦》的评价以及由此引发的家庭道德伦理观念的讨论，对邓丽君流行歌曲的争议，对港台明星的追星热的争论等，从流行时尚到哲学、朦胧诗，从陈景润的哥德巴赫猜想到长征卫星发射，无不是人们讨论的话题。

舆论现象的丰富多样与社会生活的丰富多彩密切相关，改革开放后人们的物质生活与精神生活日渐丰富，各种文化艺术形式百花齐放，报刊书籍种类繁多；西方思潮不断涌入，美国大片在各地放映，这些都给公众带来思想上的改变，不再拘于阶级斗争的论调，而是更加富有生活气息，更加追求人性的完美。

舆论现象的多元化与政治的民主化进程密切相关，1978 年若干城市的大字报中提出人权的呼吁，《人民日报》文章认为：“所有公民，包括敌对阶级分子，在法律上一律平等。”而在之前，“地富反坏右”是没有政治权利的，说明改革开放中阶级斗争论调已经过时。南斯拉夫《战斗报》1978 年 12 月 26 日文章《“极左”在中国结束》认为：十一届三中全会标志着中国放弃了“以阶级斗争为纲”的这个几乎用了 20 年的口号，全部活动的中心转向“社会主义现代化”。十一届三中全会结束后有文章说：“一个革命政党，就怕听不到人民的声音，最可怕的是鸦雀无声。”“只有发扬民主，才能安定团结。”另外，会后街头没有出现任何标语和游行，而在以前发生这种情况时，上百万群众又要在街上敲锣打鼓表示支持领导的决定了。① 1981 年中共十一届六中全会通过了《关于建国以来党的若干历史问题的决议》，对历史上的人物、运动功过进行了总结性评价，之后一心一意搞建设。不过由于执政者和民众对中国如何改革尚不清楚，只能逐步摸索、边改革边整顿，正如邓小平所说“摸着石头过河”，所以舆论也随着实践不断地修正对新生事物的评价。

二、民众舆论参与意识提高

随着社会的发展，公民知识素养的提高，政治环境的宽松，公众对社会事务的参与意识越来越高，具有普遍性的社会舆论日渐增多，使得舆论空前活跃。网络等新兴媒体的发展，更加激发了公众的参政议政热情，各种各样的网上论坛议题多样、论争激烈，既有对社会弱势人群的积极呼吁，也有对国家、民族的强烈忧患。许多贪腐案件、涉及公共利益的事件大都由网络舆论引发，传统媒体跟进报道，继而引起政府的介入。公民可以通过参与舆论使个人意见变成多数人的意见，进而参与政治决策。如 1982 年学者曹思源把关于制定破产法的方案寄给国家各方面的领导人，1984 年又通过游说人大代表将破产法作为提案提交人民代表大会，列入国家立法议程，在 1986 年媒体的大力报道中，人大常委会终于通过了《中华人民共和国企业破产法（试行）》，2007 年，《中华人民共和国企业破产法》正式开始实施。

改革开放以来，随着政治民主化进程不断深入，党和政府非常重视调动民众的参政议政意识，坚持“问政于民，问需于民，问计于民”。1987 年，党的十三大提出“重大事情让人民知道，让人民讨论”。1997 年，十五大报告提出“逐步形成深入了解民情、充分反映民意、广泛集中民智的决策机制，推进决策科学化、民主化，提高决策水平和工作效率”。2006 年，十六届四中全会提出构建和谐社会，推进决策科学化、民主化，深化政务公开，依法保障公民的知情权、参与权、表达权、监督权。2007 年，党的十七大再次提出“保障人民的知情权、参与权、表达权、监督权”，增强决策透明度和公众参与度，制定与群众利益密切相关的法律法规，公共政策的制定原则上要公开听取意见，并以人民的舆论监督确保权力正确行使，让权力在阳光下运行。政府听政于民，从舆情中咨询民意，作为决策的重要参考，使得民众

---

① “极左”在中国结束. 参考消息，1978－12－28

参政议政的热情得到了极大提高。

21世纪以来公民参政议政的热情更加高涨，2002年由于深圳的大型企业纷纷迁出，一个南下打工的网民“我为伊狂”写了一篇文章《深圳，你被谁抛弃》，首先在人民网和新华网的论坛上发表，后经《南方都市报》报道，引起社会大讨论。深圳市长亲自与他座谈，探究深圳的发展之道。2005年5月24日，深圳公民李红光自费在《南方都市报》刊登广告称：“……深圳市四届人大一次会议和四届政协一次会议召开在即，我收集了反映民生的建议及个人建议十多条，希望通过你们在‘两会’期间提出，有意者请与我联系。”专家们称赞“公民以在新闻纸做广告的形式来和人大、政协作意见的传递与沟通，这在新中国新闻史上可能算是第一遭”①。2005年的“超级女声”使得公众的参与热情上升到高潮，本是一场娱乐性的活动却被人们视为民主选举的一次演练，青年人的参与热情空前高涨，积极地利用短信选出自己喜爱的歌手，随之带来了整个社会的舆论高涨，三个默默无闻的女生成为具有国际影响力的人物，其中“平民偶像”李宇春还成为美国《时代》周刊的封面人物。在网络上，一些网民联合起来救助困难的人们，对于公共事务提出建设性的意见，如厦门PX案中公众对于环境污染的重视和理性的参与等，都说明公民对公共事务的参与越来越多，建议越来越富有建设性，也说明中国已经逐渐步入公民社会。

三、社会宽容度增大

随着社会文化多元化，社会舆论环境日渐宽松。20世纪80年代胡耀邦主政时期，“中国的政治环境比较宽松，民主空气比较浓，知识分子的积极性得到发挥，创造热情大为提高”。他还鼓励人直言，“不戴帽子，不打棍子，不抓辫子，不装袋子”②。在宽松的政治环境中，社会舆论呈现更多的包容性。改革之初，人们把戴墨镜、穿喇叭裤的男青年斥为流氓，20世纪80年代中期及以后，各种奇装异服纷纷登场，人们更喜欢个性张扬。对邓丽君的歌曲从认为是靡靡之音、小资产阶级情调到风靡内地，影响了几代人，说明对新生事物有一个逐渐认知、认可的过程。文学艺术界也敢于闯禁区，胡适、周作人、梁实秋等以前被批判过的文人成为研究的热门，王朔的“痞子文学”也颇为流行，根据他的小说改编的电影《顽主》用调侃、玩耍的方式

① 姜英爽.“我为伊狂”震动了我.南方都市报，2005-05-26

② 田纪云.近距离感受胡耀邦.炎黄春秋，2004（10）

对各种病态人格、行为和各种社会乱象进行了嘲讽，当年电影放映时全国轰动，大家争相观看。

进入21世纪后，已经改革开放三十多年的中国社会对偏离社会习俗行为的容忍度越来越大，社会开明度提高，对诸如木子美的性爱日记以及芙蓉姐姐、凤姐这样的出格人物，人们也见怪不怪。木子美在广州成名前是某报编辑，2003年6月在网上公开自己的性爱日记，8月由于在《遗情书》中描写与某著名摇滚乐手的“一夜情”而迅速成名，网上访问量急剧飙升，她的性放纵以及对这些经历的仔细描述使她成为人们眼中另类的个性人物，舆论对此并没有口诛笔伐。2004年，芙蓉姐姐在水木清华BBS发表大量照片展示其“S”形的曲线，由此走红成为网络名人，虽然有人说她是“世界上最丑、最胖、最不正常的人”，但她以非凡的勇气，无视世俗，以率真和自信获得大家认可，成为草根文化的代表。

社会对于不同的人生观、价值观取向也有所包容，如“5·12”汶川特大地震中大批校舍倒塌，在地动山摇的时刻，四川都江堰广亚中学教师范美忠弃学生于不顾，自己先逃跑了，因此被称为“范跑跑”。5月22日，他在网络上发帖《那一刻，地动山摇——“5·12”汶川地震亲历记》说：“我是一个追求自由和公正的人，却不是先人后已勇于牺牲自我的人！在这种生死抉择的瞬间，只有为了我的女儿我才可能考虑牺牲自我，其他的人，哪怕是我的母亲，在这种情况下我也不会管的。”他的这番言论引起轩然大波，网友、媒体、专家学者对其教师的职业道德和人性展开了讨论。多数人对他进行谴责，认为他毫无道德，不具备一名人民教师的资格；也有相当数量的人对其行为表示理解，毕竟在大灾面前逃生是人的第一生存本能。《羊城晚报》评论《范跑跑是道德意义上的芙蓉姐姐》认为：“范跑跑是道德意义上的芙蓉姐姐，他已经成为一个符号，代表人性的一极。对于他丧失职业操守和社会责任感的言行，有人理解、有人认同，未必就意味着社会道德底线的滑坡。人们抱以复杂的情感争议他，更多的是对于自我的反思，对于复杂人性的审问。”① 曾颖在《南方周末》上发表了题为《“范跑跑”让我们学习如何面对“异端”》的评论，认为“这是一个正在走向自由表达的时代，也是一个民智大开的时代。让我们的进步，从学习如何面对和处置‘异端’开始吧！”② 这说明中国舆论环境的自由度越来越大，无论是媒体还是公众，都可以发表一

① 彭联联.“范跑跑”是道德意义上的芙蓉姐姐. 羊城晚报，2008-06-14

② 曾颖.“范跑跑”让我们学习如何面对“异端”. 南方周末，2008-06-12

些不同的言论，甚至比较激烈的批评，各种各样的言论、行为都能在社会有一席之地。

四、各种热潮显示社会的浮躁

20 世纪 90 年代，新闻媒体大部分市场化经营，媒介消费主义带来大众文化的盛行，丰富了人们的精神生活，各种消费热潮不断出现。同时中国经济高速发展，经济体制改革催动了全民经商热、股票热、房地产热等种种社会热潮，电影《股疯》描写了人们疯狂炒股、梦想一夜发财的景象，真实地反映了当时的股票狂热。1992 年 8 月，发售新股认购证的消息传出，有近百万的外地人涌入深圳排了三天三夜队，因为买不到认购证，大批民众不肯散去，最终导致骚乱，游行的有一两千人，围观者有两三万人，游行者主要是不满新股上市中的舞弊和走后门现象，市政府决定再发 500 万张 1992 年度抽签证兑换券以缓解股市供求矛盾。而与此同时，上海许多普通股民因为股票下跌失去了半生血汗积蓄，有的顿足大哭，有的要跳楼，股民情绪激昂，矛头指向证券市场的管理层，身穿“红马甲”的股市工作人员成为过街老鼠，人人喊打，不得不疾跑逃遁。

人们对致富的渴望导致社会出现不少非法集资，最后导致大量投资者血本无归。1994 年查处的北京长城机电公司、无锡市新兴实业总公司非法集资案，就导致一大批人受害。其中长城机电公司为了吸引更多的人投资，在收买政府官员的同时，也用金钱收买科技日报社记者孙树兴、中央人民广播电台记者蔡原江为其摇旗呐喊，短短几个月就非法集资 10 多亿元，范围波及全国 17 个城市的 10 多万人。① 20 世纪 90 年代，随着中国住房制度改革，海南、广西北海成为中国第一次房地产热的集中地。高峰时期在海南岛上有两万多家房地产公司，房价成倍增长。而如今的房地产大亨潘石屹就是其中的一个淘金者，在这里他赚到了自己的第一桶金。但是他提前敏锐地感觉到情况不对，立即撤资回京，逃脱了倒闭的命运。1993 年中国进行宏观经济调控，颁布了整顿的措施，1995 年海南房地产泡沫破灭，开发商纷纷逃离或倒闭，银行无法收回贷款。

近年来留学经济热、高考经济热、儿童经济热、低碳经济热、投资热、收藏热、黄金热、基金热等各种热潮都是一哄而上，公众追赶潮流失去理性，显示出社会的浮躁和担心未来的心理，这种浮躁和心理是与社会的发展阶段

---

① 中共中央文献研究室. 中国 1978—2008. 北京：中央文献出版社，2009. 206

相适应的产物。

五、舆论手段多样化

改革开放后，宪法取消了“大鸣、大放、大字报、大辩论”的舆论方式，舆论表达手段逐渐趋向正常化。新闻媒体的版面和内容改革，给更多受众参与的机会，受众通过媒体表达自己观点的途径增多。随着传播技术的飞速发展，舆论传播手段越来越多样化，特别是网络、手机的出现，使得舆论更具有全社会性，真正实现了加拿大学者麦克卢汉所说的，电子媒介使整个地球变成了一个村庄。任何一个地方发生的事情，立刻就会通过通信卫星、网络传遍全球。

在网络中人们表达舆论的方式不断增多，如 BBS、社区论坛、博客、微博等。舆论传播技术手段多样化带来舆论的多样化和难以调控性，网络使各种不同意见都能呈现出来。人肉搜索作为特殊的网络形式成为舆论的主要工具，它将网络传播与人际传播结合起来，将某个人或某件事的真相与隐私追查出来，并在网络上曝光。这种形式对于揭露某些不道德行为非常有效，如早期的“虐猫”事件中，通过搜索将视频中残忍地用脚踩死猫的女人找了出来，迫使她道歉。人肉搜索还在曝光贪污腐败现象方面有巨大的作用，但是这种形式又像是网络大字报，如果运用不当，会对某些人的隐私造成侵害，甚至有些人利用它散布谣言，攻击别人。2010 年 5 月，浙江拟立法禁止人肉搜索引发广泛的关注，舆论认为该条款可能损害网络的开放性和言论自由，7 月，浙江省重新审议《浙江省信息化促进条例》，删除了禁止人肉搜索的条例。网络视频、动漫等也是网民表达自己观点的主要形式，2006 年，胡戈制作的恶搞电影《无极》的网络短片《一个馒头引发的血案》引起轰动，其受欢迎的程度远远超过了电影本身，嘲讽了电影的荒诞无稽，从此“恶搞”成为网民对正统不满的一种意见表达方式。

除了传统人际传播和大众传播手段外，在舆论的表现形式上，不再是以往的运动形式，而是多以平常流传的流行语、顺口溜、段子等形式表现，有的还制作成视频、拍成照片通过网络和手机传播。顺口溜是现代形式的民间歌谣，它读起来朗朗上口，比较合辙押韵，类似一种讽刺诗文，反映了现代人对社会现实的看法和评论，其中大部分表达的是对贪污腐败现象的不满，以幽默笑话的形式表现出来。如对提拔干部任人唯亲的做法进行讽刺：“说你行，你就行，不行也行；说不行，就不行，行也不行。”横批是“不服不行”。如此等等，不一而足。流行语是在某个时间段内流行的民间语言，有特定的含义和使用语境，且使用广泛、传播迅速。自从 1995 年开始，一些报纸经常在年末总结出当年的流行语，近年来网络流行语的评选十分活跃，基本上代表了整个社会的流行语。如“被”成为2009年最流行的汉字，其背后包含许多人的无奈：被代表、被捐款、被自愿、被就业、被自杀、被开心、被精神病……段子本是相声中的一个术语，指的是相声作品中一节或一段内容，现在成为人们用来对生活中的各种现象进行形象描绘的一种通俗艺术形式，由于形象传神、朗朗上口容易被公众所记忆。根据内容的不同又分为“红段子”、“荤段子（黄色笑话）”、“黑段子（恐怖故事）”等，其中“红段子”是通过网络、手机传播的、积极健康向上的信息，得到社会各界普遍的支持。媒体经常举行“红段子”大赛，如2010年广州亚运会前进行的“亚运红段子，红动全城”活动，收到了超过万条公众创作的关于亚运的红段子，显示了公众对亚运的积极参与热情。

六、网络舆论成为主流

随着传播技术的飞速发展，舆论传播手段越来越多样化。传播技术手段多样化带来舆论的多样化和多元化，使各种不同意见都能呈现出来，舆情调控越来越困难。

1. 网络舆论的兴起

中国在20世纪90年代接入互联网，但是网络的普及是在90年代后期，网络舆论在社会中凸显出重要作用是在21世纪。在现有的能真实、直接、及时反映民意的手段上，网络舆论是最有代表性的。早期最引起人们关注的舆论事件是2003年的“孙志刚事件”，网络舆论引起了政府的高度重视，案件迅速侦破，并直接推动了我国存在多年的收容遣送制度的废除。其后有黄静案件，虐猫事件、南丹矿难、铜须门事件等，近年来影响较大的有华南虎照、“躲猫猫”、河南灵宝市王帅案、广西烟草局长“香艳日记”等。2009年互联网统计报告中，有81.7%的网民表示上网以后，比以前更关注社会事件。而当时中国的网民已经达到3.38亿人，说明网络已成为社会舆论的重要力量，是建构公共话语空间的重要平台。2010年，中国社科院《社会蓝皮书》认为：三分之一的社会舆论是由网络舆论引起的。

网络本身的特性带来了言论自由的空间，网络的虚拟性和匿名性使得每个人都可以畅快地发表自己的意见，虽然对一些造谣者仍可以通过技术手段追查，也有一些地方政府对批评性的意见进行打压，但是公众的舆论如不可遏制的洪水汹涌而来；网络的把关相对传统媒体来说比较宽松，一般是网站的网管在对敏感性的帖子进行删除，但是很难全面地把控言论，很多敏感事件都是已经在网上流传了才删除，影响已经造成。网络舆论代表了草根阶层的呼声，网络技术的发展使人人都有可能成为新闻的发布者，同时也使普通网民容易成为意见领袖。

2. 网络舆论对公共事务的关注

网络舆论鱼龙混杂，真假难辨，但是网络公众逐渐分化，出现了大量关心公共事务、热心公益事业的公民。从华南虎照事件、厦门 PX 事件中培育出来的网络公民，不同于“娱乐成性、暴力成癖、偏执成狂”的网民，他们“围绕法律执法，提出自己在公共生活及私人生活方面的诉求，恢复并捍卫自由表达的权利、追问真相的权利”①。这群网络公民在平面媒体与新媒体的联合推动下，在网民中的比例逐渐扩大，所以从整体来说，网络对培养公民的公共意识具有重要作用。

3. 传统媒体被边缘化

由于传统媒体有一套严格的管理制度，限制较多，造成很多新闻都是网上爆料，然后传统媒体介入，从而引发社会舆论的关注，最后官方才表态，造成舆情调控的被动。有时往往是网上议论汹汹，而传统媒体一片沉默，当舆论发展蔓延到社会上很多人都在议论的时候，传统媒体才不得不作出呼应，陷入被动。如关于 SARS 的信息就是首先通过网络和手机短信在社会上传播的，由于传统媒体言论的缺席，使得社会上谣言满天飞，最后政府不得不公开信息。

2005 年，主管新闻媒体的部门规定不准跨区域监督，使得原来以跨省舆论监督闻名的《南方周末》等媒体失去了锐气。而网络却可以跨区域甚至跨国界传播，传统媒体逐渐失去对舆论的控制权，跟着网络舆论在跑，一些记者从网络上寻找新闻线索，有的媒体直接从网络上摘抄内容，造成传统媒体记者的惰性，许多虚假新闻直接从网上搬到了报刊、电视上。传统媒体被边缘化，网络舆论成为主要的舆论形式。

七、市场舆论现象突出

舆论一向受到权力和金钱的控制，在市场经济条件下，有意识操作的市场舆论逐渐兴起，并且受到公众的普遍关注。很多舆论都与市场运作机制有关，从“蒜你狠”、“豆你玩”到“棉花掌”、“糖高宗”、“姜你军”，甚至到最近的“谣盐”等，这些事件背后或多或少都有投资炒作的因素存在。其中为了商业竞争故意制造的虚假舆论也在社会中兴风作浪，如吴敬琏间谍案、

① 胡传吉. 谁都别想蒙网民. 南方都市报，2008 - 01 - 13

大量的股市谣言、张悟本的商业炒作引发的市场风波、2010年蒙牛集团某部门联合公关公司对伊利牛奶进行有操作性的恶意诽谤等，都是有意识的市场人为事件。

网络上商业性的炒作更是谣言不断，涉及政治、经济、文化等各个方面，可以说舆论是当前各国都面临的一场没有硝烟的“战争”。网络舆论的收买和操纵，已经成为国内商业和其他领域的恶性竞争手段之一。网络推手、“水军”等大量的商业炒手为了经济利益炒作舆论，甚至无中生有、进行造谣。例如蒙牛伊利诽谤门事件中，其网络攻击手段包括：寻找网络写手撰写攻击帖子，并在近百个论坛上发帖炒作，煽动网民情绪；联系点击量较高的个人博客博主撰写文章并发表博客；以儿童家长、孕妇等身份拟定问答稿件，“控诉”伊利乳业公司，并发动大量网络新闻及草根博客进行转载和评述，所涉费用总计约28万元。目前在网上删帖、发帖已明显有产业化之势，顶帖也已经成为收费服务项目。有些企业为了宣传自己的产品，花钱让网络公司删除不利于自己的评价，甚至有些官员为了筹款删除揭发自己丑闻的帖子而再去贪污。如2010年9月2日，广西的“日记门”事件在广西南宁市中级人民法院开庭，据检察机关调查，为了删除网上流传的日记，“日记门”事件的当事人广西某烟草局局长韩峰于2010年2月14日向钦州市某公司项目经理陈某索取现金人民币15万元，交给相关人员作为删帖费用。“这种做法，本身就是封杀信息，对公众遮掩真相，既不利于体制外监督，也不利于体制内监督。”① 当舆论被有组织地利用时，其规模、影响更大，现代社会市场机制下的舆论牵涉到社会生活的方方面面，甚至影响社会的稳定。

第三节　对改革环境的舆情调控

经历了文化大革命的中国人，一方面心灵上伤痕累累，对人生、对社会充满了迷茫；另一方面又迫切需要改变现状，冲破思想上的禁区。改革开放首先要打破思想禁锢，清除文化大革命遗留的不良影响，所以改革开放前期党和政府的主要任务是解放思想，为此从总体上对改革的舆论环境进行调控，但也经历了一定的波折。

---

① 胡泳，高明勇．谁在操纵网络删帖．http：//zqb. cyol. com/content/2010 - 11/03/content_ 3437696. htm

一、媒体发起的第一次思想解放

1978 年关于实践是检验真理唯一标准的讨论反映了中央对未来中国发展道路的两个不同方向，也反映了人民群众渴望冲破思想禁锢的强大愿望，是党和政府利用舆论冲破文化大革命流毒的重大举措。1977 年 2 月 7 日，代表中央政治观点的《人民日报》、《解放军报》和《红旗》杂志同时刊登社论《学好文件抓住纲》，提出“凡是毛主席做出的决策我们都坚决拥护，凡是毛主席的指示，我们都始终不渝地遵循”。这就是著名的“两个凡是”，反映了当时沿袭的仍然是毛泽东时代的路线。但是党内外人士对于文化大革命中的所作所为已经不能忍受，陈云、聂荣臻、徐向前等老一辈革命家分别在《人民日报》、《红旗》等报刊发表文章，提出要坚持实事求是，用科学的态度对待马列主义和毛泽东思想，但是当时的国家领导人仍然坚持“两个凡是”的观点。1978 年 5 月 11 日，《光明日报》全文发表了南京大学政治系教师胡福明的文章《实践是检验真理的唯一标准》，论述了马克思主义的实践第一的观点，指出任何理论都要接受实践的检验，实践不仅是检验的标准，而且是唯一的标准。文章发表前得到了中央党校副校长、中共中央组织部部长胡耀邦的审定和同意，第二天《人民日报》、《解放军报》全文转载，其后各省市级党报相继转载，在全国引起强烈反响，引发了关于真理标准的讨论。文章最初遭到一些人的指责和压制，但得到邓小平、叶剑英、李先念、陈云、胡耀邦等许多同志的支持。6 月 2 日，邓小平在全军政治工作会议上特别强调了实事求是是毛泽东思想的出发点、根本点，实际上是支持这篇文章的观点。24 日，《解放军报》发表特约评论员吴江撰写的文章《马克思主义的一个最基本原则》，从此，在全国迅速展开一场关于真理标准问题的大讨论。从 6 月到 11 月，中央党政军各部门，全国绝大多数省、市、自治区和大军区的主要负责同志都发表文章或讲话，拥护和支持实践是检验真理标准的观点。新闻界、理论界和文艺界的知识分子是这场讨论的主力军，“据不完全统计，到 1978 年年底，中央及各省级报刊登载的关于真理标准问题讨论的文章就有 650 多篇”①。1978 年 12 月，十一届三中全会报告高度评价了关于实践是检验真理唯一标准问题的讨论。

关于真理标准问题的大讨论实际上反映了当时新旧交替时期不同思想观

① 刘勇，高化民．大论争：建国以来重要论证实录．（下）．珠海：珠海出版社，2001．131

念的斗争，其影响深远。1988年5月5日，《人民日报》评论员文章指出："这场大讨论冲破了'两个凡是'的藩篱，破除了现代迷信，推动了思想解放运动，为党的十一届三中全会的召开做了最重要的思想准备、舆论准备。"胡福明在30年后评价：这场大讨论既是思想解放运动，也是人民民主运动，参加大讨论的是广大党员、干部、人民群众，尤其是理论工作者和新闻工作者参加了讨论。它批判了"两个凡是"，批判了统治多年的个人崇拜和教条主义，重新确立了实事求是、实践是检验真理唯一标准的思想路线，恢复了人民创造历史的唯物史观。① 这场讨论从理论化为普通民众的日常话题，在当时形成全民性的舆论，对于民众思想转变影响深远，奠定了改革开放的群众思想基础。

党的十一届三中全会的召开标志着中国放弃了"以阶级斗争为纲"的口号，转向以社会主义现代化建设为中心；会议决定在组织上要健全党的民主集中制与健全党规、党法，反对突出宣传个人，要加强集体领导的作用。1980年，中央决定在党内高级干部中展开《关于建国以来党的若干历史问题的决议》的讨论，经过广泛的讨论和领导阶层反复斟酌，1981年6月27日至29日，中共十一届六中全会审议和通过《关于建国以来党的若干历史问题的决议》，对新中国成立以来党的重大历史事件特别是文化大革命，对毛泽东的功过是非和毛泽东思想的基本内容与指导意义作出总结和评价。从此中国共产党一心一意致力于经济建设。1985年，邓小平当选美国《时代》周刊年度风云人物，"不管黑猫白猫，捉到老鼠就是好猫"被摘登在《时代》周刊上，他所说的"猫论"和"摸着石头过河"作为对实践是检验真理唯一标准的通俗化解释，深入千家万户甚至流行全世界。第一次思想解放运动是在党和政府领导下、利用大众媒介进行的，对舆论实行鼓励和引导，顺应了当时社会发展的趋势。

二、三次自由化浪潮中调控的得失

1978年，中国停止了多年对"美国之音"的干扰，人们可以自由地听到外界的声音。改革开放使得思想空前活跃，形成了从1978年到1981年间的第一次自由化思潮。主张自由化的人以"西单民主墙"作为宣传阵地，提出彻底否定毛泽东，要求言论自由、保护人权，甚至号召夺权。他们还组织了非法的团体，出版非法刊物，互相串联。为了反对资产阶级自由化，中央多

---

① 真理标准讨论纪念论坛特刊. 南方都市报，2008-05-07

次下文件要求制止，邓小平在1979年3月20日党的理论工作务虚会议上讲话提出必须“坚持四项基本原则”：必须坚持社会主义道路，必须坚持无产阶级专政，必须坚持共产党的领导，必须坚持马列主义、毛泽东思想。这四项基本原则与改革开放成为中国两个大的方针路线。1979年11月，五届人大二次会议作出决议取缔“西单民主墙”。1980年9月，全国人民代表大会五届三次会议通过了新修改的宪法，取消了原来宪法中规定的“大鸣、大放、大字报、大辩论”。12月25日，邓小平在中央工作会议上作了《贯彻调整方针　保卫安定团结》的讲话，他建议国家机关通过适当的法律、法令禁止非法组织的活动和非法刊物的印行。1981年2月20日，中共中央、国务院发出《关于处理非法刊物非法组织和有关问题的指示》，在全国范围开始取缔非法组织、非法出版物的活动，使自由化活动受到一定遏制。随着改革开放的逐步深入，中国像打开的“潘多拉盒子”，文艺思想领域泥沙俱下，“伤痕”文学代表了文化大革命给人们带来伤痛的反思，而电影文学剧本《苦恋》则反映了资产阶级自由化倾向，《中国青年》杂志关于人生观的大讨论则反映了返城青年普遍的人生困惑。针对这些情况，党中央多次进行思想引导，1983年，邓小平在中国共产党十二届二中全会讲话中强调思想战线不能搞精神污染，“精神污染的实质是散布形形色色的资产阶级和其他剥削阶级腐朽没落的思想，散布对于社会主义、共产主义事业和对于共产党领导的不信任情绪”①，并且开始了全面整党。但是由于对自由化思潮批判不彻底，导致了后来的泛滥。

第二次自由化浪潮是1986年随着政治体制改革成为人们特别是知识界研讨的热点，一些主张资产阶级自由化的人在大学生、青年中散布大量“全盘西化”言论，利用学生对人大代表选举的不满，煽动学生闹事。12月5日，中国科技大学等校学生上街游行，引发了一场全国性学潮。12月23日，《人民日报》发表《珍惜和发展安定团结的政治局面》的社论，指出：安定团结的政治局面是我国社会主义现代化建设成功的关键，也是坚持改革开放最重要的保证。12月26日，北京市人民代表大会常务委员会通过《北京市关于游行示威的若干暂行规定》，其他各大城市也相继出台相关规定，对游行示威活动进行规范。1987年1月1日，《人民日报》发表元旦献词《坚持四项基本原则是搞好改革、开放的根本保证》。1月6日，中共中央发出关于向全体党员和干部、群众传达《邓小平同志关于当前学生闹事问题的讲话要点》

① 邓小平. 新闻工作文献选编. 北京：新华出版社，1990. 171

的通知，要求各方面遵照执行。1 月 13 日，中共中央纪律检查委员会发出《关于共产党员必须严格遵守党章》的通知，要求共产党员必须自觉地遵守党章，严格执行党的纪律，在思想上、政治上同党中央保持高度一致。之后，学潮逐渐平息。

第三次自由化浪潮是 1989 年的政治风波，这场风波以北京为中心波及全国几十个大中城市，最后发展成有组织的政治动乱。北大三角地成为著名的大字报汇集地，一些主张自由化的人张贴大量的大小字报、口号、标语、传单等，有些内容公然号召推翻共产党的领导，甚至提出邀请国民党回大陆建立两党政治，把矛头集中指向四项基本原则。4 月 14 日中央政治局常委和 25 日邓小平的讲话，认为这是一场否定共产党领导、否定社会主义制度的政治动乱。26 日，《人民日报》发表社论《必须旗帜鲜明地反对动乱》，而在前一晚中央人民广播电台和中央电视台提前播发了这篇社论。根据中央精神，各级党组织和政府进行了大量劝阻、动员、对话活动，学生游行罢课逐渐平复。但是赵紫阳 5 月 4 日和 6 日连续发表了与中央方针不同的讲话，并要求《人民日报》、中央电视台、中央人民广播电台发表、播放，使事态骤然逆转，动乱被再次推向高潮。赵紫阳对当时主管宣传和思想工作的胡启立、芮杏文说："对学潮的新闻放开一点，新闻公开程度增加一点，风险不大。""这次运动不能归结为一小撮人挑动，不能归结为思想政治工作薄弱，不能归结为资产阶级自由化思想泛滥。""面对国内人心所向，面对国际进步潮流，我们只能因势利导。"① 他的讲话在新闻界广泛传达，加剧了新闻界的混乱。5 月 9 日，一些新闻记者游行请愿，要求新闻改革，得到学生的声援，声势越来越大，全国大城市的高等学校又掀起游行、罢课的高潮。由于多次对话达不到要求，北京高校部分学生于 5 月 13 日开始在天安门广场绝食，提出打倒"官倒"、打倒腐败等口号，极少数人趁机打砸抢，使社会治安和人民生活受到严重影响，政治局势面临威胁。为了制止动乱，从 5 月 20 日起北京部分地区实行戒严，少数人策划鼓动了暴乱，6 月 4 日天安门广场清场，北京乃至全国的局势趋于稳定。1989 年政治风波之所以能够发展成严重的动乱，与中央领导内部的分歧有关，也与一些中央新闻机构的报道出现错误舆论导向有关。这场风波给党和政府敲响了警钟，使党认识到人民群众对领导干部腐败和"官倒"现象不满情绪已经非常高涨，如果不加治理，必将失去人心，所以事后中央做了许多群众关心的事，如取消中央领导人的一些生活

① 国家教委等．五十天的回顾与反思．北京：高等教育出版社，1989．28

特权，加大反腐败力度，加强民主党派的监督作用，加强党的自身建设，加强党群联系等，正如邓小平所说坏事变成了好事。

三、南方谈话推动第二次思想解放

市场经济改革中的私有化和社会主义公有制度之间有什么样的关联，市场经济改革是否会导致社会主义性质的改变，从而走上资本主义的道路等，这些伴随着经济体制改革出现的问题引发了很多人的疑惑。1987 年，《经济日报》头版刊登了关广梅的来信，建议讨论租赁企业姓“资”还是姓“社”的问题，接着又刊出长篇通讯《关广梅现象》及其他文章进行深度报道，展开关于企业实行个人承包、租赁姓什么的大讨论，引起其他媒体的关注，进而引起社会舆论的关注。由于这反映了一个当时人们共同关心的话题，《经济日报》发表评论明确表示：“一些同志受旧框框、旧模式的影响，把这些不同社会制度都可以运用的、有利于发展生产力的东西，统统看成是资本主义的‘专利’。这种旧观念，需要进一步破除。”①

在各种争论过程中，苏联、东欧社会主义国家发生“和平演变”、国内发生了 1989 年政治风波，一些理论家认为这些剧变直接的导火线就是改革，于是改革再一次面临思想上的歧义。1991 年，《解放日报》连续发表皇甫平的四篇评论《做改革开放的“带头羊”》、《改革开放要有新思路》、《扩大开放的意识要更强些》、《改革开放需要大批德才兼备的干部》，认为没有改革就没有中国人民美好的今天和更加美好的明天，要进一步解放思想，突破任何一种僵滞的思维方式的束缚。这四篇文章旗帜鲜明，引起了强烈的争论，不少报刊对其进行批判，争论一直持续到第二年，形成了关于第二次思想解放的大讨论。

1992 年 1 月 18 日至 2 月 21 日，已经退下来的邓小平视察南方，发表重要的谈话：“改革开放胆子要大一些，敢于试验，不能像小脚女人一样。”关于特区是姓“资”还是姓“社”的问题，他说判断的标准有三个：“应该主要看是否有利于发展社会主义的生产力，是否有利于增强社会主义国家的综合国力，是否有利于提高人民的生活水平。”“发展才是硬道理。”② 邓小平回到北京仅一个星期，中共中央就把他的谈话整理，以文件的形式印发全党，随后媒体开始了大量的报道，其中影响最大的是 3 月 26 日《深圳特区报》

---

① 冯并.“关广梅”现象提出了什么. 经济日报，1987 - 07 - 11

② 中共中央文献研究室. 中国 1978—2008. 北京：中央文献出版社，2009. 187

发表的长篇通讯《东方风来满眼春——邓小平同志在深圳纪实》，全国各大报刊争相转载，新华社向海内外播发，中央电视台也全文播发。邓小平的谈话是继三中全会以后又一个解放思想、实事求是的宣言书，他解决了人们关于私有经济、个体经济姓“资”还是姓“社”的争论，从此中国开始加快市场经济的步伐，逐步形成了沿海和内陆多层次、全方位对外开放的经济格局，同时也带来人们思想的转型和多元化价值观念。

两次思想解放运动和对资产阶级自由化思潮的批判，实际上解决了中国到底向何处去、要建设什么样的社会主义的问题，改革开放的方向明确、目标清晰，才能使中国改革开放稳步前进。中国经济飞速发展，迅速成为世界第三大经济实体。

四、第三次思想解放方兴未艾

1992 年，十四大提出建设社会主义市场经济体制，转换国有企业特别是大中型企业的经营机制。在转制过程中许多国有企业职工下岗，铁饭碗被打破。同时国家逐渐实行高等教育收费、取消福利分房、医疗改革等措施，民众生活成本增加，保障机制相对滞后。下岗工人逐渐增多，1998 年达到1 151 万①，加剧了社会矛盾，一些地方出现下岗工人抵制将国有资产低价转卖、集体上访等事件。20 世纪 90 年代中后期，对于中国改革开放中国有企业改制中存在的弊端和民主政治的分析和批判，造成了新左派和自由主义之争。一般认为，自由主义和新左派的论争，是因汪晖发表在《天涯》杂志 1997 年第 5 期的《当代中国的思想状况和现代性问题》一文而起。随后，双方的争论在世纪之交达到高潮，至今余波未息。“自由主义与新左派之争，涉及全球化与中国发展、中国社会性质、中国与西方关系、市场经济与社会公正、自由与民主、中国现代化道路等诸多重大问题。”② 有学者认为：“这是自 1949 年以来中国内地知识界中罕见的、大规模的、具有自发性、不使用官方意识形态词汇的争论。大陆和海外的一些中国学者卷入了这场争论，台湾和香港的知识界关注这场争论。”③ 但实际上并不是这样的，党和政府虽然没有具体参与两派学术之争，但从更高的角度积极地回应，号召继续思想解放。

第三次思想解放实际上应该分为两个阶段，第一个阶段是从 1997 年中共十五大前后提出思想解放开始。从 1995 年“两会”期间至 1997 年一二月份，

① 中共中央文献研究室．中国 1978—2008．北京：中央文献出版社，2009．266

② 马立诚．新左派新在哪里．经济观察报，2010－09－13

③ 徐友渔．当代中国社会思想：自由主义和新左派．社会科学论坛，2006（6）

民间广泛流传新左派所写的四份“万言书”先期在海外报刊公开发表，在国内以“打印稿”、电子邮件等形式流传，引起舆论纷纷。其主要内容是：“改革开放正在中国造就一个新的资产阶级以及资产阶级的意识形态，且正在同共产党内部的坏蛋沆瀣一气，对国家的安全产生着严重的威胁。”“近年来，在我们的不少书报刊物上频繁地出现私有制优于公有制这样的宣传。对这些宣传绝不可轻视，因为它从思想深处动摇着人们对公有制和社会主义的信念。”而且开列了一个很长的宣传“资产阶级自由化”的人和报刊的名单，给人的印象是：在中国除了几家刊物之外，主要报刊几乎都在搞“自由化”或者在容忍“自由化”。1997 年 5 月 29 日，党中央总书记江泽民在中央党校省部级干部进修班毕业典礼上发表讲话，主要内容有两个：一是高举邓小平同志建设有中国特色社会主义理论旗帜不动摇，二是坚持社会主义初级阶段理论。新华社公开发表他的讲话，内容虽然没有直接涉及“公”“私”之争，但现场听到讲话的人士说，没有公开发表的部分更加直截了当、尖锐地批评了“左”的思潮的干扰，被认为“这是两年多来党中央最高领导第一次公开地回答‘万言书’的指责。中国的政治局面为之一变。反‘左’的声音立即就强大起来”①。新闻媒体如《人民日报》、《经济日报》、《中国经济参考报》、《中国经济报》和上海、深圳等地方媒体也都参与到这场围绕“公”“私”之争的讨论中，在十五大前后发表了一系列关于第三次思想解放的文章，其中从 7 月到 9 月，《中国经济时报》发表《第三次思想解放：冲破姓“公”姓“私”的思想疑惑——访中宣部理论局副局长、研究员李君如》等一系列访谈性文章，对经济体制改革和思想解放进行探讨。9 月 12 日，中共第十五次代表大会召开当天，《中国经济时报》在头版以《当代中国三次思想解放》为题，对我国改革开放以来的几次思想碰撞进行总结概括。十五大会议上党和政府领导公开回应了四份“万言书”的指责，对传统的公有制理论作出重大修正。江泽民在政治报告中认为，解决种种矛盾，澄清种种疑惑，“关键还在于对所处社会主义初级阶段的基本国情要有统一认识和准确把握”。新时期的思想解放关键是“抓住‘什么是社会主义、怎样建设社会主义’这个根本问题，深刻地揭示社会主义的本质，把对社会主义的认识提高到新的科学水平”。而且重新提到“要警惕右，但主要是防止‘左’”。十五大被视为是第三次思想解放的重要标志，一直到 1998 年，媒体、学术界都在谈论这个话题。这个时期的“公”“私”之争实际上是对第二次思想解放中

---

① 马立诚，凌志军. 四份“万言书”与第三次思想解放. 河南社会科学，1998（2）

关于姓“社”姓“资”之争的细化，并且更加激烈，主要是批判否定改革开放的思潮。

第二个阶段是从广东开始的新一轮思想解放思潮，起端在于2006年新右派发表的一些文章。12月28日，中央编译局副局长俞可平《民主是个好东西》的文章在《北京日报》发表，被海外媒体认为是新一轮思想讨论的序幕。① 2007年，《炎黄春秋》第2期刊登中国人民大学前副校长、政治学教授谢韬的文章《民主社会主义模式与中国前途》，对“左派”进行了批判，“今日极左理论大回潮，‘左派’要发动第二次文化大革命夺权，我以为这是27年来在意识形态上我们妥协退让的必然结果”②，而且认为政治体制改革不能再拖延。两派的争议涉及改革开放实践问题，不统一认识将会严重干扰改革开放的继续深化。2007年6月25日，中共中央总书记、国家主席、中央军委主席胡锦涛在中央党校省部级干部进修班发表重要讲话，指出“解放思想是党的思想路线的本质要求，是我们应对前进道路上各种新情况新问题、不断开创事业新局面的一大法宝，必须坚定不移地加以坚持”③。10月，胡锦涛在党的十七大上的报告中强调：“解放思想是发展中国特色社会主义的一大法宝，改革开放是发展中国特色社会主义的强大动力，科学发展、社会和谐是发展中国特色社会主义的基本要求。”④ 其后总理温家宝等领导人也多次强调必须思想解放。12月，新上任的广东省省委书记汪洋告诫广东官员，“广东要继续走在全国的前列，首先必须走在思想解放的前列，走在改革开放的前列”⑤。从此又掀起了思想解放的热议。在媒体的讨论中，2008年《中国新闻周刊》第13期的几篇文章和4月9日《南方周末》的“七论思想解放”是影响最大的报道和评论，其中《一论“解放思想”》认为解放思想的当务之急是营造一个“宽厚、宽容、宽松”的舆论环境。“七论”发表后得到汪洋的称赞。这一阶段的思想解放主要是党内新右派掀起、得到党和政府支持的思想解放运动。

关于第三次思想解放到底是解放什么？党内干部有疑惑，缺乏方向感，老百姓更是感到混乱。对此，《中国新闻周刊》记者调查后发现，多数党建

① 陈晓萍，杜导正．营造一个更加宽松的舆论环境．中国新闻周刊，2008－04－14

② 谢韬．民主社会主义模式与中国前途．炎黄春秋，2007（2）

③ 胡锦涛．坚持解放思想　推进改革开放．中央电视台新闻联播，2007－06－25

④ 胡锦涛．在党的十七大上的报告．http：//news. xinhuanet. com/newscenter/2007－10/24/content_ 6938568. htm

⑤ 周丽娜．第三次“思想解放”如何发端．中国新闻周刊，2008－04－14

学者认为第三次思想解放的对象是“阻碍科学发展的体制、机制和观念”①，但是仍然未能达成全党的共识。原南方报业集团董事长范以锦认为，第三次思想解放“与前面相比阵营没有那么分明，比较复杂，没有明确的指导思想，没有明确的阵线，没有明确的目的”②。但是不管怎样，解放思想是改革开放永恒的法宝，党和政府对第三次思想解放已经不像以往那样以一次运动解决问题，而是一个持续不断进行的过程，“越来越在取得更多共识的基础上推动”③，对于深化中国改革开放具有深远意义。

① 周丽娜．第三次“思想解放”如何发端．中国新闻周刊，2008－04－14

② 资料来源于2009年12月10日笔者采访原南方报业集团董事长、南方日报社社长范以锦录音。

③ 周丽娜．第三次“思想解放”如何发端．中国新闻周刊，2008－04－14

第五章　改革开放以来舆情调控机制的进步

第一节　舆情调控机制的进步

新中国自成立以来，对于舆论的调控不断摸索，舆情调控机制在实践中逐渐完善。改革开放以后，随着思想解放运动的开展，舆论呈现出多样化、多元化的发展趋势，政府的舆情调控政策、法规和手段在开放的过程中不断地创新、完善。

一、舆情调控指导方针的明确提出

舆情调控指导思想与新闻工作指导思想不完全等同，它更宏观、更抽象，不仅包括对新闻工作的指导方针，如真实性原则等，而且包括对文化、宣传等意识形态领域的指导，更强调对社会舆论环境的引导、调节与控制。

党的十一届三中全会确定了“解放思想，开动脑筋，实事求是，团结一致向前看”的指导方针，果断地停止使用“以阶级斗争为纲”的口号，以前正确的指导方针被恢复，其中就有“双百”方针、批评和自我批评方针，并进一步突出了“二为（为人民服务、为社会主义服务）”方针。1989 年 2 月 17 日，中共中央发出《关于进一步繁荣文艺的若干意见》，认为坚持文艺“为人民服务、为社会主义服务”的方向，坚持“百花齐放，百家争鸣”的方针，是长期稳定地发展我国社会主义文艺事业的根本保证。11 月 28 日，江泽民在新闻工作研讨班的讲话中再次强调新闻工作的基本方针是为社会主义服务、为人民服务。“我们党指导新闻工作，还有许多其他的方针、政策、原则。这些方针、政策、原则都是体现和服从党的路线和这个基本方针的。”① 因此，坚持四项基本原则、坚持党性原则，始终坚持“二为”方向和“双百”方针是中国所有文化思想工作总的指导原则。除此之外，还有一系列比较成熟的具体舆情调控指导思想。

---

① 张之华．中国新闻事业史文选．北京：中国人民大学出版社，1999．812

1. 以疏导为主的方针

“防民之口，甚于防川”，我国先秦就已形成的舆论疏导观念是历代统治者所认同的舆论调控思想，新中国早期和“文革”期间对舆论出现了简单粗暴的堵塞压制现象，但是改革开放以后基本上恢复了舆论疏导的指导思想。1981 年，中共中央对新闻单位确定的宣传方针是：“对于干部和群众中的思想问题，要坚持实行疏导的方针。坚持摆事实、讲道理，以理服人，不能简单粗暴、堵塞压制。”但是如果某种思潮已经形成一种敌对性的、有组织的破坏力量，就必须依法加以“堵塞压制”①。这实际上是对舆论一律和不一律的解释，但与以前不同的是，强调对敌舆论是“依法加以‘堵塞压制’”。它至今仍然是舆情调控的基本指导思想，被贯彻在具体的舆论宣传工作中。

2. 正面宣传为主和弘扬主旋律

1989 年 11 月，李瑞环在中共中央宣传部举办的全国省、市、自治区党报总编辑新闻工作研讨班上，发表了题为《坚持正面宣传为主的方针》的讲话，认为是否正确地、全面地理解和执行以正面宣传为主的方针，直接关系到舆论作用的发挥，也关系到社会主义新闻事业的成败②。正面宣传为主就是新闻宣传要按照中央的精神把工作做好，做到有利于稳定，有利于鼓劲，只能帮忙，不能添乱，不允许公开宣传与现行政策相抵触的东西，防止造成干部、群众的思想混乱。坚持正面宣传为主的方针，同时发挥新闻舆论监督的威力，开展新闻批评，关键在于正确处理好正面宣传与批评报道的关系，处理好歌颂与揭露的关系。李瑞环的讲话十分具体，针对新闻工作的特点以及正面宣传如何讲究艺术性等方面都进行了具体的论述，这些内容至今仍然是新闻工作必须注意的问题，而且这个正面宣传为主的方针至今依然是新闻舆论引导的指导方针。

1994 年 1 月 24 日，江泽民在全国宣传思想工作会议的讲话中，首次提出了“弘扬主旋律，提倡多样化”这一新的文化政策表述。“弘扬主旋律”，就是要在建设有中国特色的社会主义理论和党的基本路线的指导下，大力倡导一切有利于发扬爱国主义、集体主义、社会主义的思想和情感，大力倡导一切用诚实劳动争取美好生活的思想和感情。“提倡多样化”，则是要求通过艺术风格、形式、题材和品种的丰富性推进文化艺术的繁荣发展，满足人们不断增强的精神文化需求。2000 年 1 月，胡锦涛在全国宣传部长会议上发表

① 邓小平. 新闻工作文献选编. 北京：新华出版社，1990. 284

② 邓小平. 新闻工作文献选编. 北京：新华出版社，1990. 201

讲话，提出“唱响主旋律，打好主动仗，是新形势、新任务对宣传思想工作的基本要求”①。在各项工作中贯穿讲政治的要求，增强原则性、系统性、预见性和创造性，立场坚定，旗帜鲜明，始终坚持正确的方向。

正面宣传为主和弘扬、唱响“主旋律”实际上是一致的，都是要在舆论中倡导有利于国家繁荣富强、人民安居乐业的正向舆论，只有坚持正面宣传为主，唱响主旋律，对人民群众产生鼓舞的作用，才能保持社会的稳定局面。这种对社会舆论环境的塑造对任何社会、任何执政党都是正常合理的，关键在于执行的方式。

3. 坚持正确的舆论导向

新闻媒体舆论导向正确与否直接关系到国家的稳定，刘少奇早在1948年对华北记者团的谈话中就说到：“报纸办得好，就能引导人民向好的方面走，引导人民前进，引导人民团结，引导人民走向真理。如果办得不好，就存在着很大的危险性，会散布落后的、错误的东西，而且会导致人民分裂，导致他们互相摩擦。”② 1983年，邓小平在批评思想文艺战线的精神污染问题时也说到，那些盲目崇拜、宣传西方文化的糟粕、低级趣味，否定社会主义和党的领导的精神污染虽然不是主流，但是“精神污染的危害很大，足以祸国误民”③。

新时期的国家领导人更加明确地认为舆论导向正确与否关系到党和国家的祸福存亡。1996年，江泽民同志在视察人民日报社的讲话中说：“舆论导向正确，是党和人民之福；舆论导向错误，是党和人民之祸。”④ 这个讲话后来被人们概括为“祸福论”。2008年6月20日，胡锦涛在人民日报考察时的讲话中谈到：“舆论引导正确，利党利国利民；舆论引导错误，误党误国误民。”“把坚持正确的舆论导向放在新闻宣传工作的首位。”“必须坚持党性原则，牢牢把握正确舆论导向。”

“祸福论”实际上就是强调舆情调控的方向性问题，至于什么是正确的舆论导向，江泽民明确提出五个“有利于”作为衡量正确舆论导向的标准：“坚持正确舆论导向，就是要造成有利于进一步改革开放，建立社会主义市

① 广东省新闻战线“三项学习教育活动”领导小组．“三项学习教育活动”辅导读本．广州：南方日报出版社，2003．38

② 邓小平．新闻工作文献选编．北京：新华出版社，1990．93

③ 广东省新闻战线“三项学习教育活动”领导小组．“三项学习教育活动”辅导读本．广州：南方日报出版社，2003．186

④ 江泽民．江泽民文选（第1卷）．北京：人民出版社，2006．564

场经济体制，发展生产力的舆论；有利于加强社会主义精神文明建设和民主法制建设的舆论；有利于鼓舞和激励人民为国家富强、人民幸福和社会进步而艰苦创业、开拓创新的舆论；有利于人民分清是非，坚持真善美、抵制假恶丑的舆论；有利于国家统一、民族团结、人民心情舒畅、社会政治稳定的舆论。”① 2003 年，中共十六届三中全会将其提升为全党奋斗的目标：有利于加强和改善党的领导，有利于发挥社会主义制度的优越性，有利于调动广大人民群众的积极性，有利于维护国家统一、民族团结和社会稳定，有利于促进经济发展和社会全面进步。从这些标准来看，坚持正确的舆论导向也就保证了社会主义建设的方向。

4. “三贴近” 原则

早在新中国成立初期党就提出了“联系实际，联系群众，开展批评和自我批评”的指导方针，强调了以三大作风来改进党报、党刊的工作。其后虽有中断，但是改革开放以后这种传统又重新被继承。党的十六大后，以胡锦涛总书记为核心的新一届中央领导集体，在继承传统新闻宣传思想的基础上提出了“三贴近”原则：贴近实际、贴近生活、贴近群众。中共中央政治局常委李长春认为：贴近实际，就是立足于社会主义初级阶段这个最大的实际。贴近生活，就是深入火热的现实生活中去，深入社会经济、政治、文化生活和人民群众的日常生活中去。贴近群众，就要紧贴干部群众的思想实际，有针对性地回答人们普遍关心的疑难问题。而且他提出文艺出版工作要“以群众满意不满意、喜欢不喜欢作为评价标准”②。要建立科学的评价反馈机制和舆情信息反映机制，听取广大群众的意见，让群众来评价和监督思想宣传工作，从群众中了解工作的效果；要了解舆情，及时发现带有倾向性、苗头性的问题，找准薄弱环节，提高决策水平。

在对外舆论宣传方面根据国际舆论宣传中出现的问题提出了“外宣三贴近”原则：“贴近中国发展的实际，贴近外国受众对中国信息的需求，贴近外国受众的思维习惯。”具体来说，“贴近中国发展的实际，强调的是对外传播真实的中国故事；贴近外国受众对中国信息的需求，解决的是供其所需；贴近外国受众的思维习惯，观照的是表述问题”③。根据这些原则改进我国对外舆论宣传的工作，争取在国际舆论中发出自己强有力的声音。

① 中共中央文献研究室．十三大以来重要文献选编．北京：人民出版社，1991．771

② 李长春．从“三贴近”入手改进和加强宣传思想工作．求是，2003（10）

③ 谭宏凯．不仅仅是发声的权利．对外传播，2009（2）

5．导向正确、及时准确、公开透明、有序开放、有效管理

在新的舆论形势下，中国高层更加重视舆情，不断改进舆情调控思路，使得舆情调控指导思想更加全面、更加系统。1992年，中宣部部长丁关根在多次座谈会上提出宣传思想工作必须遵循的方针和原则，除了“一个中心，两个基本点”、“二为”方针和“双百”方针外，还有“团结、稳定、鼓劲”，正面宣传为主，解放思想、实事求是，一切从实际出发等。1996年，中央在新闻宣传引导方面提出十二条指导方针①：保持一致，深入群众，准确鲜明，把握好度，热点引导，舆论监督，典型宣传，形成合力，深化改革，加强管理，多出人才，守土有责。其中最重要的是保持一致，守土有责。自2003年“非典”以来，中国政府对突发事件的舆论宣传方针确定为“及时、准确、公开、透明”，之后逐渐演变成舆情调控的十六字方针，即“导向正确、及时准确、公开透明、开放有序”。2008年汶川地震以后，总结出了“导向正确、及时准确、公开透明、有序开放、有效管理”的舆情调控指导方针，它是政府提出的对舆情进行调控的指导思想，通过各种渠道贯彻到思想文化战线的工作中去。2009年11月8日，中共中央政治局常委李长春在第十届中国记者节暨颁奖报告会上的讲话中再三提到，“及时准确、公开透明、有序开放、有效管理、正确引导”是重大突发事件新闻报道和舆论引导的原则。

广州市文化广电新闻出版局副局长梁正祥②认为：关于舆论调控有没有指导思想？肯定有，中宣部一直没变的指导思想主要有：坚持正确的舆论导向，正面宣传为主，弘扬主旋律等。最早是“二为”方向、“双百”方针、喉舌论、先进文化、提高舆论引导能力。汶川地震、奥运会后在十六字方针基础上发展成“导向正确、及时准确、公开透明、有序开放、有效管理”。

整个文化宣传系统总体的指导方针是“高举旗帜、围绕大局、服务人民、改革创新”，这是胡锦涛在人民日报讲话中系统提出的。胡锦涛在2008年考察人民日报时提出：“新形势下，新闻宣传工作要高举旗帜、围绕大局、服务人民、改革创新，坚持正确舆论导向，提高舆论引导能力，营造良好舆论环境，更好地发挥宣传党的主张、弘扬社会正气、通达社情民意、引导社会热点、疏导公众情绪、搞好舆论监督的重要作用。要把提高舆论引导能力

① 中共中央文献研究室．十四大以来重要文献选编（中）．北京：人民出版社，1997．1698

② 资料来源于2009年12月24日笔者访问录音内容。

放在突出位置，进行深入研究，拿出切实措施，取得新的成效。”① 这些都说明党和政府对舆情调控的重视，并且有明确的舆情调控指导方针，注重提高舆论引导能力和水平。

在2009年1月全国宣传部长会议上，中共中央政治局常委李长春强调：宣传思想文化战线要按照高举旗帜、围绕大局、服务人民、改革创新的总要求，坚持围绕中心、服务大局，为保持经济社会平稳较快发展提供强大精神动力和良好舆论环境；大力加强社会主义核心价值体系建设，不断增强社会主义意识形态吸引力和凝聚力；着力提高舆论引导水平，不断巩固壮大积极、健康、向上的主流舆论，大力促进社会稳定；深入扎实地开展思想政治工作，继续保持团结、和谐、安定的良好局面。这些说明更高层次的舆情调控指导思想主要是“高举旗帜，围绕大局，服务人民，改革创新”，同时也反映了中国舆情调控的重要性和中央领导人对提高舆论引导能力综合水平的期望。

二、舆情调控政策、法规的进步

沿袭中国历来的人治传统，以往中国的舆情调控大部分是长官意志，以人兴言、以人废言的现象层出不穷，“文革”时期更是舆论高度统一，对于不同意见强行批判、禁锢，甚至随意抓捕，导致出现后期民众自发起来抗议的“四五”运动。

改革开放以来，信息越来越公开化，舆情调控政策更加科学化、人性化。《中华人民共和国宪法》（2004年）第三十五条规定：中华人民共和国公民有言论、出版、集会、结社、游行、示威的自由。2007年的《中华人民共和国突发事件应对法》从法律上保证了人们的知情权、参与权、表达权和监督权。有学者认为中国政府的舆论政策已经从“喉舌论”、“导向论”转至“引导论”，其实质含义是将“舆论引导与表达民意平起平坐”②。显而易见，国家对国内媒体和舆论的管理已从全方位管理到给予导向，再到如今的“引导”。党和政府舆情调控政策、法规的进步主要体现在：

1. 对灾难事故的报道放开

对灾难事故报道的逐渐开放，是打破某些报道禁区和信息封锁的关键步骤。早期由于担心报道灾难死亡人数造成人心恐慌、社会动荡，故对灾难基本都是“瞒报”、“缓报”、“少报”，甚至“不报”，且报道内容都是抗震救

① 胡锦涛．在人民日报社考察工作时的讲话．人民日报，2008－06－21

② 胡沈明．舆论引导：不仅仅是个政治问题．理论前沿，2009（20）

灾的正面新闻，对于人们关心的损害、伤亡情况都是轻描淡写，或者避而不谈。1970 年云南通海大地震和 1976 年唐山大地震的死亡人数都是过了多年才公布出来，因为当时把灾难死亡人数作为国家机密不准报道。改革开放后，随着新闻舆论监督力度的加大，很多灾难事故的报道比较详细，如 1987 年大兴安岭森林特大火灾和 1998 年长江流域洪水灾难，中国新闻媒体从各个方面做了详细报道，开始关注灾害的规模、伤亡人数、财产损失、波及范围，以及灾害背后潜藏的问题和隐忧等。但在政策、法规方面并没有明确解禁。2003 年，“非典”使得国家舆情调控思想出现了大的转变，在“非典”前期，由于相关部门禁止报道，人们对死亡人数和传染情况不明，造成人心惶惶，流言、谣言横飞。后期政府汲取经验教训，每日通过新闻报道公布死亡人数、传染人数以及政府的控制措施等情况，使得民心逐渐稳定，舆情渐明。此次疫情使中国政府意识到在现代信息化社会，一味瞒报、封锁新闻的手法已经不再适应如今的舆论环境。2005 年，国家保密局和民政部作出决定，因自然灾害导致的死亡人员总数不再作为国家秘密事项，对全国及省、自治区、直辖市因自然灾害导致死亡人员的总数及相关资料解密。

2. 突发事件应对法

“非典”疫情给中国最大的考验就是政府对突发事件舆情的应对能力。2003 年 5 月，国务院出台了《突发公共卫生事件应急条例》，要求信息发布应当及时、准确、全面。该条例保障了公众的“知情权”，政府信息公开成为常规。随着各类突发事件的不断发生，2006 年 1 月，国务院又发布了《国家突发公共事件总体应急预案》，规定重大事件 4 小时内上报国务院，要求信息发布应当及时、准确、客观、全面，要在事件发生的第一时间向社会发布简要信息，随后发布初步核实情况、政府应对措施和公众防范措施等，并根据事件处置情况做好后续信息发布工作。各地都公布了地方性的应急预案，如广东省有《广东省大规模群体性事件应急预案》、《广东省突发公共事件总体应急预案》等，其中对于舆情不同阶段的监测和调控都有所规定。

《中华人民共和国突发事件应对法》自 2007 年 11 月 1 日起施行，由国家建立统一领导、综合协调、分类管理、分级负责、属地管理为主的应急管理体制，该法实际上建立了突发事件舆情调控的一个框架：各级政府建立专职或者兼职信息报告员制度，逐级上报突发事件及预警信息；各级政府及时组织人员对相关信息进行分析、评估；突发事件发生后要统一、准确、及时发布信息。如果突发事件中的舆情调控不当，可能迅速引发大规模的群体性事件，相关法规中对信息公开及责任的认定，有效地规范了舆情调控的运作程序，是理顺舆情的基本举措。

3. 信息公开条例

信息公开是现代政府民主、开明的标志，实际上早在“非典”之前一些地方政府已经颁布了信息公开的地方法规。2003 年 1 月，《广州市政府信息公开规定》实施，“政府信息以公开为原则，不公开为例外”。该规定可以说是中国政务透明化的第一个地方性法规。

2008 年 5 月 1 日起，《中华人民共和国政府信息公开条例》开始施行，对于涉及公民切身利益和需要社会公众知晓或者参与的信息，政府应当主动公开，应当采取通过政府公报、政府网站、新闻发布会以及报刊、广播、电视等便于公众知晓的方式；各级人民政府应当在国家档案馆、公共图书馆设置政府信息查阅场所，并配备相应的设施、设备，为公民、法人或者其他组织获取政府信息提供便利；行政机关可以根据需要设立公共查阅室、资料索取点、信息公告栏、电子信息屏等公开政府信息。另外，在之后的文件中对此条例的实施提供了监督保障，使政府在信息公开方面逐渐与国际接轨。

4. 政府对新闻舆论调控方面的法规

舆情调控法规比较完善的是新闻舆论方面，中国政府对新闻媒体行业管理已经有很多具体的规范和法规，这些将在后面的部分专门论述，这里只谈政府对新闻舆论进行调控的法规。2008 年 3 月，湖北《襄樊市突发公共事件新闻发布应急预案》中规定：当突发公共事件发生后，启动新闻发布方案审批机制、新闻发布机制、境内外记者采访管理机制、市内外舆情跟踪和通报机制、互联网信息安全管理机制，记者采访管理工作中规定新闻记者采访后撰写的稿件应交应急处理主管部门审核。中央办公厅、国务院办公厅 2008 年 10 月 16 日出台了《突发公共事件新闻报道应急办法》，该办法对突发事件新闻报道的组织协调、新闻发布程序、应急报道的保障等有关方面作了明确规定，要求各部门高度重视突发公共事件的新闻报道，深刻认识做好有关舆论引导工作对于妥善处理突发事件的重要意义和积极作用。各级政府和部门建立了相应的突发公共事件新闻报道应急办法，加强突发公共群体性事件中的舆情调控，如国家安全监管总局的《突发生产安全事故灾难舆论引导预案》、国调办《国务院南水北调工程建设委员会办公室新闻宣传工作管理办法》等。地方政府也根据国务院的条文制定了地方性新闻发布和舆论引导的办法，2009 年 8 月 26 日，《深州市人民政府新闻发布工作办法》规定了新闻发布的原则、发布的机构和发言人、发布的信息内容、发布的方式和程序以及监督保障等，特别是舆论热点、突发事件的信息要及时公开，市、区政府应逐步建立健全新闻发布工作的绩效评估体系，率先引入新闻发布“问责制”。

有关舆情调控的法律法规不断出台并且细化，表现出中国正在加快推进舆情调控的法制化进程，行政或者官员意志干预减少，逐步向法律调控为主转变。

三、舆情调控体制的优化

在执政思想不断民主化的同时，党和政府提出了人民参政议政权利的一系列制度保障，并逐步在实践中完善。2002 年，十六大提出了建立社情民意反映制度、建立与群众利益密切相关的重大事项社会公示制度和社会听证制度、完善专家咨询制度、实行决策的论证制和责任制等制度建设的要求，舆情调控体制逐步建立并不断完善。

1. 专门的舆情和媒体管理机构

改革开放前后，党和政府恢复和建立了舆情调控机构。1977 年 10 月，中央决定恢复成立中共中央宣传部。中共中央宣传部是中共中央主管意识形态方面工作的综合职能部门，它的职能包括负责引导社会舆论，指导、协调中央各新闻单位的工作；负责从宏观上指导精神产品的生产等①。在舆情管理机构方面最大的进步就是在中宣部设立了舆情信息局，为中央领导和中宣部领导的决策和指导全局工作提供舆情信息服务，并且要负责组织协调和指导宣传文化系统的舆情信息工作②。舆情信息局在全国的企事业单位设立舆情信息直报点，其网络逐渐扩大覆盖面，完善舆情监测和汇集、分析制度，是中国共产党加强舆情调控能力的重要体现，特别是对突发事件的舆情信息每天都要汇集给领导做决策参考，并提出建议。

1991 年组建中华人民共和国国务院新闻办公室（简称国务院新闻办）。国务院新闻办与中共中央对外宣传办公室是一个机构两块牌子，被列入中共中央直属机构序列，下设新闻局、国际交流局、影视与出版局、网络局等机构。其主要职责是推动处理政府与媒体的关系，负责新闻发布、协调记者的采访等工作，外宣办还负责推动中国媒体向世界说明中国，通过指导协调对外报道、召开新闻发布会、提供书籍资料及影视制品等方式对外介绍中国；协助外国记者在中国的采访，推动海外媒体客观、准确地报道中国；广泛开展与各国政府和新闻媒体的交流、合作③。各个省份的政府新闻办和省委外宣办也都是一个机构两块牌子。

---

① http：//cpc. people. com. cn/GB/64114/75332/5230610. html

② 李伟. 中宣部职能有八条　高度重视新闻发言人制度建设. http：//news. xinhuanet. com/politics/2010 - 06/30/c_ 12283040. htm

③ http：//cpc. people. com. cn/GB/64114/64139/6131588. html

1985 年，原来文化部的出版局改为国家出版局，国家出版局与国家版权局为一个机构两块牌子。1987 年 1 月设立直属国务院的新闻出版署，与国家版权局为一个机构，撤销文化部所属国家出版局。2001 年，新闻出版署（国家版权局）升格为正部级单位，改称新闻出版总署（国家版权局），仍为一个机构两块牌子，主要负责起草新闻出版、著作权管理的法律法规草案，拟定新闻出版业的方针政策，制定新闻出版、著作权管理的规章并组织实施。由于电视的普及，1982 年中央广播事业局改为广播电视部，1986 年改称广播电影电视部，1998 年改为国家广播电影电视总局，主要职责之一是拟定广播电影电视宣传、创作的方针政策，把握正确的舆论导向和创作导向。这些机构以往是针对主要的新闻出版文化领域进行意识形态的控制，随着网络的兴起，在各个管理机构中又设立了专门的网络管理部门，对网络传播内容进行调控。广播影视系统实行中央和省（自治区、市）两级管理体制，地（市）、县以下实行省（自治区、市）垂直管理。

2．新闻发言人制度

新闻发言人是国家、政党、社会团体任命或指定的专门新闻发布人员，就该组织某一重大事件或问题，面向境内外媒体发布有关新闻或阐述该组织的观点，代表该组织回答记者的提问。建立新闻发言人制度是党务、政务公开的标志，是面向中外媒体主动进行信息公开的举措，可满足公众的知情权，掌握舆论的主动权。1983 年 4 月 23 日，中国记协第一次向中外记者介绍了国务院各个部委和各个人民团体的新闻发言人，正式宣布了新闻发言人制度的建立。随后，中国各级政府相继建立了新闻发言人制度并且逐步完善，在告知民众、澄清事实、塑造政府形象、引导舆论等方面起到了重要的作用。随着网络舆论的高涨，各个地方政府不断探索新的舆情调控方式，从 2008 年开始，宁波镇海区率先试行网络发言人制度。2009 年，广东、云南相继建立网络发言人制度，并在全国推广。网络新闻发言人的设立是新闻发言人制度在互联网空间的延伸和拓展，是政府信息公开的一种新渠道和方式，体现了政府主动面对社会、公众的开放态度。

1984 年 11 月 30 日，中共中央对外联络部举行首次新闻发布会，党的事务开始实行信息透明。但是党务信息的常规性公开是近两年的事情，不仅创建了中国共产党新闻网页，而且在 2009 年召开的十七届四中全会中首次明确提出“要建立党委新闻发言人的制度”。2010 年 3 月 5 日，中宣部首次正式公布该部新闻发言人。中共中央一些部门和地方党委都积极开展了新闻发布工作，至今多数省份的省委都建立了新闻发言人制度，标志着对舆情的调控逐渐公开化、规范化。

新闻发言人制度是党和政府加强舆情调控的主要措施，它具有以下优越性：第一，信息的权威性。党和政府是国内公共事务中最权威的信息来源，中外媒体和中国民众对这种信息具有强烈的依赖性和信任感。正式公开发布党和政府信息有助于正本清源、树立正面形象。第二，先发制人。由于现代高新科技的发展，信息传播的速度和广度空前提高，如果封堵新闻来源或者保持沉默，只能是欲盖弥彰，使不良信息横行。党和政府通过新闻发言人在第一时间发布信息，能够及时满足公众对信息的渴求，对杜绝谣言、稳定民心非常重要；也可以先入为主，影响人们对事件的看法和判断。第一时间告知媒体可以避免媒体的疑惑，特别是减少境外媒体歪曲性的报道。第三，统一口径。涉及政府行为的信息应该由新闻发言人统一对外表态，做到政府"一种声音"。主要领导面对媒体，也要按照统一口径表态，而不能各说各话，造成公众的困惑和政府工作的被动。统一口径可以达到一剑封喉的效果，使得媒体不能进行过多的炒作。现在很多政府已经有这样的规定，一般重大新闻都是通过新闻发言人发布，但是有必要对新闻发言人、主要官员进行新闻培训，使其遵循新闻工作的规律。政府官员问责制也有相关责任追究的规定，如2009年《深圳市人民政府新闻发布工作办法》就规定了新闻发布原则、行政首长负责制和分级发布、归口负责的原则，这样有利于建立健全新闻发布工作的绩效评估体系。

3. 科学的民意反馈渠道

（1）民意调查机构。

从20世纪80年代中国正式开始进行科学的民意调查以来，涌现了大批的民意调查机构，其中既有国家机关的民意调查机构，也有民营性的民意调查机构、专业性的民意调查机构和商业化的民意调查机构。但是这些机构各自为政，参差不齐，造成民众对民意调查产生抗拒心理。近年来，以国家统计局为首的社情民意调查中心建立了比较系统的了解民意的渠道。2009年6月23日，统计系统12340全国社情民意调查热线正式开通，标志着社情民意调查全面走进国家统计系统，调查内容包括安全感调查、地方党政领导班子和领导干部满意度调查、思想动态调查、地方政府绩效测评等①。到2010年7月，已有28个省（区、市）统计局成立了社情民意调查中心，初步形成了一支比较健全的社情民意调查队伍。由于公众比较相信政府，愿意进行配合，该系统成为党和政府了解民情、汇聚民智、提升自身执政能力的新桥梁。此

① 民意调查有了"国家队"：社情民意调查队伍初步形成. 人民日报，2009-11-16

外，一些高等院校的舆论研究机构和新闻媒体及网站也进行民意调查和监测，如中国人民大学的舆论研究所和人民日报社的网络中心舆情监测室等。2008年，人民日报社组建网络中心舆情监测室，对一些热点、重点舆情进行及时监测，对各级政府的舆情调控能力进行评估，影响较大。政府在重大事件中把舆情反馈作为一项重要的工作，如2008年奥运会期间，北京奥组委强化国内外舆情收集，借助伟达国际公关公司、中国日报等单位的力量，提供海外舆情监测、海外新闻发布和危机处理等相关服务，实现重要舆情每小时提供一次，及时反馈给协调小组作为决策依据。民意调查风生水起，但是良莠不齐，调查方法和态度容易引起争议，所以应该注意民意调查的代表性、科学性。

（2）重视信访所反映的社会矛盾。

2000年，在中共中央办公厅、国务院办公厅信访局的基础上成立了国家信访局，其职责主要是处理国内群众和境外人士的来信来访，保证信访渠道畅通；反映来信来访中提出的重要建议、意见和问题；综合分析信访信息，开展调查研究，提出制定有关方针、政策的建议；督促检查重要信访事项的处理和落实。国务院1995年10月28日颁布《信访条例》，将信访工作纳入规范化的轨道。2005年5月1日，新修改的《信访条例》施行。

随着社会转型、贫富差距拉大，社会矛盾日渐突出，人民内部矛盾成为中国社会的焦点，进京、进省城上访的群体不断增加。2008年6月27日，广州近万名官员和政府工作人员接待群众来访，一个城市的市长、区长、局长、镇长同时公开接访，这在全国尚属首次。市长张广宁说："公开接访就是要变间接沟通为直接对话，变上访为下访，变单一接访为公开接访，逼着各级政府和部门正视问题、解决问题，将矛盾化解在基层。"① 这种民主执政的姿态广受好评。但是近年来，一些地方的信访办变成了"截访办"，拦截上访已经在"两会"期间成为地方政府部门的重要任务。有些地方将长期上访的人作为精神病人强行关到精神病院或者强行劳教，造成民众强烈不满，激化了社会矛盾。2010年6月8日，黑龙江伊春上访户于贵双将伊春市带岭区信访办官员魏广春刺死后服毒自杀，于贵双在遗书中称被官员逼上绝路。最具讽刺意味的是，广西桂平市曾经的信访办主任因为拆迁问题也变成了上访者，且上访无果。中国社科院学者于建嵘写的评论《原信访主任上访为何也无效》中说到："这位上访无果的原信访办主任，大约就是现行信访制度的

① 广州官员大接访，演绎服务政府角色. 南方都市报，2008－06－27

最佳代言人了！”评论还说：“如果不对此加以改革，给民众提供可靠的制度性的救济渠道，公权力侵犯民众权益的事件就不会减少。”①中央对信访工作中出现的问题十分重视，不断强化信访责任制度，2007 年 3 月 10 日，中共中央、国务院发出《关于进一步加强新时期信访工作的意见》，要求进一步畅通信访渠道，依法规范信访秩序，推进信访工作的制度化、规范化和法制化。2008 年 6 月 30 日，监察部、人力资源和社会保障部、国家信访局联合发布《关于违反信访工作纪律处分暂行规定》，7 月 4 日颁布《关于违反信访工作纪律适用〈中国共产党纪律处分条例〉若干问题的解释》，进一步严格落实信访工作领导责任，惩处违反信访工作纪律行为，维护社会的和谐稳定。

（3）民主监督渠道的建立。

文化大革命结束后，中央立即做了大量民主党派的工作，摘除右派帽子，落实知识分子政策，文联、作协、音协、剧协、影协、舞协都恢复工作。1979 年，各省、市、自治区恢复了人民代表大会常务委员会这一权力机构。10 月 11—22 日，民主党派中国国民党革命委员会、中国民主同盟、中国民主建国会、中国民主促进会、中国农工民主党、中国致公党、九三学社、台湾民主自治同盟、中华全国工商业联合会的代表大会分别在北京举行，之后各民主党派相继开展工作。邓小平在讲话中强调毛泽东曾提出的与民主党派“长期共存，互相监督”方针，从此中国的人民代表大会制度和民主党派政治协商制度真正起到了参政议政、民主监督的作用。

1989 年 12 月 30 日，中共中央发出《关于坚持和完善中国共产党领导的多党合作和政治协商制度的意见》的文件。文件指出：中国共产党是社会主义事业的领导核心，是国家的执政党。各民主党派是接受中国共产党领导的、同中国共产党通力合作、共同致力于社会主义事业的亲密友党，是参政党。“长期共存，互相监督，肝胆相照，荣辱与共”是中国共产党同各民主党派合作的基本方针。鼓励和支持民主党派与无党派人士对党和国家的方针政策、各项工作提出意见、批评、建议，做到知无不言，言无不尽，并且勇于坚持正确的意见。把中国共产党领导的多党合作和政治协商制度确立为我国的一项基本政治制度，并通过修改宪法规定使这项基本政治制度长期存在和发展。中央又先后发布《关于加强人民政协工作的意见》、《关于巩固和壮大新世纪新阶段统一战线的意见》等文件，促进人民政协事业的发展。政协的主要职能是政治协商、民主监督、参政议政，提案是其履行职责的主要形式，委员

① 包丽敏．退休信访办主任上访记．晚报文萃，2010（7）

们在广泛搜集民意的基础上建言献策。2009年，“据统计，自人民政协成立以来，广大全国政协委员、各民主党派中央和全国工商联、有关人民团体等，共提交提案8.5万余个，提案中的许多意见和建议已经体现在国家重要决策和部门工作中”①。胡锦涛在人民政协成立60周年大会上强调，要积极采纳人民政协提出的真知灼见，真正使人民政协参政议政成为充分反映民意、广泛集中民智、切实改进工作、提高中国共产党执政能力的有效方式和重要途径。

人民代表大会是国家的立法机关，也是监督机构，为了充分和有效地发挥人民代表大会代表对政府和有关机构的监督，2007年1月1日正式施行《中华人民共和国各级人民代表大会常务委员会监督法》，各级人民代表大会常务委员会依据宪法和有关法律的规定行使监督职权，使民主监督有法可依。

四、舆情调控的一般渠道

党和政府如何进行全国性的舆情调控？从1978年在全国开展的新时期总任务的宣传学习运动中就可见一斑，当时中共中央下发的《关于在全国深入开展新时期总任务的宣传学习运动的通知》②，大致描述了党和政府开展一场舆论运动的传播渠道和方法：

（1）中央和地方的新闻媒体发表一批阐述总任务的文章，撰写和播送学习讲座，编写通俗性讲话提纲。新闻媒体迅速将党的方针路线传播到全国各地的千家万户，众媒同声，形成强大的舆论合力。

（2）中央和各地文化、艺术单位要创作一批宣传、学习总任务的电影、戏剧、电视、幻灯片、图画和其他宣传作品。文化艺术作品可以使主流意识形态渗透到人们的精神生活中。

（3）党的各级宣传部门、宣传队伍组织进行有关的学习，特别是党的各级领导干部要起积极带头作用。

（4）企业、军队、学校等各基层单位的党支部也要根据有关精神，广泛动员群众学习。由于大部分都是组织中的人，强大的组织宣传教育基本上可以影响到每个人。

如今，增加了网络主流媒体、手机短信等新的传播渠道，传播手段更加

---

① 庆祝中国人民政治协商会议成立60周年大会在京举行. http://gb.cri.cn/27824/2009/09/20/3365s2626918.htm

② 中共中央宣传部办公厅·中央档案馆编研部. 中国共产党宣传工作文献选编（1915—1992）. 北京：学习出版社，1996. 416

多样化，政府利用主流媒体网站和政府网站、电信等渠道进行舆情调控，但基本的控制就是通过这些强大的组织关系和新闻、文化艺术机构进行的。

五、舆情调控手段的进步

改革开放以后，党和政府对社会的控制发生了明显的变化，早在20世纪90年代就有学者认为国家与社会的关系发生了根本性的变化，“党和政府与社会关系的调整具体包括如下三个方面：第一，控制范围的缩小。这明显地表现在人们的日常生活、文学艺术和科学研究等方面。……第二，在仍然保持控制的领域中，控制的力度在减弱，控制的方式在变化，即由一种比较‘实在的’对实际过程的控制，转变为一种比较‘虚的’原则性控制。第三，控制手段的规范化在加强”①。政府在舆情调控方面的变化很多，主要体现在以下几个方面：

1. 从直接到间接、从微观到宏观

党和政府舆情调控逐渐从直接的行政干预向法律调控转变，从领导命令的随意性到以规范性文件为主。以往主要是上级领导打招呼、下命令，根据领导意志或者主观理解指挥舆情调控，但是改革开放以后逐渐完善了各种法律法规，管理部门也逐渐规范各种文件、通知，如新闻出版总署取消了许多不合理、不规范的文件，强调依法行事，实行公开透明管理。1989年2月17日，中共中央发出《关于进一步繁荣文艺的若干意见》，指出党对文艺事业的领导是政治原则、政治方向的领导。党的领导机关要充分尊重文艺的特点和规律，对具体的文艺作品和学术问题要少干预、少介入。1989年7月28日，中共中央发布《关于加强宣传、思想工作的通知》，要求在依靠政策和行政手段的同时，还必须加强法制建设，实行依法管理。要通过立法，把公民在言论、出版等方面的权利和义务，把宣传、思想、文化工作的社会主义方向，把党对意识形态工作的领导和马克思主义的指导地位进一步明确和具体化。

对舆情的间接调控还表现在党和政府对新闻媒体实行它们抓大放小，只直接控制中央和省级报纸、广播、电视台等主流媒体，通过其影响全国其他中小媒体的舆论倾向，进而影响全国的社会舆论乃至国际舆论。

2. 不搞思想批判运动

吸取文化大革命及其以前的教训，不搞思想批判运动，不随意扣帽子，

① 孙立平等. 改革以来中国社会结构的变迁. 中国社会科学，1994（2）

不胡乱联系。历经多次群众运动的邓小平在改革之初就再三强调不要搞运动，1980年他说到："历史经验证明，用大搞群众运动的办法，而不是用透彻说理、从容讨论的办法去解决群众性的思想教育问题，而不是用扎扎实实、稳步前进的办法去解决现行制度的改革和新制度的建立问题，从来都是不成功的。"① 1981年3月27日，邓小平在谈话中指出："解放思想，是既要反'左'，又要反'右'"，"纠正'左'的倾向和'右'的倾向，都不要随意上'纲'，不要人人过关，不要搞运动。"②

所以改革开放以后对不同的意见基本上没有进行过大规模的群众思想批判运动，针对20世纪80年代的自由化思潮也没有发动群众进行批判，而是要求在反自由化的过程中不要随意扣帽子，不要胡乱联系。1987年4月7日，中共中央批转中央宣传部《关于反对资产阶级自由化宣传报道问题的讨论纪要》指出："批评资产阶级自由化，不要联系经济改革政策、农村改革等。不能挫伤、只能保护人们对改革、开放进行探索的积极性。只要是为了发展和完善社会主义，即使发表的意见不恰当，也不要随意给人扣上'自由化'或'僵化'的帽子。""六四"事件中，彭真代表中央强调"用宪法和法律统一思想"③，不能再像文化大革命那样"和尚打伞——无法无天"了。

3. 民主的制度保障

十一届三中全会实行党中央和各级党委的集体领导，制定了"多歌颂工农兵群众，多歌颂党和老一辈革命家，少宣传个人"的方针，防止个人独断专行。1980年2月23—29日，中共十一届五中全会通过了《关于党内政治生活的若干准则》，包括坚持集体领导，反对个人独断；发扬党内民主，正确对待不同意见；保障党员的权利不受侵犯；选举要充分体现选举人的意志等民主规定。在党委会内，决定问题要严格遵守少数服从多数的原则，不允许搞"一言堂"、家长制。8月，邓小平在中共中央政治局扩大会议上作了《党和国家领导制度的改革》的讲话，主要对原来的权力过分集中进行改革，为以后的政治体制改革指明了方向。其后中共在多次会议和指示中一再强调少宣传个人，如1980年7月30日，中共中央发出《关于坚持"少宣传个人"的几个问题的指示》中规定：一律不得新建关于老一辈革命家个人的纪念堂、纪念馆等建筑；出版个人传记或个人文集应比较慎重，对于重要人物或重要历史问题的宣传，报刊或出版社应注意遵照中央有关指示；报纸上要

---

① 邓小平．邓小平文选（第2卷）．北京：人民出版社，1994．336

② 邓小平．邓小平文选（第2卷）．北京：人民出版社，1994．379

③ 中国共产党宣传工作文献选编（1957—1992）．北京：学习出版社，1996．875

少宣传领导人个人的没有重要意义的活动和讲话；毛主席像、语录和诗词在公共场所过去挂得太多，今后要逐步减少到一定程度；一般高级干部丧事的办理应力求简化和节约。10月20日，中共中央书记处会议决定，在今后二三十年内，一律不挂现任中央领导人的像，以利于肃清个人迷信。同时不断修改党章，保障党员的权利和主体地位，允许不同的意见和正常辩论，不过仍然强调要遵守党的组织纪律，以保证党的统一。2009年，中国共产党第十七届中央委员会第四次全体会议通过《中共中央关于加强和改进新形势下党的建设若干重大问题的决定》，要求党的各级委员会按照集体领导、民主集中、个别酝酿、会议决定的原则决定重大事项。

1980年2月5日至12日，第五届全国人大常委会第十三次会议通过了《关于县级直接选举工作问题的决定》，当年上半年，全国除北京外，28个省、自治区、直辖市的460个单位进行了县级直接选举试点，如今村级干部直选已经在全国普及，村民行使自己的选举权。改革开放伊始就对人民代表、政治协商制度逐渐完善，1993年3月29日，第八届全国人大第一次会议通过的宪法修正案，将"中国共产党领导的多党合作和政治协商制度"等写入了宪法。"两会"有了多种声音，原来的举手表决变成了匿名表决，使个人真实意愿得以无虑地表达。另外还通过法制建设等方面，逐渐形成了民主监督、党内监督、司法监督、社会监督、新闻舆论监督、网络舆论监督等多种舆论监督的格局，保证了党和政府的民主决策。

政治民主是保证社会舆论健康发展的根本，只有社会舆论具有理性、科学性，才能防止畸变的舆论在社会流行，从而促使社会健康发展。

4. 重视以民意评价政府绩效

党和政府还把民意调查与政绩评估结合起来，在党政领导考核和问责制度中都强调了民意的重要性，使民意真正起到舆论监督的作用。2006年，中共中央组织部下发了《体现科学发展观要求的地方党政领导班子和领导干部综合考核评价试行办法》，"根据民意调查的群众满意度，分析当地经济建设、政治建设、文化建设和党的建设等方面的状况与成效"。此后，国家一些相关政策出台，政绩考核的内容在不断细化和丰富。2008年，中共十七届二中全会通过《关于深化行政管理体制改革的意见》，"推行政府绩效管理和行政问责制度。建立科学合理的政府绩效评估指标体系和评估机制"。民意调查成为考核官员政绩、评价政府绩效的重要方式，用科学的方法调查本地居民对主管党委、政府的评价。2010年6月，中共中央政治局会议审议并通过《关于建立促进科学发展的党政领导班子和领导干部考核评价机制的意见》，"推行党政干部全面考核，不再唯GDP论英雄"，而是"加大民众满意度在官员考核中的分量”，引发网民热议。

2009年6月30日，中共中央办公厅、国务院办公厅印发的《关于实行党政领导干部问责的暂行规定》对六种情形实行问责，其中包括“对群体性、突发性事件处置失当，导致事态恶化，造成恶劣影响的”。2010年，江西宜黄县县委书记和县长因拆迁自焚事件而被免职，为首次县级“一把手”因为拆迁事件被免职，跳出了“近三年八起拆迁悲剧无一名地方一把手被问责”的魔咒，这说明中央加大了对处置不当招致民怨的官员行政问责的力度。

第二节　新闻舆论调控

新闻舆论调控有两层含义：一是媒介对社会舆论的调控，大众媒介通过新闻报道、评论等手段对舆论进行组织、引导，本书将其称为“新闻舆论导向”。调控的主体是大众媒介，对象是社会舆论，也就是传播学中的“施控”。另一含义指的是某种权势组织或个人对媒介进行控制进而影响舆论，调控的主体是政府或社会组织或个人，调控的对象是大众媒介，即“受控”。这里所说的新闻舆论调控是指党和政府对新闻媒体的舆论倾向进行调控。

一、新闻舆论调控的方式

政府对新闻媒体规范的舆论调控通过法律法规进行，另外还有大量的行政命令甚至是领导者个人意志起作用。范以锦①认为政府对报社的舆论调控主要通过以下方式：一是稳定的政策、法律规定，如党报不能批评同级党委，服从党的指挥；2004、2005年关于不能跨区域进行批评的规定现在还未取消，但是有所放松，因为网络使得区域限制失去意义。二是阶段性的规定。三是临时性政策规定，关于某个事情的临时、即时性通知，事情过了就失效了。临时性的通知有时是内部的，甚至是保密的。他认为此时领导的作用比较大，因为制度是通过人制定的，领导如果根据法律、制度执行自然比较好，但是有些制度还不完善，领导就起重要作用。按照领导意志这种情况一般比较危险，不同领导差异较大，所以应该尽量按照制度办，不要太多临时性的东西。

学者陈力丹认为中国媒体不管是什么管理体制，最基本的体制是“党管媒体”。他介绍了实习生日记中对新闻报道的内部指令的描述：“在台里做新

① 资料来源于2009年12月10日笔者对原南方报业传媒集团董事长范以锦的采访录音。

闻的记者，每个人都要接触到一个叫索贝的新闻系统，因为所有的写稿、改稿和播出记录都在这个系统里面。而每次打开这个系统，都会先有一个对话框弹出来，这个窗口叫做'消息通知窗口'，内容都是来自上级对各种新闻选题和内容的宣传和口径限制，不得违反。"他认为除了这些直接的内部指令外，新闻媒体内部也会自觉地形成"禁令"，以规避可能的犯规，这就是1988年他曾谈到的新闻界"对表意识"："我们的体制具有心领神会、闻风而动的机制，可以保证将每一点指示彻底贯彻到连当事人都会惊讶的地步，只要专门端正别人方向的面孔在新闻学界出现几次，就可以保证发生几十次上百次自觉回到传统轨道上的行动。"① 如今由于已经制度化了，虽然新闻界多少有了一点判断问题的意识，但是这种"对表意识"更加自觉。虽然中国媒体现在实行的是市场化运作，但在体制上仍然是"事业化管理"，总体上受党和政府控制。

二、政策法规对报道内容的规定

改革开放以来，全国人大、政府颁布了一系列有关新闻出版工作的法律法规。国务院1997年颁布、2002年修订的《出版管理条例》改变了以往靠文件、通知管理新闻媒体的传统，具有比较通行的法规条文。新的《出版管理条例》第十一条对出版单位设立的条件进行规定，要求"符合国务院出版行政部门认定的主办单位及其主管机关"方可设立。第二十六条要求"任何出版物不得含有下列内容：（一）反对宪法确定的基本原则的；（二）危害国家统一、主权和领土完整的；（三）泄露国家秘密、危害国家安全或者损害国家荣誉和利益的；（四）煽动民族仇恨、民族歧视，破坏民族团结，或者侵害民族风俗、习惯的；（五）宣扬邪教、迷信的；（六）扰乱社会秩序，破坏社会稳定的；（七）宣扬淫秽、赌博、暴力或者教唆犯罪的；（八）侮辱或者诽谤他人，侵害他人合法权益的；（九）危害社会公德或者民族优秀文化传统的；（十）有法律、行政法规和国家规定禁止的其他内容"。这些内容与其他国家的出版管理条例没有太大区别，表明这是各国统治者维持政权和社会秩序的必然措施。另外，新闻出版署还制定、下发了一系列有关报纸经营管理的若干规定，其中最主要的两个规定是2005年的《报纸出版管理规定》、《期刊出版管理规定》，报纸、期刊出版都实行编辑责任制度，保障报纸刊载

① 陈力丹. 反思与展望：中国传媒改革开放三十周年笔谈. 传播与社会学刊（香港），2008（6）

内容符合国家法律法规的规定。其他的规章、规范性文件还有《报社记者站管理办法》、《新闻记者证管理办法》、《关于新闻采编人员从业管理的规定(试行)》等。各省市都遵循中央的精神制定了地方性法规，有些地方性法规甚至走在中央一些法规制定的前面。

广播、电视、电影方面的法规主要有《广播电视管理条例》、《电影管理条例》等，《广播电视管理条例》规定禁止制作、播放载有下列内容的节目：(一) 危害国家的统一、主权和领土完整的；(二) 危害国家的安全、荣誉和利益的；(三) 煽动民族分裂，破坏民族团结的；(四) 泄露国家秘密的；(五) 诽谤、侮辱他人的；(六) 宣扬淫秽、迷信或者渲染暴力的；(七) 法律、行政法规规定禁止的其他内容。第三十三条规定广播电台、电视台对其播放的广播电视节目内容，应当依照上面的内容规定进行播前审查，重播重审。另外，《广播电视节目制作经营管理规定》等法规为广播电视节目的管理提供了依据，并对广播电视节目的内容，坚持广播电视节目的正确导向作了要求与规定。

广州市新闻出版和广播电视局广电处处长卢博仪①谈到：整体上的舆论导向是宣传部管，广电方面的我们按照法律法规管理，在网上可以查到有关法规，《广播电视管理条例》有对出版广播电视内容的禁止规定，国家广电总局对于广播电视有监管的细则，如对科教类节目、少儿类节目、专题类节目怎么操作都有规定，我们按照这些细则对节目进行监管。

实际上，通过这些法律法规在对媒体进行监管的同时，也对其独特的职权进行了保护，所以《网络共和国》作者认为当电视、报纸、广播这些公共媒体在抱怨政府管制的同时，他们实际上从政府的管制中获得了极大的利益，包括政府无偿地配置资源、竞争的排他性等。

三、媒介内容管理制度

除重大事件外，中国已经没有事前审查的新闻审查制度（但对个别重大国事和军事新闻仍进行出版前的审查），主要实行事后抽查，由专家成立专门的审查委员会对新闻媒体的内容进行审读、监听、监看。为了全面、及时、有效地加强新闻舆论的宏观管理，1994 年中宣部正式成立新闻阅评小组，此后全国各省、自治区、市和大部分地市的宣传部门都建立了新闻阅评制度。

① 资料来源于 2009 年 12 月 24 日笔者访问广州市新闻出版和广播电视局副局长梁正祥、广电处处长卢博仪、新闻处副处长杨海青的录音内容。

有文章认为，目前中国的新闻阅评制度大致有三种表现形式：一是以中宣部和各省、市、区委宣传部的新闻阅评小组为主体的“新闻阅评”制度。二是程序完善的“新闻审读”制度。三是各新闻媒体内部设立的专家小组的“新闻评点”习俗，主要是媒体内部的自律。[①] 新闻阅评制度在西方国家也普遍存在，不过其实施的主体一般是新闻媒体行业组织，如英国报业总评议会、美国的 FCC（美国通信委员会）等，主要看其是否违反了新闻职业道德规范和新闻专业主义要求。

下面具体的审读和监听、监看执行情况，是笔者对报社和广播电视管理者进行的专门访谈：

范以锦：报纸一般不审稿。审的通常是领导讲话或者重要事件，如“非典”就要审稿，还有军事类的内容。报纸主要是事后的监督，宣传部、新闻出版局主持审读，各新闻单位内部也设有审读，由内部专职工作人员担任，另外邀请专家或者资深的老新闻工作者参加审读。

梁正祥：对重要报刊或报刊重要版面进行审读，将结果交给报刊，让其知道当前我们报刊的出版应该朝着什么方向，而不是一味地追随网络，如报道番禺垃圾场焚烧事件，市委机关报《广州日报》的报道要客观、准确、公正，正确引导社会的舆论，要对整个社会有责任感，坚持党报的正确导向。在报刊的审读形式方面，与广播电视每个月有一个监听监看会议类似。

卢博仪：按照事后监听监看对节目内容进行管理，我们有一套完整的制度。国家广电总局是收听收看管理内容，然后还有技术监测，我们这里就将其整合为一，叫监听监看，没有叫收听收看，因为总局在 2002 年的时候对广播电视节目有一个收听收看制度，当时要求各地都要建立这样一个中心，对节目内容进行监管，这主要是技术层面。内容层面也有明确的要求，主要从五个方面去把握。广州市按照总局要求在 2003 年建立了这样的制度，我们现在除了通过技术手段的监测以外，还有一个专门的专家队伍去监管，每个月都要开监听监看的会议，大家看了节目以后进行评价，然后出专刊，与新闻出版一样，都挂到网上。审读工作开展得更早，大概 1995、1996 年就开始了，广播电视是从 2003 年开始的。政府有专款，我们选专家，已经形成一套制度。这种监听监看、审读的结果不同于行政处理文件，而是类似评议。如果行政上违反了有关规定，我们就依据法律法规进行处理；如果有一些我们觉得它在内容上可以策划得更好、做得更好，或者它导向上有些苗头性的问

---

① 包东喜，徐楚桥．新闻阅评制度的学理初探．江汉论坛，2009（12）

题，那我们给予提醒，这些都不属于行政行为。另外还有些专家的建议，可以帮助它把内容、栏目做得更好。给它提些建议、意见，不一定都是行政命令，违规肯定要作出处罚。至于质量、导向方面，或者技巧方面，我们有些什么好的建议，我们会指出的，会给予帮助。其实我们的作用是两面的，既监管也帮助。

中国对电影、电视剧实行中央和省两级审查制度，不符合中国国情和伦理道德的内容不允许在境内播放。书籍出版方面，1980 年发布的《出版社工作暂行条例》规定，对书稿一般应实行三级审稿制度，即编辑（或助理编辑）初审、编辑室主任和总编辑复审和终审。2003 年，该条例被废止。

随着新闻体制改革的深入，对媒体的控制没有那么严了。中国加入世贸组织以后，媒体也部分开放，但是新闻内容一直由党和政府控制，这是保证中国文化和信息安全的需要，正如新闻出版总署官员所说："无论怎么改，党管媒体不能变，党管干部不能变，党管导向不能变，党管资产不能变。"① 对一些违法乱纪的新闻出版机构，管理部门有相应的处罚制度，如《关于建立违纪违规报刊警告制度的意见》主要是加强对小报小刊的管理和约束，强化约束机制可以进一步健全和完善宏观管理制度。

四、中国对境外媒体的管理

加入 WTO 以后，中国的文化领域逐渐对外开放，2003 年到 2004 年，中国传媒市场的对外开放明显提速，以北京奥运会为契机，放宽外国记者在中国采访的限制，但是并不意味着中国放松了对舆论的主动权。2005 年开始，中国传媒市场开放步伐明显放缓，对于外资进入传媒领域的政策收紧，管理更加严格、规范、具体。2005 年，国家广电总局《关于实施〈中外合资、合作广播电视节目制作经营企业管理暂行规定〉有关事宜的通知》（以下简称《通知》）规定"境内电台、电视台等播出机构不能与境外机构合作设立合营企业"，"外方合作机构应自申请之日起的前三年内没有对我国不友好的记录"等，对中国不友好的境外机构被排除在外。《通知》强调，广播电视节目制作意识形态很强，我们在引进境外节目制作市场成熟的运作理念和方法的同时，要切实把握好合营企业所生产各类产品的内容导向，了解境外合作者的政治倾向和背景，防止境外不良思想文化通过合资合作的方式进入我们的节目制作领域。同年，中宣部等联合发出的《关于加强文化产品进口管理

---

① 新闻出版总署．报纸改革 8 家试点　党管媒体 4 不变．中国青年报，2004－08－03

的办法》、文化部等发出的《关于文化领域引进外资的若干意见》以及《国务院关于非公有资本进入文化产业的若干决定》都强调中国文化领域是有别于经济领域的，其控制权牢牢掌握在中方公有资本手中。2006 年 9 月，新华社发布《外国通讯社在中国境内发布新闻信息管理办法》，外国通讯社在中国境内发布新闻信息以及国内用户订用外国通讯社新闻信息，应当经新华通讯社批准，并由新华社指定的机构代理，从而在一定程度上限制了外国通讯社新闻信息在中国境内的传播。

早期由于中国新闻封锁，没有制定专门针对外国驻华记者的法规。随着中国对外开放，来华记者越来越多，逐渐制定了对外国常驻记者的管理法规并不断改进，主要有 1981 年的《管理外国记者新闻机构常驻记者的暂行规定》、1990 年的《外国记者和外国常驻新闻机构管理条例》、2007 年的《北京奥运会及其筹备期间外国记者在华采访规定》、2008 年的《中华人民共和国外国常驻新闻机构和外国记者采访条例》，对外国记者的采访活动从限制较多到逐渐开放。1981 年规定常驻中国的外国记者采访活动，要事先向有关部门提出申请，经同意后才能进行。这一规定延续了 20 多年。1990 年的条例规定来华进行短期采访的外国记者在华采访活动“均须履行申请批准程序”，且必须“由接待单位负责安排、提供协助”，还明确制定了对于非法采访活动的处罚办法。2008 年北京奥运会期间放宽了采访限制，其中一条规定“外国记者在华采访，只需征得被采访单位和个人同意”，不需经过外事部门批准，大大便利了外国记者的采访活动。2008 年的条例将 2007 年的一些规定正式确定下来，使得境外记者采访不再需要中国国内单位接待并陪同，而且可以聘用中国人作为助理。这些法规体现了中国政府的开明与民主，也是在国际舆论中争夺舆论主动权、消除西方媒体偏见的重要举措。

在对外宣传的具体做法上也更加讲究技巧，北京奥运和上海世博会的大型对外宣传的一个重要经验就是建立采访线，邀请境外媒体亲自进来采访，就他们所关心的主要问题建立专门的采访线，如上海世博会前把境外媒体关注点与上海发展亮点结合起来建立 7 条线 53 个点，包括环保、人口与计划生育、文物保护、世博，还就他们关心的、攻击多的拆迁问题建立专门的线路，让他们看看新中国成立以后发展的成就。另外，经常举行一些重大会议、海外媒体峰会、海外华人媒体会议等，以我为主设置议题，如两年一届与上海社科院联合举办的中国学论坛等，专业、智慧、富有成效。当然这种设置不是高高在上的任意摆布，而是转变观念，以服务为主，积极通过各种方式了解境外媒体关注什么，使议程设置具有针对性。根据北京市外宣办主任王惠的介绍，北京奥运会期间对外宣传的途径主要有新闻发布会、组织境外驻京记者采访、主动邀请国际大媒体记者前来采访、建立一站式服务机制等。西方记者不相信中国官方媒体的报道或者提供给他们的资料，比较相信自己采访的信息。北京奥组委特别邀请那些资深的、原来没有到过中国却老说中国是非的大牌记者到中国进行采访，他们深入了解中国后有很大转变，西方主流媒体对他们的稿件采用也较多。另外，在一些突发事件中第一时间告诉他们真相，一剑封喉，使他们不能过多、过分地炒作。

五、政府对新闻舆论调控的进步

党和政府对新闻舆论的调控主要表现在对新闻报道和媒体的控制方面，既有进步也存在一定问题，问题放在后面再讲，这里只讲一下主要的进步。

1. 从行政干预逐渐转向法制、自律为主

1986 年，朱厚泽任中宣部部长时曾提出“宽松、宽容、宽厚”，即“三宽政策”，他本人也被称为“三宽部长”。中国对新闻媒体的管理逐渐趋向宽松，从 20 世纪 90 年代以来逐渐从过去事无巨细的行政干预，向相对宽松的宏观调控和政策引导过渡，新闻审查逐渐放松。如 1994 年只审查了两件大事的新闻报道，即新疆克拉玛依大火和大邱庄案件。① 在新疆克拉玛依儿童节节目表演时发生火灾，共有 323 人遇难，其中 284 人是 6 到 15 岁的孩子，132 人烧伤致残。当时有人高喊“让领导先走!”此事报道后引发全国人民极大愤慨。不久中央电视台《焦点访谈》和新疆电视台联合拍摄了一集节目，其中有孩子们惨死的镜头，中宣部担心民众看到这种场景会更加愤怒，会刺激失去孩子亲人的情绪，所以没让播放。2007 年 2 月 6 日，东方卫视《深度 105》播出节目《1994 克拉玛依大火》，回忆了当时的情景和引发的教训。而大邱庄案件的报道则要求保证不出差错，因为它涉及无数股民的利益，所以一直压了几个月才报道。新闻审查的放松也与地方官员的开明程度有关，如深圳蛇口工业区管委会主任袁庚说：“在蛇口办报，除了不能反对共产党，不能搞人身攻击之外，凡批评工业区领导人的文章，都可以不审稿。”② 但是大部分批评领导的稿件都是经过领导同意的，包括对袁庚的批评稿件也是他看过的。新闻审查放松的原因是多方面的，随着改革开放的深入以及世界舆论环境的变化、新媒介技术的发展等，信息公开是大势所趋。

中国新闻出版方面的各项法规逐渐健全，党和政府也强调以法制约束媒

---

① 资料来源于 1994 年笔者参加教育部主办的新闻理论培训班时，中宣部副部长徐惟诚对培训班的讲课内容。

② 炮轰自己文章送审　袁庚坚持一字不改. 南方都市报，2008－06－29

体，对一些过时的政策、文件进行清理，新闻管理也规范操作。

2. 加强新闻舆论监督

新闻舆论监督就是新闻媒体通过新闻报道和评论对公共权力组织、个人以及公共政策、公共道德等方面进行评价与监督。新闻媒体作为人民的代言人，对权力及组织负有监督的责任，而新闻媒体的舆论监督程度是党和政府民主程度的体现。

党的十一届三中全会以后，我国的新闻事业摆脱了“文革”中的那种非常状态，进入一个新的历史发展时期。各种类型的报纸、刊物如雨后春笋般迅速增长，随着电视媒体的逐步普及，新闻舆论在民众心中的地位越来越重要，新闻媒体成为人们了解社会不可或缺的生活要素。尤其是近年来，随着政治体制改革和反腐败斗争的深入发展，人民群众的民主意识、参政意识不断增强，新闻舆论监督的作用越来越受到社会的广泛重视。1987 年，党的十三大第一次提出“舆论监督”，强调“重大情况让人民知道、重大问题经人民讨论”，并要求“加快我国新闻舆论监督的立法步伐”。党的十四大、十五大继续强调要“重视传播媒介的舆论监督”。

1980 年 10 月 16 日，《中国青年报》在第一版头条发表《敢于向特权挑战的人——记北京丰泽园青年厨师陈爱武》，点名批评商业部部长王磊吃饭少付钱，半个多月时间里，围绕陈爱武批评部长事件，报纸头版共刊发社论 3 篇，其他评论 3 篇，读者来信和各界反应报道数十篇。① 报道引发了全国性的轰动，《人民日报》和多家报纸纷纷转载。1982 年 3 月，王磊被免去商业部部长职务，这可以说是新闻舆论监督的开始。一些开明的领导对新闻舆论监督非常支持，不以言治罪，1985 年 2 月 28 日，《蛇口通讯》第三期头版发表《该注重管理了——向袁庚同志进一言》，文章列举蛇口工业区在企业管理上的种种弊端，批评袁庚“工业区的整体水平很不理想，你不能不负主要责任”。3 月 23 日，《人民日报》在四版头条刊发《蛇口工业区管委会主任袁庚发扬民主——支持报纸指名道姓批评自己》，新华社、中新社也对此进行了报道。

党和政府十分支持新闻舆论监督，中央电视台的一个舆论监督栏目《焦点访谈》竟然有三任总理去视察并题词或赠言。1997 年 12 月 29 日，李鹏给《焦点访谈》题词“焦点访谈，表扬先进，批评落后，伸张正义”。1998 年 10 月 7 日，朱镕基给《焦点访谈》题词“舆论监督，群众喉舌、政府镜鉴，

① 《中国青年报》点名批评部长. 中国青年报，2008 - 10 - 28

改革尖兵”。2003年8月26日，温家宝在《焦点访谈》演播室赠言“与人民同行，与祖国同在，与世界同步，与时代同进”。

在党和政府的重视下，新闻媒体舆论监督逐渐多了起来，并且把新闻媒体的舆论监督与反腐败联系起来，将其作为民主监督的重要组成部分。地方政府也非常重视新闻舆论监督，2003年5月，珠海公布了《珠海市新闻舆论监督办法（试行)》，其后又颁布《珠海市新闻舆论监督采访报道的若干规定》，要求全市党政机关、行政执法机关、司法机关、事业单位和群众团体的公务活动，除涉及国家安全、机要和保密工作外，都必须接受新闻舆论监督。批评性报道刊播前，各新闻传媒要确保事实确凿，但任何被批评对象不得要求审稿。被批评的单位要积极配合采访并且认真对待揭露的问题，进行整改直至问题解决。2007年1月，湖南郴州市委宣传部颁布《关于进一步支持新闻媒体工作的意见》，其中设立“舆论监督奖”专门奖励通过舆论监督对郴州工作产生重大推动作用的记者。一些与公共事务有关的部门也相继出台接受新闻舆论监督的规定，例如，2009年，最高人民法院出台《关于人民法院接受新闻媒体舆论监督的若干规定》规范人民法院接受新闻媒体舆论监督工作，妥善处理法院与媒体的关系，保障公众的知情权、参与权、表达权和监督权，提高司法公信力。

3．通过主流媒体达成共识

主流媒体是权威性较强、影响较大的新闻媒体，包括以《人民日报》为主的党报、新华社、中央电视台和各级电视台、主流媒体网站等。它们是党和政府进行舆论调控的主力军，其论调一般与中央一致。政府的大量信息是通过主流媒体公布的，而大部分网站没有采访权，所以主流媒体特别是新华社、人民日报等中央媒体掌握了主要的新闻信息，在为公众直接设置议程的同时也为其他中小媒体、网络设置议程。

多年来，主流媒体作为党和人民利益的代表，一直起着喉舌的作用，传达党和国家的方针政策，反映民众的意见和观点，是传递政府声音和民间意见的纽带。根据德国社会心理学家、舆论学家伊丽莎白·诺依曼“沉默的螺旋”理论，主流媒体通过对主旋律的宣传、倡导，能够在社会中形成一种优势意见，促使中小媒体和公众个人意见与主流媒体达成共识，最终实现社会的和谐。

4．对新闻媒体的引导手段更加巧妙

党和政府与新闻媒体的关系已经从以前的领导者和被领导者转为被监督者和监督者，新闻媒体作为党、政府和人民群众的中间力量，所起到的平衡作用日渐重要。胡锦涛提出把应对媒体的能力作为领导干部必备的素养，这是以前没有过的，他还要求在对待新闻媒体时要遵循新闻传播的规律。

党和政府对待新闻媒体的态度已不同于以往的简单、粗暴，而是学会和媒体交朋友，通过建立密切的人际关系和媒体联络感情，一些重大的活动都会主动邀请媒体采访报道，特别是经过奥运会、汶川地震这些大的事件，党和政府引导新闻舆论的经验更为丰富了。

虽然与西方相比，党和政府对新闻舆论的控制仍然比较严格，但是与改革开放前相比，无论在控制思想还是控制策略上都大有进步，这是不可否认的事实。

第三节　政府对网络舆情的调控

随着网络媒体的兴起，很多重大的舆论都是从网络爆发，从而引起整个社会的重视，如“华南虎照事件”、“湖北邓玉娇案”、“杭州飙车案”等。胡锦涛2008年6月20日在人民日报考察工作时指出：“互联网已成为思想文化信息的集散地和社会舆论的放大器，我们要充分认识以互联网为代表的新兴媒体的社会影响力。”因此，党和政府近年来特别关注对网络舆情的调控，并且不断完善调控机制。

一、网络舆情调控的必要性

2011年，中国互联网络信息中心发布的《中国互联网络发展状况统计报告》显示：截至2010年12月底，中国网民规模达到4.57亿，普及率达34.3%，是世界上网民最多的国家。网络媒体在中国已发展成为引导和洞察社会舆论的重要窗口，网络舆论对政府决策的影响越来越大。

网络舆论一方面调动了公众利用网络议政的积极性，体现了网络舆论监督的强大威力；另一方面很多网络舆论呈现出情绪化、非理性的倾向。网络舆论并不是民意的代表，由于网络的匿名性，在很大程度上消除了网民在现实中表达意见的很多顾虑，从而不加约束地将自然的情绪宣泄出来。网络成员之间的言行容易相互感染，在从众心理和情绪化宣泄的共同作用下，往往缺乏理性的约束，极易出现舆论的一边倒，甚至出现“多数人的暴政”。如2006年“铜须门”事件中由于一位丈夫在网上声称自己的妻子与网民“铜须”有了奸情，网络上数万人之多的“哄客游击队”对“铜须”进行语言攻击和追查真实身份，央视在评价这个事件时批评网民的行为是“网络暴力”，但马上受到网民的反击，批评央视“支持骗奸人家老婆”①。“最牛钉子户”事件发生后的很短时间内，网民就分别在论坛、博客等不同的网络空间内发言，为拆迁户“维权”，舆论一边倒地站在了“弱势群体”的一方，甚至有网友将拆迁户称为“当代的雷锋”，并对相关部门大加指责，许多不负责的观点充斥其中。

网络空间的开放更易于群体的形成，相同或相近观点的网民形成心理趋同的群体。这些群体之间互相攻击、谩骂，意见日益分化，从而产生多种意见，使社会碎片化，最终可能导致群体极化。所谓“群体极化”，是美国学者凯斯·桑斯坦在对网络进行实证研究后提出的一个概念，是指“团体成员一开始即有某些偏向，在商议后，人们朝偏向的方向继续移动，最后形成极端的观点”②。他的证据显示，在网络上发生群体极化倾向的比例是现实生活中面对面时的两倍多。言论不激烈不足以引起人的注意，容易走极端，而更多人毫无主见，只是好玩、看热闹，这样的网络舆论往往会发生多数人的暴政，对于不同意见进行疯狂的攻击，所以在网络上，真相不见得能战胜假象。更为严重的是网络产生的互不信任危机，“民众不信政府，政府不信专家”，“社会共识越来越少，群体与群体无法对话”③。在这种情况下对网络舆论的引导难度增大，传统的舆论引导方式很难发挥作用。

网络把关控制性小的特点使得其中充斥着大量畸形的舆论，对社会产生负面影响。2009 年的互联网统计报告显示：年龄越高，学历越高，收入越高，在网上发表意见的比例越低；从职业身份分析，中小学生比大学生在网上发表意见的比例更高，农村外出务工人员、产业服务业工人比企业公司管理者发表意见的比例更高。这表明在网络上发言的大部分是文化水平不高、生活在社会底层的人群，其言论难免质量不高，于是“在网上新闻组和其他论坛上更常见的是这样的情景：无人证实的传闻、流言、诽谤、误解、错误的信息、假情报、天花乱坠的谎言”④ 满天飞。在网上充斥着大量的推手、打手、水军（专门灌水的人）。当某些公关公司或机构想要“黑”或者“捧红”某个人、炒作某件事的时候就制造谣言，然后通过这些推手、水军们大量的发帖、回帖灌水鼓动舆论，类似武则天时期的“飞语”、“罗织”，出现舆论被操控的现象。不仅网络信息真伪鉴别困难，网络舆论是否能够真正代

---

① 朱大可．铜须、红高粱和道德民兵．东方早报，2006－06－08

② 凯斯·桑斯坦．网络共和国．黄维明译．上海：上海人民出版社，2003．51

③ 胡泳．中国网络丛林时代的信息危机．暨南大学新闻与传播学院讲座，2010－07－24

④ 胡泳，范海燕．网络为王．海口：海南出版社，1997．334

表广大公众意见也值得商榷，因此如何分辨真正的民意和被操纵的舆论，是一般公众面临的难题，也是党和政府迫切需要研究的问题。

二、网络舆情调控机制

1. 政府对互联网的管理

“任何政权都试图来掌控传播渠道，比如说每一次出现一种新的传播媒体的时候，国家就会马上出场来建立一个立法的网络，以便从技术上对媒体进行控制。”① 中国政府对于新型的技术当然也要进行控制，从宏观来说，中国的互联网管理机构设立分为两大类型。一是互联网信息安全管理机构，按层次分为：国务院专门设立国务院信息化工作领导小组，负责协调、解决有关国际互联网工作中的重大问题；信息产业部对互联网信息安全工作进行技术性指导与管理；公安部主管全国互联网信息系统安全保护工作；国家保密局主管互联网上有关国家安全的信息保密。二是互联网内容管理机构，包括知识产权管理机构、中国专利局、国家工商行政管理局、国家版权局分别负责全国专利、商标和著作权管理工作。② 各级宣传部、新闻出版总署（局）、广电局都设有专门的网络管理部门，负责网络舆论和电子出版物、视频节目等方面的管理。中国互联网络信息中心工作委员会协助国务院信息办管理我国互联网络域名系统，所属的中国互联网络信息中心（CNNIC）主要从事互联网地址资源注册管理、互联网调查与相关信息服务、国际交流与政策调研等工作。

从机制的设立来看，互联网的管理存在“婆婆过多”的现象，往往对互联网进行整治的时候需要十几家机构共同协商行动，而在平时又各自为政，容易因互相推诿责任导致互联网管理混乱。另外，政府对互联网的行政化管理由于措施不当往往引起争议，如2009年的“绿坝事件”导致境内外质疑，6月9日，工业和信息化部（工信部）发布通知，要求在中国境内生产销售的计算机必须预装“绿坝”上网软件，目的是防止青少年浏览不良信息。该软件由国家投资4 170万元，由北京大正和郑州金慧两家公司开发。但是国内公众质疑的是背后是否有公司利用政府得利，软件是否权威等，22家国外行业和贸易协会联名致信中国政府领导人要求重新考虑。强制安装“绿坝”引发了公众对安全性、隐私性、系统稳定性、信息自由流动和用户选择性的

① 知识分子与权力：雷吉斯·德布雷北京演讲实录．南方周末，2010－06－10

② 郭娅莉．媒体政策与法规．北京：中国传媒大学出版社，2006．190

严重质疑。后来工信部领导人承认这种强制行为不当，绿坝软件强制安装最后流产。媒体有文章认为，面对新媒体，政府要转变观念，“各级政府必须在现实空间和群众‘面对面’地交流的同时，也必须学会在虚拟空间与网民‘屏对屏’地互动。但是，如果政府总是把自己的角色定位于网络‘检查员’，就难以实现上述互动过程”①。

2. 对网络的立法管制

从互联网被引入中国开始，中国政府就开始逐步设立各种法律法规对网络进行规范，其中与内容有关的法律法规主要有：1994年的《中华人民共和国计算机信息系统安全保护条例》，1997年的《计算机信息网络国际联网安全保护管理办法》，2000年的《中华人民共和国电信条例》、《互联网信息服务管理办法》、《互联网电子公告服务管理规定》、《互联网站从事登载新闻业务管理暂行规定》、《计算机信息系统国际联网保密管理规定》，2001年的《互联网药品信息服务管理暂行规定》、《互联网医疗卫生信息服务管理办法》，2005年的《互联网新闻信息服务管理规定》、《非经营性互联网信息服务备案管理办法》，2006年的《信息网络传播权保护条例》，2007年的《通信网络安全防护管理办法》等。这些法规中禁止制作、复制、发布、传播信息的内容与传统新闻媒体的法律法规一样，不过强调了保护用户的通信自由和通信秘密。2010年2月4日，最高人民法院、最高人民检察院联合发布了《关于办理利用互联网、移动通信终端、声讯台制作、复制、出版、贩卖、传播淫秽电子信息刑事案件具体应用法律若干问题的解释》，专门打击网络传播淫秽色情内容。

胡泳（2008）认为，在某些方面对网络信息传播的监管和限制，超过了对于传统媒体监控的力度。由于互联网自由度大、内容复杂，而且又融合报纸、广播、电视等传统媒体，法律法规相应就比较细。实际上其他国家也都在加强对网络的规范，中国的问题不在于互联网的法律法规过多，而在于政府某些官员不按照法律办事，以行政干预执法，如2009年河南青年王帅因为在网上发帖举报灵宝市政府非法征地，被河南警方跨省抓捕拘留了8天，理由是涉嫌“诽谤政府”。如果按照诽谤罪名通过法律起诉得到公正的判决那无可非议，关键是大部分这样的案件都是领导意志在起作用，导致类似的事件频频发生。

3. 建设政府网站和主流媒体网站

政府网站是利用政府信息的权威性进行网络舆论引导的重要手段，以前

① 汤啸天. 传言止于信息公开. 法制日报，2008－11－23

官方和媒体经常说群众“不明真相”，是因为群众缺少了解真相的途径，百姓看不到有关民生的政府权威资讯，当然容易产生很多流言、谣言。政府网站的建立是政府信息公开、网络执政的重大举措，国家从1999年起就推行政府部门信息化建设，至今从中央到地方所有的政府部门都建立了自己的网站，中共中央和地方党委的网站也逐渐建立。网民在政府网站不仅可以查阅政府机关的文件，还可以了解政府最新的工作动向。这些网站还开设了论坛、留言板或意见箱，并且经常针对某个焦点问题进行网络调查，为网民反映情况、了解党和政府方针政策提供了平台。

同时，“为规范网上的新闻舆论，中国政府2000年以来先后确定新华网、人民网、中国网、国家在线、中国日报网站、央视国际网络、中青在线和中国经济网为中央重点新闻网站，并确定了24家地方重点新闻网站”①。这些网络主流媒体影响巨大，一些论坛的舆论成为网络舆论的主流，如人民网的《人民论坛》、《强国论坛》在重大舆论中都发出了正面的强音。

三、网络舆情调控模式

传统的舆论引导已经不适应网络舆论的引导，各地政府开始不断探索新的舆论引导方法，比较有特色的模式有以下几种：

1．网络评论员模式

湖南的网络评论员模式被政府部门广泛采用，从2004年10月开始，长沙市委外宣办坚持每天向市委、市政府主要领导报送《长沙舆情快报》。为此，他们从市委办公厅、市委党校、市委政研室等单位选聘了一批网络评论员，组建了网络评论员队伍，建立并完善了网络评论督查、考核、总结、表彰制度。网络评论员的主要职责是密切观察网络舆情，提供舆情信息，并有针对性地开展网络宣传策划、网络舆情引导工作。网络评论员实行计件工资制，底薪600元，按发帖量加薪，每发一帖，键入“网络评论员管理系统”进行统计。除专职网络评论员外，2006年，湖南省委宣传部还号召工作人员“人人都当网络评论员”。湖南的经验在全国推广后，一些部门和地方也增设了网络评论员。由于有些地方政府规定政府网络评论员实行计件工资，每在网上发表一个帖子就有“五毛”钱，因此官方的网络评论员被网民称为“五毛党”。

---

① 赵磊，张敏．我国成功打造网络“主流媒体”．http：//news．sina．com．cn/c/2004－11－09/10494186046s．shtml

这种引导模式在早期有一定的作用，但是被制度化后就产生了逆反效果，2010 年 4 月 22 日，云南省委宣传部副部长伍皓在人民大学演讲时被一位网友扔了一身的五毛钱人民币。这一过程被在场网友用微博即时记录下来，成为微博上最火的转帖。伍皓算是宣传部门领导人中与网民沟通最多的年轻官员，他工作之余经常在网上写博客，但仍然被网民刻薄地称为“伍皓，字毛”①，直指伍皓在立场上还是完全站在公权力一方，说明政府网络评论员模式不能有效引导舆论，如何寻找更有效的方法仍需探索。

2. 网络新闻发言人模式

2009 年 7 月，云南省宣布将在各级政府建立“网络发言人”制度，政府部门实名回帖。真正较早施行网络发言人的是广东省，2009 年 8 月初，广东省工商局针对反映韶关工商局“涉嫌滥用职权”的网帖，以“广东省工商局网络发言人”名义予以回复。9 月初，贵阳市人民政府“网络新闻发言人”正式亮相。网络新闻发言人的设置是新闻发言人制度在互联网空间的延伸和拓展，是政府信息公开的一种新渠道和方式，体现了政府主动面对社会、公众的开放态度，实际上是通过寓观点于事实进行引导的方式，给网民以一种客观信息提供者而不是明显的引导者印象，因而更容易被网民接受。

另外一些省份开始建立网民留言处理机制。2008 年 7 月，人民网创建“地方领导留言版”，刊载网友给各地党政主要负责同志的留言。2009 年 4 月 10 日，安徽省施行《人民网网友给省委书记留言办理工作暂行规定》，网上民情的收集、处理在安徽形成制度；河南省委省政府也部署建立网民留言办理工作长效机制。

3. “伍皓”模式

“伍皓”模式就是政府官员网上开博客、微博的方式。伍皓是原云南省委宣传部副部长，在 2009 年 2 月云南“躲猫猫”案中，伍皓组织了“网民调查团”，由此成名。《新周刊》杂志把伍皓评选为“2009 十大猛人”之首，《南方周末》将其列入年度人物之一，他还成为《南方人物周刊》主办的“2010 年青年领袖”活动中的候选人。作为新一代主管意识形态的政府官员的伍皓，不仅在网上回帖，而且是国内首个实名开微博的厅级高官，他在网上公开了自己的收入、住房与用车的情况。伍皓的举动受到不少网友支持和鼓励，但是也有媒体说他是另类，是“个性官员”；有的官员和公众说他是作秀、炒作。伍皓在接受《中国青年报》记者专访时说了如下引人深思的

① 云南省委宣传部副部长演讲被扔五毛钱. 信息时报，2010－04－23

话："现在整个舆论环境确实发生了深刻的变化，特别是互联网改变了宣传的环境和生态，过去的灌输式宣传已不适应新的形势了。在这种情况下，我觉得宣传部门应该更多、更主动地跟公众进行社会沟通，同时还要探索一些新的宣传手段。"实际上，早在2008年，江苏睢宁县县委书记王天琦就在西祠胡同实名注册，网上回答网友们提出的各种问题，使得原本默默无闻的睢宁县出了名，他被称为很酷、很新潮的县委书记。在他主政下，睢宁每个部门都有网络发言人，回应群众的举报。

伍皓说他的做法只是一个"推窗效应"，希望能够引起连锁反应。"如果一种经验最后走上了制度化、规范化的轨道，这种模式就不会因人事变动而变动。"① 如今伍皓的"推窗效应"已经初见成效，很多地方官员通过微博成为意见领袖，对于沟通民意、正确引导舆论起到重要的作用。2011年4月，复旦大学发布了国内第一份《中国政府微博研究报告》，据统计，全国省部级官员注册的微博有19个，厅局级官员注册的微博有105个，县处级官员注册的微博有238个，县处级以下官员注册的微博有333个。② 县处级官员微博的数量规模最大，但就影响力而言，省部级、厅局级官员的微博因受关注度高而影响力更大。根据信息发布数、关注数、粉丝数三项指标进行加权统计，该报告列出了官员微博的前三名：全国吉林省政协常务副主席林炎志、民进中央副主席朱永新、国务院发展研究中心金融研究所所长夏斌。但是公众比较担心的是，这种观念比较开放的官员个人式的博客、微博是否能够持久，是否会出现"人亡政息"，可见这种模式还需实践验证，最后得到制度性的保证。而官员在微博中也面临角色定位问题，是以官方身份还是以个人身份来说话，对于一些敏感问题是否能够公开谈论等，都是官员微博很难把握的问题。

4. 集体微博模式

集体微博是另一种政府信息与民众迅速沟通的形式，是某些部门机构所开的官方微博，有其指定的信息发布人与维护者。2010年，广东省公安厅及21个地级市公安局集体开通公安微博，主动应对网络舆论，这种做法被推广到其他省市，其中公安部门的微博最多。复旦大学的报告显示，中国目前已有2 400多个政务微博，"微博问政"已渐成政府信息公开的新趋势，全国机构微博的数量多于官员微博，广东省公安厅、河北省公安厅、广东省汕头市

① 桂杰，伍皓：说我另类是因公开透明的理念还不是社会共识．中国青年报，2010－05－13

② 邓爽，周凯．微博问政渐成信息公开新趋势．中国青年报．2011－04－24

公安局位列全国机构微博数量前三名。

政府机构通过短小、迅速、互动性强的微博方式及时将公众关心的重要信息发布出去，并且及时回答公众的提问，能够在第一时间公布真相，消除公众的疑惑。如2010年广州妇女陈周佳下班途中失踪，引发社会各种猜测，网上广泛流传“广州出现专抓女性贩卖器官的犯罪团伙”，一度引起群众恐慌。广州警方通过官方微博及时发表声明：最近坊间传言广州出现犯罪团伙专门抓女性来贩卖器官的恶性案件纯属谣言，警方正在全力调查该案件，同时告诫网友不要造谣传谣。12月14日，案件宣布告破，原来是邻居因为争执杀害了她并藏匿尸体，警方在第一时间通过微博告知公众，并随后通报新闻媒体。“政府微博在畅通官民对话渠道、拉近官民距离、塑造政府机构亲民形象方面的无形收益亦非常可观。”①

但是微博问政面临的困惑不少，从人民网舆情频道和复旦大学的统计报告来看，许多政府机构微博只是发布信息的一个平台，而在与网友互动及解决具体问题方面与网友的期待尚有距离，而且一些政府微博更新缓慢，甚至有的开通以后没有更新。

---

① 政府机构与官员开微博已成趋势，角色定位有待解困. http://leaders.people.com.cn/GB/14260803.html

第六章　改革开放以来的新闻舆论导向

大众传播媒介一方面是政府舆情调控的工具，另一方面又是舆情调控的对象，所以舆情调控与大众传播媒介关系密切。上面一章已经谈到了政府对新闻舆论的调控，这里主要讲的是大众媒介对舆论的导向，当然这种导向离不开无形之手——政府、政党或者利益团体的背后操纵，在中国，新闻媒体主要是根据党和政府的工作重点进行社会舆论的引导。

美国社会学家大卫·里斯曼等人写的《孤独的人群》认为，人们不仅借助大众媒介获取外界信息和知识，而且在很大程度上依赖于大众媒介来形成关于世界的看法，这就是舆论的他人引导方式——个人的意见被媒体所代表和联系着的“他人”所左右。① 所以大众媒介对舆论的引导成为当代社会最主要的社会控制方式之一。中国政府对此有高度的认识，胡锦涛在视察人民日报时说：“新闻舆论处在意识形态领域的前沿，对社会精神和人们的思想意识有着重大影响。当今社会，随着经济社会快速发展和科技不断进步，信息传递和获取越来越快捷，新闻舆论的作用越来越突出。做好新闻宣传工作，关系党和国家工作全局，关系改革和经济社会发展大局，关系国家长治久安。”

第一节　新闻舆论导向的原则

一、大众媒介与舆论的关系

舆论的形成有三种常见的途径：第一种是原始的、至今仍然有效的形成方式，借助人际传播通过口耳相传形成社会舆论，有其自身的发展规律；第二种是由媒介报道产生的新闻事件被社会所关注、议论，或者众多媒介同时发出一种声音形成的新闻舆论引起公众的议论，从而形成社会舆论，媒介设置了公众的议事话题，也就是所谓的议程设置；第三种是通过现代的新媒体

① 王雄．新闻舆论研究．北京：新华出版社，2002．119

手段如网络、手机等方式形成的舆论，再经过传统媒体的报道，互相激荡，形成强大的社会舆论。这三种舆论可以分别称为社会舆论、新闻舆论和网络舆论（以网络为主）。新闻媒体通过新闻和评论甚至是广告等内容来反映舆论、引导舆论，众多的媒介同时发出一种声音或者一个媒介连续针对某件事情进行报道和评论就会形成新闻舆论，故新闻舆论是由于新闻媒体的报道和评论而产生的媒介舆论。由于新闻舆论强大的影响，它很容易成为公众关注的焦点，进而成为人们的话题，所以新闻舆论是社会舆论的主要组成部分，它对社会舆论的形成具有深刻的影响力。人们常常将新闻界视为舆论界的代名词，列宁曾经将报刊视作革命的宣传员、鼓动者和组织者，那么新闻舆论可以说是整个社会舆论的反映者、引导者和组织者。而网络舆论由于官方把关比较困难，是最能反映民众呼声、传播最迅速的一种舆论形式。

在现代社会，这三种途径都离不开大众媒介，即使是传统的人际传播，一旦形成舆论，也会因媒介报道而成为新闻舆论，从而影响社会舆论，所以大众媒介与舆论的关系是密不可分的。

1. 大众媒介是社会舆论的放大器

大众媒介具有速度快、受众面广泛、影响大等优势，是社会舆论的放大器。一种舆论一经大众媒介宣传，就会在社会上迅速传播、蔓延，对整个社会产生很大的影响。大众媒介对信息的传播和引导使得舆论能够产生和消失在较大的范围内，媒介改变了公众的时空观，使个人能够了解全国甚至世界的各种变动和有关的议论；同时各种事件和话题接连不断地涌来，使人们应接不暇，加快了人们的时间感。

2007 年，河南省郑州人羊爱枝未满 16 岁的孩子失踪，在寻找孩子的过程中，她发现山西砖窑存在大量使用未成年人当苦工的事实，她曾到公安部门报警、发过寻人启事，但都没有效果。包括羊爱枝在内的数百位失踪孩子父母自发组队，遍访山西运城、晋城、临汾等地的数百家窑厂，但是黑砖窑实在太多，而他们的寻访又频繁遭遇阻力，家长们转而寻求媒体的帮助。5 月 9 日，河南都市频道记者付振中与家长们一道赶往山西。经实地探访后，那些被摄像机偷录下的场景，那些被拐骗去的孩子所受的非人遭遇甚至死亡，令所有观众怒不可遏，由此揭发了山西黑砖窑内幕，也引起公安部门和中央领导的重视，最终解救了大批未成年苦力，直接责任人被通缉、判刑。山西“黑砖窑”案涉及 2 市 8 县，监管不力、失职渎职的党员干部、公职人员，参与黑砖窑承包管理的个别党员等均被查处，其中有官员 95 人受党籍政纪处分。在这场正义与邪恶的残酷较量中，各种媒体优势互补，形成合力，对于推进问题的解决起了重大作用，可以说，没有媒体的介入，这种罪恶可能还掩盖在重重黑幕之下。

2. 大众媒介是社会舆论的风向标

西方人说新闻记者是站在船桥上的瞭望者，大众媒介能够及时发现和反映社会舆论的动向，敏感地探测到人心的变化，就如同社会舆论的风向标。一方面，大众媒介是公众了解社会舆论的风向标，公众通过新闻媒体的报道能够了解社会上他人的生活状况及想法，及时了解国内外各方面的重大事件、中央政府各项政策及其走向，了解国际时事的瞬时变幻。另一方面，大众媒介也是执政者了解社会舆论的风向标，执政者通过大众媒介可以了解社情民意与民心所向。所以大众媒介起到上情下达、下情上达的作用，特别是在现代社会里，人们对外部世界的了解离不开大众媒介，离开了大众媒介人们就好像与世隔绝。

大众媒介之所以能作为舆论的风向标，关键是必须真实地报道和反映事实，在此基础上全面真实地报道和反映舆论。舆论不同于简单的事实本身，是抽象的提高，是公众对事实进行评价的意见总和。大众媒介如果不能从整体上把握舆论总体，只是片面地报道某个侧面或者在某种权势的操纵下掩盖民意甚至强奸民意，都不能真正成为社会舆论的风向标，反而会被舆论所抛弃。如 1976 年在悼念周恩来的活动中，“四人帮”控制的《人民日报》、《文汇报》等媒体不但不报道群众的悼念活动，而且对周恩来进行影射性攻击。“四五”悼念高潮中，《文汇报》更是公然攻击周恩来，引起南京、上海等地群众的抗议；《人民日报》因对“天安门事件”的歪曲报道也遭到人们的唾弃，不断接到抗议的电话和信件。

3. 大众媒介是社会舆论的重要平台

人们学会更多地凭借大众媒介提供的间接信息和话题去认识世界，勾勒、修改头脑中关于现实世界的图像。从 18 世纪末开始，越来越多的思想家把大众媒介的职能或性质定位在“社会舆论的机关”上，如马克思和恩格斯把报刊视为“广泛的、无名的社会舆论的机关”，并形象地把报纸比喻为舆论的流通纸币。马克思还把报刊比喻为驴子，而它背上驮着的麻袋就是舆论，说明大众媒介是舆论的重要载体。我国早期的学者和报人都认为报纸代表舆论，报纸是公众的喉舌。

大众媒介（包括新媒体）是主要的公共空间之一，是现代公共社会中最主要的交往平台，也是人们发表言论的主要渠道。中国传统媒体虽然有严格的把关，但一向会选择刊登群众来信、来电等内容，也经常刊登公众的来稿，包括一些评论性文章。《人民日报》曾在 20 世纪 90 年代头版头条刊登一封母亲的来信，呼吁禁止儿童去网吧玩游戏，引起了众多家长们的同感和社会的重视，促进了相关法规条文的形成。《羊城晚报》和广东电视台珠江频道《今日关注》经常定期举办民生论坛，让市民与有关部门针对各种民生问题直接对话，引发热议。而网络媒体由于控制较松，更是公众舆论的重要平台，在BBS、社区、论坛上经常有大量的网民针对焦点事件进行讨论，引起传统媒介的报道，进而成为社会舆论的焦点。

4．大众媒介引导舆论

老报人张友渔在《报人生涯三十年》中说："报纸和舆论的关系，究竟怎么样呢？所谓代表舆论，就是使报纸和已经存在的舆论是一致的；所谓指导舆论，就是报纸要构成和它相同的舆论。报纸和舆论之构成，有交互影响的作用。"① 徐宝璜在《新闻学》中认为报纸代表舆论、创造舆论，"新闻纸不仅应代表舆论也，亦应善用其势力，立在社会之前，创造正当之舆论，而纳人事于轨物焉"②。这里说的创造舆论就包含舆论引导的意思。

大众媒介通过营造舆论环境制约舆论的发展，从而引导舆论。现实世界中，我们每个人不可能什么事情都遇到，什么人都见到、都认识，我们对外部世界的认识大部分都依靠媒介，通过大众媒介客观、真实的新闻报道形成的世界已经不是我们实实在在的、能够感觉到的事件本身，而是关于它们的复制符号或摹写。所谓的真实、客观的新闻报道，本身已经暗藏了记者和编辑等的价值观和倾向；新闻媒体又通过大力宣扬或炒作，设置公众的议事日程。公众许多议论的话题来自大众传媒，往往传媒报道什么，公众就关注或谈论什么，而公众在某个时期比较关注的焦点又往往是媒介所强调的。另外，新闻评论又以其权威性和倾向性直接引导公共舆论，它既是公共舆论的集中反映，同时又直接地引导社会舆论。能够在媒体上发表的评论一般是公众意见、态度的总结性结论，现在媒体上的新闻评论、个论仍然是以那些比较积极关注和参与社会事务的精英们的言论为主，或者经过媒体的挑选过滤的，或者是具有代表性的言论，是公共舆论比较集中而且影响比较大的集结地。在当前中国公众教育素养参差不齐、参政议政意识尚未完全发掘出来以前，经过一定教育的公众在媒体上发表的言论，基本上代表着中国公众舆论的最高水平。传统主流媒体的报道和评论既能影响社会舆论，也能影响其他媒体包括网络媒体的舆论倾向。

---

① 廖永亮．舆论调控学．北京：新华出版社，2003．24

② 徐宝璜．新闻学．北京：中国新闻出版社，1987．286

二、新闻舆论导向的原则

1．党性原则

党性原则是新闻事业的基本原则，即使在市场经济条件下，这一原则也没有过时，新闻舆论如果背离了党性原则就失去了主心骨和方向。党和国家领导人多次强调党性原则，之所以如此，是因为新闻舆论引导对于人们的思想观念和意识形态具有直接的作用，对于维护党的领导、促进改革开放、民族团结和社会稳定、国家的繁荣昌盛都具有极其重大的意义，记者笔下有事业兴衰，有改革成败，有人心聚散，有风气好坏。胡锦涛在视察人民日报的讲话中对新闻工作提出了要求，第一点就是必须坚持党性原则，牢牢把握正确舆论导向。要牢固树立政治意识、大局意识、责任意识、阵地意识，把坚持正确导向放在新闻宣传工作的首位，坚持为团结稳定鼓劲，以正面宣传为主，唱响主旋律，打好主动仗，更加自觉主动地为人民服务、为社会主义服务、为党和国家工作大局服务。要增强政治敏锐性和政治鉴别力，严格宣传纪律，做到守土有责，在重大问题、敏感问题、热点问题上把好关、把好度。

2．时效性原则

时效性是对新闻媒体的基本要求，也是掌握舆论主动权的基本要求。新闻和舆论的共同点就是时新性，新近发生或者发现的重大事情一般是人们关注的焦点。要在舆论导向上先发制人、先入为主，形成舆论定势，就要在第一时间发言，特别是权威性的发言、明确的信息能够起到一剑封喉的作用，使得各种不确定性的信息减少，从而引导舆论朝着既定的方向发展。江泽民曾经指出："对突发性灾难事件，中央新闻单位都必须抢在境外传媒之前发出报道，以免对方在道听途说的情况下，造成一种先入为主的局面。这时我们再发消息进行解释，往往就被动了。"①

3．真实性原则

真实是新闻的生命，新闻媒体在进行舆论引导时并不是纯粹的政治宣传，而要遵循新闻传播的规律，在新闻报道中以事实说话，隐含舆论导向。即使是新闻评论，也应建立在事实的基础上，用事实来说话。中国媒体以前的特色是边叙边议，或者口号性的、官腔性的文章较多，随着新闻专业主义的兴起，客观报道越来越成为媒体的报道风格，而领导也多次强调要遵循新闻传播规律，尽量减少空虚的报道。在2010年的"两会"开幕前，胡锦涛就做

① 徐学江．提高突发事件报道总体水平的关键．中国记者，2000（2）

好“两会”新闻报道工作作出重要指示，要求尽量压缩领导同志报道篇幅，更多地反映代表委员的意见和建议、反映领导同志与代表委员的互动交流。这就遵循了新闻传播的规律，尽量将报道贴近民生，将有新闻价值的东西传播出去，反映民声民意。

4．社会效益至上原则

随着新闻体制改革，大众媒介逐渐走向市场，成为一种文化产业，但它同时又是社会的“公器”、“守望者”，是社会舆论的“风向标”，它不同于其他的企业机构，所生产的产品既具有商品价值属性，也具有意识形态的属性，因此不能纯粹地以市场效益来衡量，即使在市场经济条件下，大众媒介仍然要把社会利益放在首位，尽量实现社会效益与经济效益的结合。我国的新闻职业道德法规和其他的管理法规都明确规定大众媒介要以社会效益为主，强调社会效益至上不能是空洞的论调，应该有具体的法规、法律条文规范，让公众来监督媒体，才能避免新闻媒体过于追逐名利。

5．正面报道与舆论监督相结合

中国的新闻管理制度一向强调以正面报道为主，新闻媒体要大量进行正面报道，才能形成正面的中国形象，鼓舞群众的信心。正面报道为主不是不要批评，新闻批评是新闻舆论监督的主要形式。当然，在进行新闻舆论监督时媒体要把握适度、适量原则，对不能解决或者报道出来会影响社会稳定的问题要通过内部汇报，对一些关系公共利益的社会问题、民生民计问题、环境保护问题等通过新闻舆论监督促进政府工作的改进。朱镕基视察《焦点访谈》时说到：“新闻宣传工作要坚持以正面报道为主的方针，同时也要积极发挥舆论监督的作用。”

随着公众素养的提高，他们的辨别能力增强，单纯的一面之词显然不能满足公众的需要。新闻媒体对事情的报道要做深度的分析，两面都说，借用西方的平衡理论，体现媒体客观的立场。西方新闻平衡理论强调新闻报道在立场和论调上的“不偏不倚”、客观中立，认为它体现了新闻专业主义的精神。当然平衡不是机械地面面俱到，不是正反等量罗列，只是相对的平衡。在具体的运用中，这种平衡并不是绝对的客观报道，而是在多方意见中隐含对一种观点的支持。中央电视台的《新闻调查》节目反映的大部分是比较重大的社会问题，所以在调查中使用了较多平衡性原则，如2004年《命运的琴弦》揭开中国音乐学院招生黑幕，当时仅凭举报人的立场是没有足够的证据和说服力的，记者经过层层调查，并请来其他学校的专家对考试录像中的学生水平进行评判，让每一方都表达观点；如果对立方不出现，记者就替对立方说话和质疑，这样使报道显得公正。

三、新闻舆论导向的把握

无论是新闻媒体的领导还是普通的工作人员，都要站在一定的高度来认识平时的新闻报道，这样才能预测和把握新闻舆论能够起到什么样的导向。如何把握新闻舆论导向要在新闻具体的实践中去探索，这里只谈一些宏观的角度。

1. 把握新闻舆论正确的思想导向

新闻舆论导向的标准应该如历代领导人所总结的，要有利于社会的政治稳定、经济繁荣，有利于国家民族的团结和统一，有利于社会的文明与进步，有利于民主法治建设，有利于人民生活幸福、心情舒畅。新闻媒体要从社会主义科学发展观的角度出发，宣扬马克思唯物主义观点，将党的方针政策进行及时、有效的解读，引导社会舆论健康地发展。2000 年 7 月 12 日至 8 月 14 日，《人民日报》连续发表 6 篇评论员文章，对新时期党的思想政治工作进行比较深刻的论述，对此《中华新闻报》的《新闻点评》认为："这六篇评论题目选得很好，发表及时，紧密结合实际，立足点高，时代感强。"①

新闻舆论导向要以稳定、科学、进步为目标，对于一些错误地理解改革的做法进行批评，如 1997 年 10 月 17 日，《经济日报》发表《不能急于求成》的评论，针对某些地方出现的万人大会、十万人大会动员迅速掀起股份合作制的运动，有些地方发文件定比例、定时间要求限期进行企业股份制改造，或强制性规定在改制中职工不入股则解雇的情况，指出种种操之过急、不切实际的做法是不符合十五大精神的，这篇文章显然对正确理解十五大股份制改革具有促进作用。上海《新民晚报》、《文汇报》对一些企业宣称的"市场需要什么，我们就生产什么，现在是市场经济"的论调进行批评，《中华新闻报》对此的评点是："前些时候市场上曾出现'二战'时日本、德国的军舰、坦克、战刀玩具、鸦片烟枪、黄色低级卡通画等，理由都是市场需要。这是完全有悖于社会主义市场经济的规律的。应当在传媒上批驳'市场需要什么就供应什么'的谬论。"② 新闻媒体对制造混乱、愚昧、落后的现象也进行了批评、揭露，如 20 世纪 90 年代科学界和媒体联合揭露伪气功，先后将"法力无边"的张小平、"神医"胡万林押上了审判台。

2. 树立全局观念

国家的利益高于一切，即使强调新闻自由的西方，在涉及国家利益和公

① 汤李梁. 把握舆论导向七百例. 北京：人民日报出版社，2001. 41
② 汤李梁. 把握舆论导向七百例. 北京：人民日报出版社，2001. 65

众利益时，也是从大局出发。1995 年，美国俄克拉荷马城发生大爆炸，死 168 人，伤 470 人，美国媒体在事发后进行了声势浩大的报道，但几天后，美国总统出面发表讲话，要求记者负责任，报道上要迅速降温。原因是美国媒体的大量报道涉及美国人的安全感、政府管理、制度问题等，如果继续报道就会动摇民众对社会的认同，引发新的混乱，所以美国总统亲自出面进行舆论调节。2001 年“9 · 11”事件后，美国新闻媒体明显服从政府的旨意，对拉登的录像不随意播发，以免无意中给恐怖分子传递信息。

中国媒体在重要的政治、思想方面的报道一般会遵循党和政府的指导思想，但是在一些具体的社会新闻报道中也要有全局观念，要站在一定的高度，从总体上预测新闻报道将会给整个社会带来什么样的效果。如新闻媒体每到西方节日就在商家的促动下大肆进行报道，有些媒体对中国传统节日进行贬低，在青少年中形成不良影响。近年来，新闻媒体逐渐意识到了这一点，特别是当韩国端午节申请世界文化遗产成功后，中国的媒体在舆论导向上大力促动国家将传统节日设为法定假日，“对于像端午、中秋等中华民族传统节日，我们现在首先要争取的，恐怕不是‘申遗’，而是真正的传承传统，做到‘薪火相传’，把节日实实在在地过起来；其次是尽快将其列为国家公众假日，让人们有时间和精力来尽情享受节日的文化和快乐”①。

3. 新闻报道要适度

在电子媒介时代，任何国家都无法封锁消息。最先报道新闻的媒介不仅向受众灌输了先入为主的观念，确定了舆论的指向，而且易获得受众的信任。但是新闻媒体报道要坚持适度性原则，即适时、适量、适当。

对于一些不能马上解决的问题，过早曝光只能增加公众的不满情绪，不能够达到舆论监督的目的；有些问题过迟曝光不仅对事件本身造成恶劣的影响，而且使公众对媒体的功能产生怀疑。所以适时地对一些社会丑恶现象进行揭露批判，剖开社会毒瘤，有助于社会良性发展。

适量就是说不管是好的或不好的事情，新闻舆论过热关注都会引发负面效应，特别是一些恶性事件过多报道会起到暗示的作用。如 2010 年为什么会连续发生 6 起袭击幼儿园恶性事件？这与新闻媒体的报道有关，媒体的报道引发袭击者想要在死前造成社会轰动的心理，诱发其模仿行为的产生。富士康发生 12 起职工连环跳楼的事件，除了与企业的不人道管理有关外，还与媒

---

① 斯雄. 比传统节日“申遗”更重要的是什么？http：//culture. people. com. cn/GB/27296/3894449. html 2005 - 11 - 28

体的连续大量报道有关，媒体在批评企业的管理制度外，还报道了死亡职工得到的赔偿以及社会的同情，而鲜有批评这种不理性的行为，这些都对后续同类事件的发生起到间接的推动作用。

适当就是新闻媒体要明确自己的位置，不能在新闻竞争中产生越格、错位的现象，不能过分干预公众和其他的社会环节。媒体可能通过强大的舆论压力影响个人的精神状态，但不能强制干预公众个人的生活，甚至对公众个人生活指手画脚；媒体可以通过报道对行政和立法进行舆论监督，但是不能代替行政决策和司法审判。

4．高度的敏感性

新闻记者本身就比较具有新闻敏感性，善于在众多的社会事件中发现有新闻价值的信息，但是作为新闻舆论导向的执行者，这种敏感性应该更加全面、具有一定的高度。高度的敏感性主要是指对政治的敏锐嗅觉，能够从一些普通的事件中嗅出不寻常的政治气味和动向。如 2002 年 3 月 3 日，《广州日报》财经版刊登两首无名氏的诗，报道当天许多读者都知道该诗是“法轮功”头目李洪志所写。即使编辑不知道该诗作者是谁，如果稍有政治敏锐性，只从诗文的内容就可看出暗含对中国政治的攻击性。

敏感性不只体现在政治方面，还体现在社会生活的各个方面，如对经济新闻的报道就要对一些科技、金融信息进行保密，在报道社会新闻时要善于从中发现亮点，能够透过现象看出问题的本质。

第二节　新闻舆论导向的进步和问题

一、新闻舆论导向的进步

近年来，中国新闻舆论导向基本上是正确的，宣传了党在不同时期的路线、方针、政策，在两次思想解放运动中都起到了重要的促进作用，对于中国改革开放起到正确的指引作用。新闻媒体在舆论导向方面的进步主要体现在：

1．加大新闻舆论直接的导向力度

近年来，随着社会现象复杂多变，新闻信息铺天盖地，人们迫切需要更多的舆论指引，新闻媒体对评论类版面和栏目更加重视，如《南方都市报》近年来增强了新闻评论的力度和规模，每天有三个版面的评论版：《社论》、《个论》和《众论》。另外还有一个专门刊登网民言论的《网眼》。《个论》作者都是某些方面的专业人士，对问题基本能看透实质，比较敢说；《众论》

则是汇聚了网上比较典型的新闻评论，从多个视角看待一些社会问题。一些电视台也开辟了评论类节目，甚至有的新闻直接请专家点评，加强了对问题的深度分析，有助于公众理解复杂的社会现象和问题。有的评论由于言辞非常犀利、过激而使政府感到不满意，但是正如有些评论所说，政府部门向公共服务型转型，直接面向社会公众，就要避免黑箱作业和专制独断作风，让权力更加公开透明，习惯于接受人民群众和媒体的监督。

新闻评论是新闻媒体进行直接舆论导向的工具，是就某种新闻事实或客观时事在媒体上发表的意见。在众多的信息轰炸和复杂的社会环境中，新闻评论对重要的新闻事实进行解释，透过现象分析问题实质，以鲜明的倾向性对公权进行批判和监督，同时又对公共舆论进行正确的引导（大多数情况下），因此它是新闻舆论的主要形式，越来越成为通过媒介引导社会舆论、对政府公共权力和社会现象进行监督的主要工具。因评论内容锋芒之犀利、见识之深刻，使其影响力越来越大，因此各媒体评论栏目纷呈，如《中国青年报》的《冰点时评》、《人民日报》的《人民论坛》、中央电视台的《新闻会客厅》、广州电视台的《新闻日日睇》等，都以关注民生问题、针砭时弊、激浊扬清著称，比其他新闻报道形式产生的社会效果更加强烈。

2. 新闻舆论监督风生水起

新闻舆论监督是指通过新闻媒体大量公开的报道和评论对社会事务和现象进行揭露与批判。新闻舆论监督是舆论监督的一种，新闻舆论监督与舆论监督有时可能是一致的，有时可能不一致，媒体所批评的不是公众感兴趣的问题，就不会引起社会舆论的反应。由于新闻媒体在社会中具有重申社会准则的功能，任何经过媒介报道的事件和人物立刻成为千家万户知晓的公共事件和公众人物，受到民众的普遍关注，因而成为人们舆论监督的焦点。所以新闻舆论监督可以产生强大的社会效应，而且由于媒介的舆论合力效应，使得媒介具有舆论监督的重要功能，成为社会的一种公器。舆论监督既包括批评权力和社会不公正的事情，同时也包括维护现政权的稳定，通过赞扬正确的社会准则形成良好的社会风气。它是促进政府民主作风，防止和制约干部滥用权力、搞不正之风的有力武器，同时对社会道德风尚的形成具特有的导向作用。

改革开放后，新闻媒体进行了拨乱反正，对于改革开放中出现的新人新事进行了积极的报道，而且敢于报道一些中央未定性的新生事物，如关于包产到户的早期报道，对于个体户的报道，对“关广梅”现象的报道和讨论等，其中最经典的是对于“渤海二号”事件的批评报道。1979 年 11 月 25 日凌晨 3 时 30 分左右，石油部海洋石油勘探局的“渤海二号”钻井船在渤海湾迁往新井位的拖航中翻沉。当时船上74人，72人死亡，直接经济损失3 700万元。海难发生后，有关部门的领导对这一重大事故抢先定了调子："突遇大风，不可抗拒。""领导指挥无误，大家英勇抢救。"在这个既定的调子之下，有关部门围绕这次"抢救"，搞了"大总结，大评比，大宣传，大表彰"①。当时对于事故进行报道会被指责为"抹黑"，新闻媒体不敢随意报道。但是天津劳动局产生怀疑，1980年1月22日，天津市调查组进驻海洋石油勘探局。1980年4月19日，调查组向天津市委报送的《调查报告》认为是责任事故。这份报告随后被送到了中央有关部门，引起了中央领导的重视。1980年7月22日，《人民日报》和《工人日报》同时发表有关"渤海二号"钻井船翻沉的消息，并且与石油部的论调不同，指出此次事故是严重违章指挥的造成的重大责任事故。《工人日报》还发表该报记者采写的通讯《"渤海二号"钻井船翻沉说明了什么》、《"渤海二号"为什么在拖航过程中翻沉》等分析文章，尖锐地指出：这次事故绝不是偶然的，而是领导长期不重视安全生产、不尊重科学、不严格执行规章制度的必然结果。中央和地方其他各报如《人民日报》、《光明日报》、《解放军报》和《中国青年报》等，除刊登新华社电讯稿外，还采用社论、评论、通讯和专栏、读者来信等形式连续报道。8月23日，《人民日报》记者述评《从"渤海二号"事故看石油部的领导作风》，将事件报道上升到对官僚主义的批判，引起社会强烈反响。在舆论的强大压力下，中央对相关责任人进行了处理。8月25日，新华社报道了国务院关于处理"渤海二号"事故的决定：解除石油部长宋振明的职务，给予主管石油工业的副总理康世恩以记大过处分。其后报纸还报道了天津市中级人民法院对"渤海二号"事故案直接责任者判处徒刑的消息。这次事件处理是中国政府处罚官员级别最高的一次，也是中国新闻媒体第一次突破各种批评报道的限制，显示了舆论和新闻舆论的强大力量，预示着舆论监督的兴起。

20世纪90年代，新闻媒体的舆论监督风生水起，涌现了大批以舆论监督闻名的媒体栏目，如《中国青年报》的《冰点》，中央电视台的《焦点访谈》、《新闻调查》等；《南方周末》在90年代后期以跨省监督、批评犀利而广受好评，一纸风行，"北有《焦点访谈》，南有《南方周末》"。20世纪90年代中期都市类报纸兴起，基本上都定位为市民报纸，反应大众的声音，展

① 周克冰．禁区内的脚步——难以忘记的"渤海二号"事件报道．新闻爱好者，2002(3)

开更猛烈的舆论监督。1997年河南《大河报》对张金柱案的全程追踪报道，引发了全国媒体的转载和报道。张金柱公安局局长的身份及其恶劣的交通肇事逃逸行为，成为全国人民不满情绪的发泄点。张金柱案突破了一个禁区，《大河报》前副总编马云龙说："当时有关方面规定，公检法干警违法犯罪行为在结案前一律不得报道，只在结案后报一个简单的结果。而媒体对张金柱案的报道是追踪报道，展现了此事的全过程。"① 通过此案报道，媒体在舆论监督上对社会的干预无疑显示出前所未有的深度和顽强。"如果它是一个标志，那就是表明媒体开始以前所未有的深度来干涉社会，成为监督的一种力量。"②

新闻舆论监督形成强大的舆论压力，引起相关部门的重视，加快了对问题的处理。如2003年4月25日，《南方都市报》以《被收容者孙志刚之死》为题，首次披露了孙志刚惨死事件。次日，全国各大媒体纷纷转载此文，并开始追踪报道，引起民众对此事件强烈的愤慨，学术界、法律界也开始声援。6月，国务院常务会议通过了《城市生活无着的流浪乞讨人员救助管理办法》，这被称为中国新闻舆论监督史上里程碑性的事件，也是在舆论监督之下出台法规条文最快的一项纪录。新闻舆论监督对一些贪污腐败、滥用公权现象形成震慑力，在社会上形成人人喊打的局面，一定程度上遏制了其势头的发展；新闻舆论监督适时地对一些社会丑恶现象进行揭露批判，剖开社会毒瘤，有助于重申社会规则，促进社会良性发展。

3．向受众本位的转变

中国新闻媒体以往基本上是我报你读、我播你看的单向传播模式，以传播者为中心，对于受众缺乏了解和沟通。随着新闻媒体市场化改革，新闻竞争越来越激烈，争夺受众成为媒体生存的主要目标，所以媒体代之以双向互动的传播模式，从以传者为本位向以受众为本位转变。受众是有人格尊严的，他们是能动地接受新闻宣传，而不是靶子，所以要使舆论导向真正产生作用，就要了解受众的需要，研究受众心理。

媒体在报道手法上也改变了过去单向传播、说教式的宣传方式，代之以双向交流、平等对话、侧面引导的方式，把报纸、节目办得生动活泼、贴近群众，让群众参与讨论，积极调动群众的积极性，把坚持正确导向和通达社情民意统一起来，尊重人民主体地位，发挥人民首创精神，保证人民的知情

① 贾云勇．舆论之锋初亮剑．南方都市报，2006－12－27

② 宋守山．传媒三十年．广州：南方日报出版社，2009．189

权、参与权、表达权、监督权。为了反映民生、为百姓排忧解难，晚报、都市报上的都市社会新闻、市井新闻开始以关注民生赢得民众欢迎，2002年江苏电视台城市频道的《南京零距离》开创后，引发了电视媒体对民生新闻的报道热潮。其后民生新闻扩展到所有的媒体报道中，它以“平民视角、民生内容、民本取向”关注民众所需，为百姓排忧解难，反映、揭露社会问题，体现了贴近群众、贴近生活、贴近实际的“三贴近”方针。

4. 加强新闻媒体的多种功能

文化大革命中过度强调新闻媒体的政治宣传功能，导致新闻媒体成为阶级斗争的工具。改革开放后，中国社会主义建设的重心转移到经济建设上来，媒体的功能逐渐转向多样化，由单一的宣传功能转变为新闻、宣传、信息传播、舆论表达等多种功能的综合，并且新闻报道、信息服务、休闲娱乐等功能被充分地发挥出来。20世纪90年代初期，报纸周末版热潮兴起，适应了公众周末休闲娱乐的需要，增强了读者意识，更加贴近群众，“周末版广泛、多样的报道题材，不仅对宏观决策及实际工作产生作用，而且对人的价值观念、思想感情以及社会风气产生强有力的影响”①。报纸、电视恢复刊登广告，设立了专门的信息类专栏、节目，而且各种经济类、娱乐类专业报纸兴起，电视也向专业化频道发展，推动形成和发展以党报和新华通讯社为核心，报刊、广播、电视相互配合，多类型、多样式、多层次的社会主义新闻媒体网。

其中最重要的是突出了“社会守望人”和提供休闲娱乐的角色功能。新闻媒体的娱乐功能被媒体发挥到极致，由此带来的“追星热”影响了广大的青少年，特别是2005年湖南卫视的《超级女声》创造了极高的收视率，带来全国青少年的一片狂热。它带来一种全新的电视操作方式的同时，更大的意义是被称为一次“民主的实验”，晋级的歌手要由歌迷们通过手机短信投票决出，这极大地刺激了民众的参与热情，在最后的总决赛中，前三名共获得约900万的选票，② 每天守在电视机前观看的有几亿观众。

媒体功能多样化使舆论引导也体现在多种领域中，媒体人士在实践中逐渐认识到，舆论导向不仅指政治导向，还包括思想导向、价值导向、生活导向、知识导向、审美导向、道德导向、行为导向、广告导向（消费导向）、文化导向等，涉及新闻工作的各个方面。按照中央有关文件的规定，新闻传媒业不仅是党领导下的重要的思想舆论工作部门，它还是社会生产中占有很

① 董盟君．周末版的兴起及其特色．当代传播，1993（2）

② 宋守山．传媒三十年．广州：南方日报出版社，2009．258

大份额的文化支柱产业。在西方大力推行文化霸权的时代，中国文化领域的舆论导向显得尤其重要。

5．“多种声音，一个方向”的新局面

改革开放以来，中国新闻媒体蓬勃发展，媒体的种类逐渐增多，管理体制逐渐“松绑”，形成了新闻舆论多种声音的存在，但是这种多样化新闻舆论建立在坚持四项基本原则的基础上，即坚持既是党的喉舌又是人民的喉舌，将对上负责与对下负责辩证地统一起来。这种体制改革的设想被概括为“一向多声论”，即在坚持社会主义的统一政治方向条件下，“报纸发什么不发什么由编辑部和总编辑说了算”。①

20 世纪 80 年代的改革开放带来了晚报的兴盛，从几家增加到几十家，不仅数目增多，而且发行量大，由于其“飞入平常百姓家”的软新闻特性而广受读者喜爱。90 年代中后期，都市类报纸兴起，使中国进入大众化报纸时期，都市类报纸是党报为了在市场经济中争夺话语权而创立的贴近百姓的报纸，从此中国出现由单一的机关报转向多种类报纸共存的格局。各类报纸新闻舆论导向的调子松紧程度不同，机关报比较严肃，官腔十足，抓宏观重大的舆论；晚报、都市类报纸贴近民生，在闲情逸致中不易觉察地把民众引入深层次的价值观念，从而引导社会舆论。同时，中国电视和中国广播从改变语态开始，也推出了争取受众和市场的新节目，各种休闲娱乐类的频道丰富了人们的生活，从多种层面对严肃的话题进行非政治化的解构，带来了丰富多彩的话语空间和体系。

二、新闻舆论导向存在的问题

新闻舆论导向中出现的问题很多，这里只是列举主要的方面。

1．虚假失实报道

新闻报道不实或者报道不全面会给组织和个人带来极大的伤害，批评性报道所产生的负面效应是最立竿见影的，以前对恩威集团公司的“洁尔阴”不当报道造成其一度停产，最近几年对南京“冠生园”食品公司月饼陈馅事件的过度报道造成一个老字号的破产，“三株”企业也是因为记者错误报道而破产的②。这些企业都曾对社会作出过巨大的贡献，但是因为一个小的事故，被媒体大力炒作，损害了辛辛苦苦创立起来的品牌，有的虽然在最后被

① 童兵．正确的抉择　重大的胜利——纪念中国新闻改革 30 年．新闻记者，2008（6）

② 丁莉华．对我国新闻舆论监督“量”与“度”的思考．新闻知识，2005（1）

证明是无辜的，或者在司法上获胜，最终却倒在了新闻舆论的利剑之下。

由于新闻报道的受众是流动的，媒体的纠错是迟缓的，一旦报道错误，所产生的影响很难在所有的受众群体中得到纠正。既然是编造出来的假新闻，肯定会有轰动效应，才能达到编造者一举成名的目的，所以虚假新闻报道对社会的影响是巨大的，有的影响长久不能消除。虽然有的是无关利害的事件，如1993年十大假新闻中的“熊掌风波”，但在其后可能一直被部分公众认为是确有其事。而2007年新闻媒体相继爆出的“毒香蕉”事件和“纸馅包子”事件使这些食品经销者遭受巨大的经济损失。3月，广州《信息时报》刊登报道《广州香蕉染“蕉癌”濒临灭绝》，《广州日报》一条消息也报道说香蕉有致癌物残余，一些网站纷纷转载，公众手机短信互相转发，一时间“蕉癌”谣言四起，造成海南香蕉大量滞销，蕉农损失惨重。7月8日，北京电视台生活频道播出的“纸馅包子”事件，利用业内人士的话说用废纸制作肉馅“已经成了行业内公开的秘密”，随后，多家中央和地方的电视台、报纸对此新闻进行转载，海外媒体也开始关注，导致公众对肉馅包子的恐惧。

2009年，新闻出版总署《关于〈京华时报〉等报纸严重虚假失实报道的通报》通报了2008年5起严重虚假失实报道：《京华时报》关于招商银行的虚假报道（造成招商银行股价亏损严重），《新快报》关于“孙中山又成了韩国人”的虚假报道，《东方早报》关于所谓六大救市措施的虚假失实报道（不负责任地散布“年底前政策利好会不间断地出台”等言论），《民营经济报》关于哈药集团生产假药的虚假报道（对哈药集团造成了较大的负面影响），《青岛早报》、《华西都市报》关于我舰艇索马里护航的虚假报道（在国内外造成了严重的不良社会后果，对我国国家和军队声誉造成了一定的负面影响）。

从20世纪90年代开始，几乎每年都有关于假新闻的评选活动，《新闻记者》杂志从2001年开始每年评选“十大假新闻”，2009年十大假新闻之首就是上面说的“中国海军索马里护航逼出跟踪潜艇”。2010年令人欣慰的是经过主管部门的大力处罚和新闻行业的自律，虚假新闻走弱，“是十年来相对最少的一次，而且‘质量’平平，缺少‘领衔’之作”①。真实是新闻的生命，没有了生命，何谈舆论引导？

2. 媒介集体失语或者过分炒作

媒介失语就是对于重大事件、敏感问题媒介不予报道或者报道很少，不

① 贾亦凡，陈斌，阿仁. 2010年十大假新闻. 新闻记者，2011（1）

能满足受众对信息的渴求，导致他们向外寻求信息来源，从而使我国媒体失去舆论的主动权。如在“非典”前期刻意隐瞒，导致大道不传小道传，谣言、流言满天飞。而美国“9·11”事件时也是仅在《新闻联播》里有几秒的短暂镜头与报道，根本满足不了公众的需求，一些记者甚至只能通过境外媒体或者网络观看，这反映出中国媒体的迟钝，该报道时不报道，不该报道却刻意炒作，这种情况被称为“媒介痴呆症”。当然导致这些现象的原因主要在于管理者，也主要在于媒体缺乏新闻敏感性，如“9·11”并不是政府不让报道。另外媒体在面对管理层的禁令时应该积极向有关部门反映情况，提醒这种失语的利害，疏通信息传递的障碍。

近年来随着社会矛盾加剧，群体性事件频繁发生，有些地方政府仍然沿用传统的隐瞒手法，造成矛盾升级，工作被动。2009年，湖北石首青年厨师命案因为政府控制的传统媒体不能及时公开真相、进行舆论引导，导致传言横行，引发冲突。在案发后长达约80个小时内，“一方面是政府的新闻发布语焉不详；一方面是网友借助非正式媒体发布信息、探寻真相。据不完全统计，在这段时间里，体现政府立场的新闻稿只有3篇；而一网站的贴吧中就出现了近500个相关主帖，在一些播客网站，出现了不止一段网友用手机拍摄的视频”①。《人民日报》发表评论认为，在突发性事件中需要政府尤其是宣传部门具有快捷、准确的舆情搜集和研判能力。

随着新闻媒体走向市场，为了谋求经济利益，吸引眼球，增强竞争力，一些新闻媒体丧失了对新闻价值的基本判断，蓄意炒作，将一些不正常的或没有新闻价值的现象进行大肆炒作，制造轰动效应。如2007年杨丽娟事件中，杨家人被媒体推上表演舞台，暴露在众目睽睽之下；而他们也利用媒体对刘德华施加压力，令其背上莫须有的罪名。母女两人每次都找到媒体，与省内外媒体的“记者团”一块进行炒作。个别媒体为了制造可以报道的噱头，许诺可以牵线搭桥，帮助杨丽娟见到刘德华，最终没有实现这个承诺，就给了他们钱。媒体的炒作引起公众的极大反感和舆论谴责，网民呼吁：“拜托媒体，以后就别把那些有神经病的人的事情拿出来炒作了。”② 媒体有时跟风跑，盲目炒作，如“最牛钉子户”事件中网络舆论和传统媒体大部分偏向于维护个人私权，一边倒地站在了拆迁户一方，对相关部门大加指责，许多不负责的观点充斥其中。这种舆论导向造成“钉子户”越来越强硬，自

---

① 政府如何应对“麦克风时代”. 人民日报，2009-06-24

② 刘海明. 杨丽娟索赔 媒体和杨家都该回归正常. http://ent.sina.com.cn/r/m/2008-03-14/09471947807.shtml

焚事件不断出现，错误地认为将事件闹得越大越容易引起媒介报道和舆论关注，对政府形成压力以满足其个人利益。

3. 新闻舆论缺少独立思考

新闻媒体存在于一定的社会环境中，不可避免地受到各种外来因素的影响。中国的媒体一方面受到党和政府的控制，在报道中什么都听上级的，导致出现“党委犯错误，新闻界也必然跟着犯错误”的怪圈；另一方面多数新闻媒体会受到社会舆论和其他媒体的影响，缺乏理性的判断能力。

范以锦：媒体容易随大流，缺乏独立思考、独立见解，如钉子户出来时，媒体都站在钉子户一边，没有考虑政府在处理钉子户时有什么困难，特别是跳桥、跳楼报道过多。城管虽与小贩有矛盾，但城管既要管理城市，又要照顾小贩，媒体不能一味站在小贩立场谴责城管暴力。在舆论一边倒的情况下，应该调查。

在社会主义市场经济时期，出现了很多新事物、新思想，对此稍微引导不当，就会带来深远的不良影响。由于媒体从业人员素质参差不齐，部分工作人员对一些事物的理解和判断能力较差，容易出现舆论导向错误。如1998年中国共产党党代会上提出国有企业可以搞股份制，要对国有企业进行改造。有些地方领导为了谋求效益，压低国有企业的资产，以低价卖给私有企业，很多媒体就大加宣传，甚至报道说1元钱卖掉国有企业是使国有企业走出困境的好办法。但这种做法实际上造成了国有资产流失，一些工人群众已经意识到这一点，为了保住国有资产上街游行，堵住工厂门口不让新厂主进来。后来国家经贸委发出了通知，要求制止出售国有小企业成风的错误倾向；朱镕基在会议上谈到媒体这种报道是不好的导向，这样，相应的报道才逐渐消失。之后，《人民日报》、《北京青年报》等媒体多次发表评论、访谈抨击国企改革中的“一卖了之”之风。

新闻媒体舆论经常出现一边倒现象，一哄而起，只说一面之词，说好什么都好，说坏什么都坏，典型人物的报道多出现这种情况，如对改革者步鑫生的报道，对先进工人徐虎的报道等。对徐虎的报道大部分媒体只是一味赞扬，没有深挖导致徐虎如此满负荷作业的另一面：为什么单单徐虎的工作量那么大？为什么会有那么多的水电设备存在质量问题？别人是否搞好了本职工作，坚守了岗位？相关部门的领导该负什么责任，等等。《中国青年报》曾发表《新闻应敲“两面鼓”》的评论文章：“纵观几十年来我们的新闻界，或多或少存在一种不良习惯，在典型报道中，只是一个声音、一个角度地叫好。”①

有时在新闻报道中对事件缺乏深入分析，导致公众心存质疑，如2009年出现的昆明囚犯自杀事件和吉林犯人押解途中欲自杀事件，新闻报道都谈到一个关键性问题：两个囚犯都是自行打开手铐的。但是为什么手铐这么容易就被打开？政府和媒体都没有解释，对于官方明显的荒诞解释媒体缺乏深度分析，照搬照抄。

4. 价值引导失误

大众媒介对民众特别是青少年的价值观和道德观具有潜移默化、长期培养的作用。有的新闻记者对一些事物缺乏正确的判断能力，在舆论导向中产生错误的倾向。1997年5月25日，南方一家日报刊登的《“放肆”的女人》里面谈到男人对女人说：将来规定可以三妻四妾，我保证让你做大的。而女的却说：做大的多半是最不受宠的，我要做小的。6月1日，该报又刊登《还是中国女人美》说到：许多欧美男人想娶中国女人为妻，因为中国女人非常注重孝、德、贞烈等观念，恪守妇道，但这些又不会妨碍她们接受新的事物。对此，《中华新闻报》的新闻点评是：“不只是文字内容格调低劣，而且很不尊重当今中国妇女，与新中国进一步解放妇女、维护妇女正当权利的观念是完全相悖的。”② 随着改革开放和市场经济的发展，大众媒介走向市场，在西方消费主义的浪潮下，中国的大众媒介开始崇尚商业利益，媒介消费主义盛行，在价值观、道德观等方面的舆论误导对受众的影响，要比明显的负面报道的影响大得多。金钱至上、及时行乐和名牌消费几乎成为市场经济特征的代名词，充斥着大众媒介的版面、节目。2005年，湖南卫视《超级女声》造成全国青少年一片狂热，此后不断的选秀热使得青少年不惜代价希望一夜成名，一些青少年不读书而要求父母出巨资包装去选秀，一些人用各种手段在网上博取眼球。如芙蓉姐姐、凤姐等，被媒体炒得火爆，都起到了不良的舆论导向作用。

2006年，中央台星光大道李玉刚因男扮女装唱女腔一举成名，随着各种具有此类倾向的男性纷纷成为媒体的新宠，一些电视台甚至请此类人做主持人、客座主持人。2010年，快乐男声中的刘著更是使“伪娘”一词成为流行语，一时伪娘盛行。这些虽然是社会多元化的表现，但是具有不健康的引导

① 新闻应敲“两面鼓”. 中国青年报，1996-06-15

② 汤李梁. 把握舆论导向七百例. 北京：人民日报出版社，2001. 266

倾向，不宜提倡。

2010年，《非诚勿扰》等电视婚恋相亲类节目中，男女嘉宾们“炫富”、“拜金”的话，引发广泛的社会争议，其中拜金女马诺的话被广泛传播。有一位爱好骑自行车的并且无业的男嘉宾问马诺：“你喜欢和我一起骑自行车逛街么?”马诺毫不犹豫地回答：“我更喜欢在宝马里哭。”甚至有人说随着北京天上人间夜总会和其他城市一些夜总会被查封、整顿，许多三陪小姐都到相亲节目来找富翁。舆论的压力已经迫使一些电视台进行调整，6月9日，国家广电总局下发通知：“对相亲类节目中存在的造假、过度炒作、宣扬拜金主义等不健康价值观等现象进行整治，措施包括将所有该类节目改成录播、对节目内容和主题进行把关等。”① 广电总局还建议此类节目要扩大嘉宾选择范围，不能仅由演员、模特、富二代占据荧屏。

5. *以媒介审判干预司法审判*

“媒介审判”指的是新闻媒体在法律判决前对案件已经作出了舆论上的判决，这种判决影响了社会对某种事件或人物的道德评价，甚至有可能影响司法审判。有学者认为在中国不存在媒体审判的基本条件，因为中国没有独立的陪审团制度，中国的审判机关更多的是屈从于权力。但是笔者认为，事实证明这种由媒介而形成的舆论审判确实存在。在张金柱事件中，对他的判决至今仍有争议，许多人说从法律的角度上说罪不至死，但他被判死刑而且立即执行；如果说是权力在背后操纵的话，实际上当时该市的公安系统对他是支持的，执行死刑的当天，全副武装的武警防备的是那些身着便衣去为其送行的众多公安人员。而且如果说有权力在批示的话，那么这种权力是受到新闻舆论影响而下的指令，因为新闻媒体反映民愤极大导致领导决定重判。所以张金柱在临刑前说：“我是死在了媒体手里。”媒体报道和公众舆论对案件的关注，不可避免地会对法官产生影响，如对黑社会头目张君审判前夕，媒体大量报道了他如何从逆境铤而走险的成长之路，而且将其描述成黑色英雄，使人们对他的不幸童年产生同情，因此为了保证审判的公正性，当时有法院领导要求法官在审判前不要看新闻媒体的报道。

有人说在“邓玉娇案件”中，以新闻媒体、网络媒体为代表形成的对邓玉娇的同情和支持，并没有影响审判结果，最后她被判定防卫过当，但免予刑事处罚。这种判决的结果就是法制与舆论平衡的结果，那些被网民骂的刑法专家说到，一审判决是法律和民意双赢的结果。因为在以往防卫过当的个

① 相亲节目整风. 南方周末，2010－06－17

案中，犯罪嫌疑人被免除处罚的情况非常少见。① 在案件审判过程中，北京的30名学者、记者还举行了“关注邓玉娇案及网络民意研讨会”，会议决定成立邓玉娇案公民司法正义观察团、律师后援团、青年网民后援团、舆论后援团。这么庞大的舆论支援不可能不对审判产生影响，当然从情理上讲，公众是站在弱势者一边。

此外，“夹江打假案”、“刘涌案”、“张二江案件”、“綦江虹桥垮塌案”等重大案件中都或多或少地存在着媒介审判的影子，许多学者对此提出了激烈的批评，甚至有人呼吁媒体不应该参与重大案件的追踪和报道。有些媒介审判产生了正面的影响，如2006年“许霆案”中，由于ATM机器故障，青年许霆用余额只有170多元的银行卡取走了17.5万元，事后被捕，一审判处无期徒刑。案件经媒体曝光后有九成的网民认为判刑过重，在媒体和舆论的大力报道中，2008年该案发回重审，最终被判5年有期徒刑。但是要将正常的新闻舆论对司法的监督与过分的干预、形成舆论的预定立场区分开来。

有学者认为“媒介审判”和“舆论审判”是两回事，特别是在网络舆论代表草根阶层的今天，网络舆论才是社会舆论的代表。两者从理论上讲是不同的概念，舆论审判的主体是社会舆论，媒介审判的主体是媒介。但是媒介审判如果没有强大的舆论支持肯定不能对司法审判产生影响，媒介审判形成于新闻舆论与社会舆论合二为一的时候。

三、大众媒介引导偏差原因

大众媒介出现舆论误导的原因很多，除了缺乏前面所说的全局观念、高度的敏感性和正确的舆论判断外，还体现在以下几个方面：

1. 新闻工作者缺乏科学的知识

梁启超认为健全的舆论应该具备五种不可缺少的要素，其中第一个是常识。新闻工作者在进行具体的舆论引导时，如果没有各方面的常识，就会出现愚蠢的错误，成为社会嘲笑的对象。不少的新闻工作者缺乏科学的知识和基本的素养，遇事头脑发热，追求新奇而懒于思考，甚至有时陷入一些商业行为设置的新闻陷阱。如2010年所谓的“养生大师”张悟本就是被媒体炒热的，他多次登上湖南卫视的脱口秀节目《百科全说》，北京电视台的《城市》栏目“民以食为天”节目中也曾邀请过他。他自称出身中医世家，宣称绿豆能治百病，要人们“把吃出来的病吃回去”，稍微有点常识的人就会发

① 赵蕾. 法学家身陷邓玉娇案旋涡. 南方周末，2009-06-25

现他的荒诞之处。而所谓的“神仙”李一道长在媒体上宣扬他的“通电查病疗疾”，并表演水下“憋气”两个多小时，在其大量追捧的弟子中不乏名人。

科学发展观是中国共产党从新世纪、新阶段党和国家事业发展全局出发提出的重大战略思想，新闻工作者要带头学习和研究科学发展观的理论，要用先进的科学知识、先进的思想武装自己，然后才能引导社会公众舆论。而对于某些专业性的问题要虚心下问，或者请专家指导。2010 年，苏州市的政协委员姜丹青提出议案《关于新闻媒体报道自然科学、社会科学事件应聘请专家指导的建议》，建议新闻媒体报道要避免群众的情绪化语言，更忌讳有悖科学性的报道，最好的办法是聘请行业专家、科学顾问指导，使时事新闻报道既真实、及时，又有科学性，使大众在获取信息的同时增长科学知识，提高科学辨别能力和规避各种意外的能力。

2. 新闻工作者的认识偏差

如今社会，新闻媒体市场化程度越来越高，如何在众多的媒体中突围而出，吸引受众的眼球，从而获得丰厚的利润，是新闻媒体追求的现实价值。为了追求卖点，一些媒体从领导到记者都产生了错误的认识，认为只要能够产生好的舆论导向，善意的谎言也无妨。2008 年，汶川地震中，大部分媒体都是全力报道抗震救灾的真实情况，其中最煽情的新闻就是“母爱短信”，描述一个母亲在临死前将婴儿抱在怀里，并在废墟下用手机为孩子写下了感人的遗言，最后孩子得救了，人们发现了母亲手机里的短信。几乎全国的民众看到这篇报道都被深深地感动了，但这个新闻疑似虚假新闻，“许多媒体人士（包括一些媒体老总）至今宁信其有，并为之辩护：只要能起到正面、积极的作用，虚假又何妨。对此高论，我们实在不敢苟同”①。2010 年玉树地震中，央视 4 月 22 日报道了《一只救了 32 条人命的搜救犬牺牲了》，而这个事实其实不存在。4 月 26 日，《新民晚报》发表一篇评论，认为“或许报道此新闻的记者是想进一步提升玉树抗震救灾的信心，是一个善意的错误，但错误毕竟是错误，谎言终究是谎言。谎言用在新闻报道上就是毒药，会伤害媒体的公信力。在抗震救灾报道中出现假新闻，会伤害公众关注玉树、援助玉树的善良之心，让人对相关报道心存怀疑，最终伤害的无疑是玉树的受灾同胞”②。《新闻记者》的编辑认为令人担忧的是“有些传媒的管理者、领导者对假新闻的态度日渐宽容起来，从原先的‘零容忍’演变为‘能容忍’”。

① 贾亦凡，陈斌，阿仁. 2010 年十大假新闻. 新闻记者，2011（1）

② 白峰. 别因“善意”纵容假新闻. 新民晚报，2010－04－26

不时有在该杂志中被评为十大假新闻的传媒的老总亲自上门或者派人来投诉、指责，甚至扬言要诉诸法律，他们辩解的理由无非是：“只有主观故意，而且完全捏造事实，才是假新闻。”或曰：“本报的报道只是部分失实，算不得假新闻；即使算是假新闻，也排不上十大假新闻。”① 新闻媒体的管理者都是这样的思想，怎么能保证其部门的工作者对新闻的真实性有正确的认识呢？

3. *有偿新闻屡禁不止*

利益的诱惑使20世纪90年代以来有偿新闻盛行，屡禁不止。虽然新的中国新闻工作者职业道德准则特意提到禁止有偿新闻，禁止拿红包，但是记者拿红包的丑闻不断出现，可以说拿红包成了记者的家常便饭，没有红包反而不正常，甚至政府也拿红包给记者，美其名曰“交通费”。

有偿新闻使一些企业或者团体、个人既可以花钱让传媒报道没有任何新闻价值的信息，并扩大其影响；也可以花钱封杀报道、消除影响。1993年，重庆国光集团总裁刘宗朝花巨资让重庆7家媒介连篇累牍地宣扬他的“科学生存论”，而这种论调含有不少明显谬误。1994年，在北京市长城机电科技产业公司10亿元非法集资案中，科技日报社、中央人民广播电台相关涉案记者因收受红包被判刑，这是新中国成立以来首次记者参与经济犯罪活动。2003年9月15日，新华社发布消息：11名新闻记者在采访山西繁峙矿难过程中，收受当地有关负责人及非法矿主贿送的现金、金元宝，其中包括该社山西分社4名记者。2008年，山西霍宝干河煤矿矿难后，“真假记者排队领红包”、河北蔚县矿难中记者排队领“封口费”事件等都使得人们对新闻记者的职业道德产生怀疑，进而产生对媒体的不信任感，没有了信任，也就谈不上舆论引导。同时这些记者成为矿主的帮凶，帮助他们隐瞒事情真相，河北蔚县李家洼煤矿井下爆炸事故发生后，记者收取了“封口费”，致使这起特别重大伤亡事故瞒报达两个月之久。

新闻舆论导向错误，误党误国，而在市场经济条件下新闻媒体不可避免地会受到经济利益的影响，在执行中忽视了社会效益，或者因为自身修养不足导致很多方面出现舆论偏差。针对怎么才能最大限度地发挥新闻媒体的舆情调控作用，笔者采访了原南方报业传媒集团董事长范以锦，他说：跟国家大政方针一致的情况下应该放开一点，让媒体更多一些舆论监督，反映社会舆论的情况。更多的时候，领导、国家政府部门要站到台前，勇于回答老百

① 贾亦凡，陈斌，阿仁．2009年十大假新闻．新闻记者，2010（1）

姓提出的问题，不要回避，将上下情绪理顺，把它沟通好。下面反映情况不可怕，反映了政府部门才能解决问题。但要理顺的话，要有个廉洁的政府，一心尽力地服务百姓。政府自身有些不检点的时候，那肯定是遮遮掩掩，不可能公正地对待媒体，不可能充分地发挥媒体的作用。作为媒体，面对社会矛盾，面对强大的民众舆论，面对政府部门压力的时候要理智，要珍惜你的机会，去分析一些社会问题，比较理智地报道，要有自己独立的见解，要多发表一些建设性、建议性、可行性的意见。

第三节　新闻舆论的导向模式

关于新闻舆论导向的研究已经很多，本书只是结合舆论的发展过程从宏观角度来探索新闻媒体对舆论的调控模式。

一、媒体设置公众话题

美国著名传播学家麦库姆斯（M. McCombs）和历史学家唐纳德·肖（D. Shaw）提出了议程设置的理论，其基本思想是媒介报道什么，公众便注意什么；媒介越重视什么，公众也就越关心什么。这实际上是引导舆论的功能，即媒介对社会舆论的巧妙诱导。

1．主流媒体为公众和其他媒体设置议程

在美国，《纽约时报》、《华盛顿邮报》、CNN 等几家大媒体左右着舆论，这种现象显示了舆论调控的一般原理：抓住关键少数，控制舆论全局。在中国，主流媒体是以《人民日报》为主的党报、新华社、中央电视台和各级电视台、各级政府和主流媒体网站等为主的权威性较强、影响较大的新闻媒体，新华社“舆论引导有效性和影响力研究”课题组认为目前中国的主流媒体主要有以下四大主类和一个补充：①以《人民日报》、新华社、中央电视台、中央人民广播电台、《求实》杂志、《光明日报》、《经济日报》为代表的中央级新闻媒体；②以各省（自治区、直辖市）党报、电台、电视台的新闻综合频道为代表的区域型媒体；③以各大中城市党报、电台、电视台的新闻综合频道为代表的城市媒体；④以新华网、人民网等为代表的国家重点扶持的大型新闻网站。此外，一些晚报与都市类、经济类、娱乐休闲类、信息服务类媒体发行量较大或收听率较高，在一定地区有一定市场份额，具有一定品牌和影响力，可视为对主流媒体的某些功能作了拓展、延伸和补充。① 它们是党和政府进行舆论调控的主力军，其论调一般是与中央一致的。传统的主流媒体为了与新媒体竞争，不断地扩展自己的网络阵地，并且变成网络的主流媒体，如人民网、新华网等。

一个社会的主流传媒往往会程度不同地自觉维护现行制度的合理性与合法性，否则它们在现实社会中自身的合法性便会受到威胁甚至大打折扣。由于主流媒体具有较大的影响力，抓住了主流媒体就会影响多数媒体，使其口径一致。众多媒体同时发出同一种声音就会形成舆论合力，形成巨大的媒介舆论声势，全方位地影响受众。

多年来，传统媒体作为党和人民利益的代表，一直起着喉舌的作用，传达党和国家的政策和方针，反映民众的意见和观点，是传递政府声音和民间意见的纽带。政府的大量信息是通过主流媒体公布的，而大部分网站没有采访权，所以主流媒体特别是新华社、人民日报等中央媒体掌握了主要的新闻信息，在为公众直接设置议程的同时也为其他中小媒体、网络设置议程。因此，主流舆论的引导主要还得依靠传统媒体。传统媒体可以充分发挥自身优势，通过比较完备的采编控制系统，整合社会良性舆论，实现舆论导向功能。

2．议程设置成功的条件

公众的议程不是政府、媒体可以随便设置的，政府和媒体必须在了解公众重视、感兴趣话题的基础上，提出的议程与公众的议程吻合，才能起到作用，否则就会出现媒介炒作热热闹闹、公众反应冷冷清清的情况；另外，必须是媒介议程在先，公众议程在后，就是在社会舆论还没有大规模形成的时候要抢先进行报道和引导。英国广播公司全球新闻总裁山姆布鲁克认为："我们今天生活在一个彼此联系的世界，种种界线都在瓦解，对话和交流往往在不受政府和监管者控制的情况下发生，议题的设置往往是由于受众的关注才引起新闻编辑的注意。"②

3．议程设置要遵循新闻规律和舆论规律

媒介议程设置功能在舆论发展的不同阶段是不一样的，在议题初级阶段可能十分有效，随着公众的参与，议程的方向可能发生偏转，摆脱政府和媒体的控制，这是由于社会舆论的特性决定的。

社会舆论本身具有自主性、弹性、刚性的特征，有其自身的运动规律，

① 新华社课题组．主流媒体如何增强舆论引导有效性和影响力之一．中国记者，2004（1）

② 本刊记者．国际传媒巨头纵论媒体．中国记者，2009（11）

所以新闻宣传不仅要遵循新闻规律，也要遵循舆论发展规律。对总体上不太具有新闻价值的事件，选择报道其有新闻价值、公众关心的部分进行报道，而且舆论引导要讲求艺术，避免灌输性的教育，以免导致公众的反感。

二、以沉默的螺旋模式形成主流意见

德国社会心理学家、舆论学家伊丽莎白·诺依曼提出沉默的螺旋理论，认为在某一特定时期内，大众媒介所鼓吹的某些观点在社会上占有优势，对受众造成一种压力。大多数人因害怕孤立而在表达意见的时候会放弃原有的少数观点，实现与主导意见的趋同。同时，由于大众媒介表达支配意见，再加上对异常意见的人际支持日益缺乏，就形成了一个沉默的螺旋。这个过程不断把一种意见确立为主要的意见，持非主要观点和态度的人在大众传播的压力下，随时间推移会变得越来越少。

1．新闻媒体倡导主流意见

媒介是社会舆论的放大器，通过新闻媒体营造的舆论环境会对公众个人形成巨大压力。当一种正确的意见在社会上已有相当影响时，通过媒体的大力支持，将此舆论放大，从而形成优势意见，引导舆论潮流。当然新闻舆论环境对公众个人的压力因为公众的个性、所属的群体、亲朋好友等因素的影响而不同，但在中国的文化背景下，大多数人的意见压力还是非常大的。所以新闻媒体通过对主旋律的宣传、倡导，能够在社会中形成一种核心观念体系，有效压制少数反动的、分裂势力的影响，如北京奥运火炬在国外传递中被阻挠的事件被报道后中国人出现的爱国热情。

不过对主流意见的宣扬要适度，过分的新闻舆论导向造成狂热的舆论倾向，会导致舆论失去理性。

2．以反沉默的螺旋模式扭转错误的舆论

当社会上错误的、畸形的舆论肆虐时，通过媒体宣扬少数正确的意见，将其培植为多数意见，形成人们的共识。纠正错误的舆论比抢先形成正确的舆论困难要大得多，舆论的逆转需要事实证据才具有强大的说服力，如 2008 年 10 月 11 日，在哈尔滨市糖果酒吧前发生一起恶性伤害致死案件，受害人林松岭当场死亡，6 名犯罪嫌疑人均为警察。围绕案件，舆论从最初的同情死者、痛斥警察，突然转向支持警察、声讨死者，抨击死者所谓的高官家族背景。舆论发生如此急剧的转折，是在黑龙江电视台《新闻夜航》对此事件做了报道之后。从 10 分钟左右并不完整的录像带里人们看到的是死者先对警察动手，这个举动触怒了大众。但是出现了另一个极端：公众转为对死者人格的谩骂及诋毁。随着时间的推移以及相关权威信息的发布，网络上疯传的

所谓死者显赫的家庭背景被证实为谣言，散布虚假信息者被公安机关查处，尸检报告也表明死者系头面部受钝性外力作用致死，并无所谓中毒、吸毒现象。人们渐渐从一种狂热状态中摆脱出来，呼吁理性对待的言论开始增多，越来越多的人倾向于脱离对特权阶级无理地叫嚣与批判，最终回归到对事件本身的反思上来。

三、媒介长期培养形成核心舆论评价标准

1. 舆论评价标准需要长期培养

决定舆论质量的因素是评价标准，舆论评价标准是人们在舆论活动中评判是非善恶的依据或规范，是个人信念、态度、意见和情绪的综合表现，它是通过长期的教育、传统文化熏陶和经验累积而成的。大众媒介通过长期弘扬和宣传社会主义核心价值观念体系、爱国情操和公共伦理道德有助于社会公众形成社会主义的舆论评价标准，从而形成高质量的社会舆论。

2. 大众媒介在达成共识方面作用巨大

舆论的评价标准是人们的信仰和观念，要想使舆论整体方向有利于自己，必须对公众的思想价值观念进行长期的培养。乔治·格伯纳（George Gerbner）等人提出的培养理论认为，社会要作为一个统一的整体存在和发展下去，就需要社会成员对该社会有一种“共识”。提供这种“共识”是社会传播的一项重要任务。大众传播是现代社会的“故事讲解员”、缓和社会矛盾的“熔炉”、维护现存制度的“文化武器”，通过对事物的选择、加工、传播活动向人们提供外部世界及其变化的信息，用来作为社会成员认识、判断和行动的基准，在形成“共识”方面的作用已经超过传统的教育和宗教。著名的宣传学家拉斯韦尔认为，成功的社会运动是通过各种媒介成年累月地宣传主导符号获得力量的。①

3. 电视仍然是培养人们共识的主要媒介

由于电视对社会生活各方面、各阶层的渗透，20 世纪 60 年代开始的培养理论研究强调电视在达成共识中的作用。虽然人们对培养理论有所异议，但是大众媒介的这些功能确实存在，而且在中国，人们对媒体的信任度是很高的。最近的调查表明，电视相比其他媒体而言，仍然是公信力最高的媒体，2005 年《中国大众媒介公信力调查评测报告》表明在媒介渠道的选择上，无

① 斯坦利·巴兰，丹尼斯·戴维斯. 大众传播理论：基础、争鸣与未来. 曹书乐译. 北京：清华大学出版社，2004. 81

论在城市或农村，电视的相对公信力都是最高的，有八成左右的比例；其次是报纸和网络新闻。这说明在今天的中国影响力是巨大的。报纸、广播等传统媒体所发布的信息也具有权威性，在受众中有较高的可信度，对人们世界观、价值观有直接的导向作用。

四、新闻舆论引导的技巧

胡锦涛在《人民日报》的讲话中强调了舆论引导的方式应该顺应时代变化，必须不断改革创新，增强舆论引导的针对性和实效性。新闻舆论导向是门艺术，面对时代的不断变化要讲究一定的技巧。

1. 正面报道与批评性报道相结合

以正面报道为主是中国新闻工作的基本原则。大众媒介要坚持以正面宣传为主，扩大正面舆论，宣传积极、实在的生活目标和社会风气，有高度的政治责任感、良好的政治鉴别力和敏锐性。负面新闻报道过多会导致人们的不稳定和灰暗心理，对重大问题、敏感问题的报道和批评性报道等方面，舆论导向的作用较大，要慎重并严格执行有关新闻宣传的原则和纪律。正面报道就是要在社会唱响主旋律，在社会中形成有利于社会主义建设的主导舆论。一个社会如果没有主导性舆论，就会失去社会共识，造成社会混乱。

以正面报道为主不是不要新闻批评，利用大众媒介进行批评和自我批评历来是中国共产党的优良传统，如果没有新闻批评，大众媒介一味地报喜不报忧，就与现实状况不符，引发舆论的不满，也就失去了舆论引导的功能。

新闻舆论监督包括批评，但不单纯是批评。对群众切齿痛恨的贪腐现象和不正之风，大众媒介应该旗帜鲜明、毫不留情地予以揭露和批判；对于党和政府工作中出现的失误、过错，媒体也应负起监督、批评之职。新闻舆论监督也可以对一些群众不满意的新问题进行探讨分析，引导人们进行思考；对于一些暂时因为客观条件不能解决的问题负有向群众解释和说服的责任，中央电视台的《焦点访谈》曾经就高校合并问题进行过解释和说服报道。所有监督的最终目的是解决问题，通过批评报道弘扬社会正气，改进政府工作。

所以正面报道与新闻批评、舆论引导与新闻舆论监督并不矛盾，应既表扬先进，以优秀的人物和事迹感动公众，讴歌理想、凝聚人心，又要批评落后、揭发腐败和种种恶行，针砭时弊，涤荡不良的社会风气。近年来，大众媒介对很多关系国计民生的重大问题进行了有力的舆论监督，如新华社、《人民日报》记者排除当地政府、矿场的各种阻挠，披露“南丹矿难”、关系食品安全的“三鹿奶粉”事件等，都是震动社会、警醒世人的，其监督的效果是不言而喻的。

2. 疏导式和侧面式引导

一般来说，受众对灌输式、训导式的报道易产生逆反心理，同时易受到暗示、模仿的影响，所以要使舆论导向真正产生作用，就需研究受众心理。要认真研究新闻传播的现状和趋势，深入研究各类受众群体的心理特点和接受习惯，加强舆情分析，主动设置议题，善于因势利导。在导向上既要直接引导，又要迂回、侧面引导；既要说理，又要用事实来引导，使事实成为无形的意见，意见成为有形的事实；既报喜又报忧。人们对新闻报道的最大意见是报喜不报忧，无法解释现实生活中出现的许多问题，但如果新闻报道把问题讲清、讲透，就会得到人们的谅解和支持，如讲社会主义优越性，就必须与国情相联系；对人们关心的反腐败问题、通货膨胀问题等也要进行深度研究。

疏导式引导就是大众媒介不能无视人们不满的社会问题和社会矛盾，而应该在一定程度上适当地进行披露，允许民众发表不同的意见，对民众积结的怨气进行疏导。2009 年，番禺垃圾焚烧厂事件最初的民意征询只是走过场，所以引发民众的抗议示威，但后来政府充分利用大众媒介（包括政府网站）进行广泛的讨论和方案征集，使得决策更加科学，符合民众的要求。云南的“躲猫猫事件”中，云南官方网站刊登了云南省委宣传部发布的《参与调查“躲猫猫”舆论事件真相的公告》，面向社会征集网民和社会代表作为调查委员会成员参与调查。在 500 多报名者中随机抽取了 4 名政法界人士、3 名媒体记者代表和 8 名网友代表，组成调查委员会。最后又在网上贴出《“躲猫猫”调查委员会调查报告》，并在传统媒体上公布。虽然这篇 7 000 字的调查报告并没有真正揭开众人的疑问，但其象征意义巨大，云南省在处理敏感问题时考虑到了如何对舆论进行疏导。

侧面式引导就是要顺应民众的心理，不要使用一贯的口号式政治宣传方式，而是从具体的事实出发让民众自己得出结论。根据霍夫兰等人的劝服理论，民众不喜欢被灌输，但容易被暗示、随大流，所以对于一些大道理应该从侧面进行引导。大众媒介应当坚持贴近实际、贴近生活、贴近群众，把坚持正确导向和通达社情民意统一起来，尊重人民主体地位，发挥人民首创精神，保证人民的知情权、参与权、表达权、监督权。同时，要注重在报道新闻事实中体现正确导向，在同群众交流互动中形成社会共识，在加强信息服务中开展思想教育，用事实说话、用典型说话、用数字说话，化解矛盾，理顺情绪，引导各方面群众共同前进。把报纸、节目办得生动活泼、贴近群众，让群众参与讨论，积极调动群众的积极性，提高新闻报道的宣传效果。坚持以人为本，增强新闻报道的亲和力、吸引力、感染力。

3．创造适应公众的语言和方式

改革开放以后，新闻界提出了“新闻语言多样化”的问题，标志着媒体开始转变过去单一的宣传机器功能和角色，报道文体从官腔十足的“新华体”到20世纪80年代逐渐形成“中新体”。“新华体”是新华社传统的文体模式，一开始就将重要的导语简明地提炼出来，强调新闻的主观导向作用，在正面宣传报道中起到重要的作用。“中新体”是中国新闻社在对外报道中形成的一种新闻写作体例与范式，其中“‘中国立场、国际表达’、‘官方立场、民间表达’是这种写作范式最形象的描述”①。“中新体”由于早期面向海外，使用了平民化的风格，更加强调新闻的客观中立，因而容易获得海外受众的认可。这种文体应用到国内媒体中也获得了成功，如中央电视台的《东方时空》对该文体的应用。

新闻媒体要讲究“三贴近”，即贴近生活、贴近实际、贴近群众，就要研究适合公众需要的形式，并不断创新。随着时代的发展，若仍然沿用传统的宣传腔调，或者找人出来摆拍，就会被公众所抛弃。近两年来流行语“很黄很暴力”、“心神不宁”都是公众对中央电视台新闻报道方式的嘲讽。2007年12月27日，中央电视台《新闻联播》中一则关于净化网络视听的新闻报道，采访了13岁女孩张殊凡，她说道：“上次我上网查资料，突然弹出来一个网页，很黄很暴力，我赶紧把它关了。”该新闻报道后网友纷纷议论，说看到报道后都忍不住笑了。一派言论认为一个网页又黄又暴力基本不可能，即使有也不可能被一个小学生找到，很明显是记者授意摆拍的。另一派则对网络中针对张殊凡的人身攻击表示不满，认为即使是记者授意也不应该将过错归于一个孩子。2009年6月18日，《焦点访谈》节目播出了曝光谷歌存在大量淫秽色情和低俗信息的新闻，采访了一个大学生高也，他有一句话说道：“就是我一个同学，他以前比较好奇这些东西，就去点击黄色网站，搞得那段时间心神不宁。”新闻播出后，“心神不宁”迅速成为当年第一网络流行语，人们质疑高也的身份是否为大学生，是否属于授意。经过人肉搜索，人们发现高也是在《焦点访谈》实习的大学生，一时间“《焦点访谈》造假、采访内部员工”之类的帖子传遍网络，人们甚至将他女友的资料也搜索出来。新闻摆拍是目前媒体的常态，“写好台词找人读，这对于电视媒体，已是见惯不惊的操作套路”②。网络评论认为，围绕这个事件的，其实是网民内

---

① 王昕，麦尚文．新闻文体形塑传媒性格与新闻品质．新闻与写作，2010（8）

② 杨光志．“心神不宁”之下的央视．http：//pl．cqnews．net/sz/200906/t20090622_3360388．htm

心充满的对“网络管制”的恐惧，借央视采访内部人士的“新闻造假”事实发泄出来。由此可以看出，在网络时代，公众不是好糊弄的，媒体用惯常的“官样文章”已经不能被受众接受，必须改变思路，顺应受众的语言习惯，才能真正地引导舆论。

当然，新闻媒体对舆论的影响是有限的，不能把舆论调控的所有责任都推给媒体。美国著名的政论家、新闻舆论学者李普曼认为：“把单个读者设想为理论上的全能读者，让新闻机构承担起任何代议制政府、行业组织或外交机构都担不动的重负。新闻机构被要求在 24 小时内对每个人产生 30 分钟的影响去造就叫做‘公众舆论’的神奇力量，以填补公共机构的懈怠。”①新闻媒体不能解决所有的问题，公共社会的构建主要在于体制的保障和全体公众的努力，而且有的新闻媒体本身存在一些问题，他们是否真正能够代表公众舆论，最终要经过公众的认可。

① ［美］沃尔特·李普曼．公众舆论．阎克文，江红译．上海：上海人民出版社，2006．258

第七章 建立科学的舆情调控机制

舆情调控不可避免地涉及自由与控制的问题，虽然理论上都以民主自由作为理想的境界，但自由与控制对立统一地存在于客观现实中，关键是如何在自由的张度和调控的力度之间寻找到一个平衡点，一方面让自由最大限度地发挥，同时又能维持在一定的社会限度内；另一方面作为国家的管理者，政府直接的控制应该降到最低程度，同时又要用法律等合法手段对社会舆论进行适当的调节。在一个正常的社会里，过分舆论自由，社会必然散乱；过分控制舆论，政府则易变得专制独裁。在中国社会矛盾加剧、舆论汹涌的情况下，如何建立科学合理的舆情调控机制已经成为迫切的要求。古今中外舆情调控的大量实践活动和成效，为探索科学、有效的舆情调控机制提供了可靠的依据和条件，特别是中国改革开放以来舆情调控手段不断进步的经验，为建立科学、民主的舆情调控机制提供了可能。

第一节 改革开放以来中国舆情调控的教训

改革开放30多年来，中国舆情调控虽然起起伏伏，整体上来说保证了社会主义方向，相对于苏联和东欧社会主义国家的解体来说，是成功的，但是仍然存在一定的问题。

一、舆情调控存在的问题

1. 缺乏统一协调的舆情调控体系

新中国成立以来就存在一些基本的舆情上达和舆情下达的政府机制，但部门之间各自为政，缺乏整体上的统一，在操作上出现信息不通畅、舆论导向混乱等现象。如互联网的管理分别归属信息产业部、公安机关、广电总局、文化部、国家工商行政管理局等，因而对淫秽色情网站的打击，需要各部门联合行动。行政分割导致部门之间面对舆论质疑可能在导向上出现不和谐因素，如2007年对社会上流传有关“证券交易印花税将要上调至3‰”的传闻，财政部及国家税务总局说是谣言，然而事隔几天“谣言”变成了现实；

而在天津举行的“2007 中国企业国际融资洽谈会”上，人民银行副行长吴晓灵表示此事是个别官员违反纪律，但他的讲话引发人们对他是否具有裁判权的质疑。作为权威的信息来源，政府官员或部门论调不一，使人们无所适从，会大大降低政府的威信。

2. 对多元化信息社会的舆情特点认识不足

改革开放中出现的各种问题导致舆论争论不断、纷繁复杂，特别是转型期社会矛盾突出，一些突发群体性事件加剧了舆论的高涨和变形。多元化社会的舆情特点首先表现在舆论主体的多元化，不同的群体、个人需求多样化，从而导致利益诉求的多元化，使得舆论很难协调一致；其次表现在舆论传播渠道多元化，除了传统的人际传播、传统媒介的渠道外，新媒体如互联网、手机短信等在舆论中所起的作用越来越大，获取境外信息越来越容易，导致信息控制难度加大。再次，舆论自由度大、控制难，而且在民主化趋势下，不可能公然对舆论进行压制。最后，舆论复杂化，质量难辨，人们很难区分哪些是正确的舆论。但是有些政府官员仍然是以官本位思想为主，没有充分认识到舆论力量的强大，对民意漠视不理或者嗤之以鼻，用霸道的语气对待民众和媒体的质疑；当批评性的舆论不可压制时又阵脚慌乱，或者沉默无声，或者官方解释导致更多的舆论谴责，没有把舆情调控上升到一定高度，甚至缺乏基本的舆情调控能力。

3. 对新闻媒体行政干涉仍然过多

中国媒体属于政府机构领导，所以行政命令成为政府对新闻舆论进行引导控制的主要手段。有些地方政府和部门是能隐瞒就隐瞒，特别是一些事故性的灾难，如矿难等，因为涉及官员政绩和责任，对外封锁消息；面对重大突发性事件，隐瞒实情，操纵舆论。一些政府官员认为媒介批评就是给政府添乱，用粗暴的手段对待媒体，如湘西凤凰塌桥发生不久，就爆出外地记者被驱逐甚至被暴力相加。2008 年元月，因为法制日报社主办的《法人》杂志刊文揭露某县官场黑暗，该县警方竟然进京拘拿杂志记者，理由是涉嫌诽谤县委书记。2010 年 7 月 27 日至 29 日，《经济观察报》记者仇子明报道上市公司凯恩股份关联交易内幕被浙江遂昌公安网上通缉 36 小时，之后遂昌县委宣传部及县公安局负责人在强大的舆论压力下撤销了对仇子明的刑事拘留决定，并向报社和记者道歉。也有的政府官员不了解新闻规律，对媒体报道内容横加干涉。

对一些比较敏感的社会公共事件，主管意识形态的宣传部门禁止中国媒体擅自报道，结果西方媒体抢先进行歪曲性报道，造成舆论上的被动，如西藏“3・14”事件等。不得已公开信息时却是“犹抱琵琶半遮面”，理由不能令人信服，如“躲猫猫”最初的简单解释和邢鲲在昆明市派出所自缢身亡的解释等，都引发公众的质疑，最后不得不面对汹涌的舆论进行重新调查。领导随时电话通知禁止报道或者内部发文通知注意某些事件的报道倾向的事情经常发生，这难免使境外媒体对中国的新闻舆论环境说三道四，如中宣部关于2010年“两会”期间新闻审查作的内部指示被人泄露到互联网上，3月21日，《纽约时报》针对此禁令进行报道并作了注释，标题就是《中国检查员不想让你知道什么》①。甚至有网上文章说传媒人士将中宣部的禁令变成最佳新闻线索，因为凡是禁止报道的肯定是敏感的事情。当然新闻舆论禁区在各个国家都有，西方为了国家利益也会禁止媒体报道某些敏感事情，不过中国禁令尤其多。

新闻舆论监督存在着长官意志决定舆论环境的宽松度问题，如果一个省、市一把手重视舆论监督，该地方的舆论环境就比较宽松。如2000年，吕日周任长治市市委书记，在他对新闻舆论监督的重视下，“舆论监督”成了长治人使用频率最高的词汇之一和茶余饭后广为议论的话题，《长治日报》被认为是“中国舆论监督第一报”。但是这种做法容易因人废言、因人废事，大部分官员为了求得表面的稳定和政绩，该瞒的瞒，该撒谎的撒谎，甚至出现质问媒体是“为党说话，还是为人民说话”的官员，显然是把党和人民当做对立面，而且把媒体纯粹看做党的宣传工具。

陕西省委宣传部副部长任贤良认为官员应慎用行政手段，要多疏少堵，要理解媒体。“过去都是党报党刊，完全听你的。改革开放后，问题多了，媒体形态也多了，许多干部无所适从。要么就拖、拦、堵，不准报；要么话说得很不好，曝光后形象极差。而且，你管住了本地媒体，管不住中央和外地媒体，管住了境内媒体，管不住西方媒体，管住了传统媒体，管不住网络媒体，总是‘东边日出西边雨’，很被动。”②

胡锦涛在人民日报考察工作时提出：“要坚持用时代要求审视新闻宣传工作，按照新闻传播规律办事，创新观念、创新内容、创新形式、创新方法、创新手段，努力使新闻宣传工作体现时代性、把握规律性、富于创造性，不断提高舆论引导的权威性、公信力、影响力。”新闻规律最讲究时效性和针对性，靠事实说话，因此有关管理者应该多学习一些新闻知识，才能了解新闻工作的特点，遵循新闻传播规律。

① What Chinese Censors Don't Want You to Know. *The NewYork Times*. March 21, 2010. http://www.nytimes.com/2010/03/22/world/asia/22banned.html_ r = 1

② 压制批评和监督，将来你要被抛弃. 南方周末，2010-06-24

4. 以公权压制社会舆论的事情不断发生

舆论的形成和运行有其自身的规律，但是某些政府官员和主管意识形态的机构不尊重舆论的发展规律，动辄以公权压制舆论，导致舆情调控中出现各种问题。

首先，无视舆论的自主性和不可抗拒性规律，意欲人为地干涉舆论发展的方向，结果适得其反。2007 年 10 月，陕西省林业厅通过媒体宣布发现华南虎，并公布了周正龙拍摄的华南虎照片。但是这个新闻立刻引起舆论的争议，在网络上形成了以当地林业厅官员为主的“挺虎派”和网民为主的“打虎派”两大派别。“打虎派”认为照片是假造的，列举的证据得到了舆论的支持，导致相关部门的介入调查和大部分媒体的质疑。2008 年 2 月，陕西省林业厅就“草率发布发现华南虎的重大信息”发出《向社会公众的致歉信》，11 月 17 日，周正龙被以诈骗罪和非法持有弹药罪判刑两年零六个月，缓期三年执行，一场虎照闹剧就此结束。2008 年 6 月 28 日，贵州发生瓮安群体暴力事件，全国公众都想及时获知事实真相，但当地政府不是及时公开回应，而是试图扭转舆论，通过发布反驳流言的帖子“以贵州的媒体影响全国的舆论”；并且瓮安县组成专门的工作组，指派人员每天对失实信息跟帖澄清，黔南州的每个县、市宣传部也指定数名熟悉网络的人员希望以跟帖形式扭转意见倾向。但是由于人们对政府的不信任导致对政府力图干扰舆论的行为产生反感，宁愿相信各种民间流传的流言，最终成为引发骚乱的导火索。

其次，视民众为群氓。有些政府官员一味指责公众愚昧迷信或者“不明真相”、“无理取闹”，并且对方针政策不进行深入的解释，一副高高在上的样子，造成干群关系疏离。特别是每次群体事件发生后，地方官员和媒体在报道时总是沿用几十年的传统说辞：“不明真相的群众在少数不法分子煽动下”发生的。贵州省委书记石宗源在就瓮安事件回答记者提问时说，要打破群体性事件是“不明真相的群众在少数坏人的煽动下”发生的公式①。但是 2009 年 7 月，吉林通钢集团通化钢铁股份公司发生群体性事件后，“不明真相”一词再次被反复提及。2009 年 8 月，在云南陆良事件中，当地个别媒体记者在报道时，仍然称“不明真相的群众在一小撮别有用心的农村恶势力煽动下，围攻煤矿施工人员和公安民警”等。为此，中共云南省委宣传部发出紧急通知，要求新闻报道不仅要禁用、慎用“刁民”、“恶势力”、“不明真

① 黄冠. 群体性事件中少用“不明真相”. http://news.xinhuanet.com/politics/2009-07/28/content_11788078.htm.

相”、“别有用心”、“一小撮”等容易激化矛盾、群众反感的用语，在事件尚未完全平息、群众诉求未得到圆满解决时，还应尽力克服“目前群众情绪平稳”等想当然地强加于群众、代群众表达的模式化官话、套话①。毛泽东曾经说过，群众的眼睛是雪亮的，群体性事件中群众的诉求有其合理性的一面，将其一概斥为“不明真相”、“被少数坏人教唆”，是轻视群众的智慧、推卸责任的说辞。

再次，强行压制批评性言论，甚至动用公权进行打击报复。有些地方官员对上访者不仅截访，而且有的扣以精神病名义，出现“被精神病”；对网上发帖的揭露者加以“诽谤”的罪名，动用警方势力进行跨省追捕，如王帅案件等，这些做法公然违背民主法治基本理念，滥用公权试图掩盖真相，导致公众极大的愤慨和反感。在现代民主社会，一味打压、堵塞社情民意只会导致社会矛盾加剧，这是与中国民主化进程背道而驰的。

二、舆情调控的特点

从中国舆情调控的历史，可以发现在舆情调控方面存在以下特点：

1. 不是“左”就是“右”，导致舆情调控的不稳定

不是“左”就是“右”，一直是中国共产党历史上的一大病症。从20世纪80年代的资产阶级自由化到90年代的姓“资”姓“社”之争，再到今天的新自由主义和否定改革的左派思潮，都是这种状况的表现。一方面反映出领导层内部存在不同的执政理念，另一方面反映出改革开放中对有中国特色社会主义道路的摸索。历史经验证明，无论过于“左”还是“右”都是不利于中国社会主义建设的，特别要注意“左”的错误倾向。

2. 舆情调控一放就乱，一乱就统，一统就死

文化大革命期间舆论过于一致导致整个国家的灾难，所以改革开放后一段时间舆论环境相对宽松，各种思想就像打开了“潘多拉盒子”，都出来了。1979年被新闻工作者称为“无禁区之年”②，《读书》杂志还把“读书无禁区”奉为圭臬。媒体人士认为这个时期是新闻媒体最自由的年代。

范以锦③：改革开放初期三中全会、真理标准讨论前后，鼓励媒体敢说，敢讲真话，敢批判社会不良风气，揭露一些问题，这是媒体最开放、最宽松

① 王研．云南要求媒体不得随意给群众乱扣帽子．http：//news．xinhuanet．com/politics/2009－08/29/content_11963337．htm．

② 宋守山．传媒三十年．广州：南方日报出版社，2009．11

③ 资料来源于2009年12月10日笔者采访原南方报业传媒集团董事长范以锦的录音。

的时期。政府也鼓励媒体反映问题，因为用媒体冲击（一些事情）解决快。反对的是“两个凡是”，思想解放到了最高峰，不仅反文化大革命，而且把历史上的冤假错案都处理了。

但是随着资产阶级自由化思潮的兴起，最后发展成“六·四”风波，几乎酿成中国大乱，之后中央就加强了对思想意识形态的控制。“政治变革导致传统权威的合法性危机，进而引发社会结构的解体和普遍的失范，作为对这种失序状态的回应，政治结构往往向传统回归，而这又使政治结构的转型胎死腹中。这种历史上出现的两极徘徊在当代则演变为‘一放就乱，一乱就统，一统就死’的恶性循环。”① 由于民主化发展趋势和新媒介的使用，完全的统一已经不可能，这种恶性循环出现的几率在降低。但是时松时紧的舆情调控政策仍然显示了调控的不稳定，这是中国政治存在的主要问题。

3. 基本一致的舆论评判标准

中国的意识形态总是在不断调整，表现在舆情调控指导方针上就是不断地随着时局、时代变化提出新的指导纲领。但是有些基本的方针和指导思想不会改变，如前面所说的“双百”方针。而且从历史中可以发现，对于什么是正确的舆情调控标准，实际上历代领导者都对此进行过论述。“文革”前毛泽东曾经提过六个标准。邓小平在南方谈话中给出判断姓“资”姓“社”的三个标准：“是否有利于发展社会主义社会的生产力，是否有利于增强社会主义国家的综合国力，是否有利于提高人民的生活水平。”②江泽民将正确舆论的导向标准明确总结为五个有利于：“坚持正确的舆论导向，就是要造成有利于进一步改革开放，建立社会主义市场经济体制，发展社会生产力的舆论；有利于加强社会主义精神文明建设和民主法制建设的舆论；有利于鼓舞和激励人们为国家富强、人民幸福和社会进步而艰苦创业、开拓创新的舆论；有利于人们分清是非，坚持真善美，抵制假恶丑的舆论；有利于国家统一、民族团结、人民心情舒畅、社会政治稳定的舆论。”③ 2005 年，中共中央总书记胡锦涛在政治局集体学习会议上说到：推行管理体制改革，“要坚持党的领导、人民当家做主和依法治国的有机统一，做到有利于建立完善的社会主义市场经济体制，有利于抓好发展这个党执政兴国的第一要务，有利于充分调动广大人民群众的积极性、主动性、创造性，有利于增强全社会的创

① 杰弗里·亚历山大，邓正来. 国家与市民社会. 北京：世纪出版集团，2006. 12

② 邓小平. 邓小平文选（第 3 卷）. 北京：人民出版社，1993. 372

③ 全国宣传思想工作会议文件汇编. 北京：学习出版社，1994. 48

造活力，有利于巩固和发展民主团结、生动活泼、安定和谐的政治局面”①。这可以视为执政党对舆论正确与否的判断标准。几代领导人的标准基本上是一致的，即舆情调控是否正确，主要看是否有利于中国的社会发展、人民幸福、社会和谐、国家安定富强。

4．舆情及调控都受国际舆论影响

从1957年的学生和工人游行示威、1989年的政治风波可以看出，它们都与当时的国际大气候有关。1957年，受波兰事件和匈牙利事件影响，国内学生和民众进行要求民主的示威游行，毛泽东联系国内外环境错误地判断形势，导致反右斗争扩大化。20世纪80年代，西方一直对社会主义国家进行舆论渗透，导致东欧和苏联社会主义国家发生剧变。而中国也出现自由化浪潮，要求补资本主义的课，西方媒体不断制造谣言进行煽动，但是最终西方的“和平演变”阴谋在中国并没有实现。不过1989年政治风波以后中国一再强调坚持四项基本原则，舆情调控政策一度收紧。

对于西方媒体对中国带有偏见的舆论，中国早期是“西方冲击—中国回应”模式，具有很大的被动性；但是近年来逐渐改变了这种被动状态，一方面中国领导、各阶层人士和新闻媒体积极地走出去，对西方进行公共外交；另一方面请境外的媒体和各界人士走进来，让他们了解真实的中国，特别是邀请那些妖魔化中国的、在该国有影响力的西方记者来采访，积极地改变中国在国际舆论中的形象，这种做法取得了一定的成效，如中国政府在汶川地震、北京奥运会期间的做法都获得了国际赞誉。

三、舆情调控的成效

改革开放以来中国舆情调控意识逐渐明确，体制不断完善，手段不断进步，舆情调控卓见成效，明显表现在：

1．“非典”凸显舆情调控的变化

从“非典”前期和后期党和政府的有关举措，可以看出舆情调控方面的变化以及这种变化带来的不同效应。2003年春天，一场由非典型性肺炎引发的严重疫情，考验着中国党和政府的各方面能力。“非典”最先在中国广东发现，迅速波及全国大部分省市，并且扩展到其他国家，引起国际社会的高度关注。其实“非典”早在2003年春节前就已经发现，但是由于地方宣传

① 胡锦涛．推进行政管理体制改革．http：//cpc. people. com. cn/GB/64162/66214/4472337．html.

部门禁止媒介报道，导致社会各种流言、谣言随着网络和手机短信飞快蔓延，使得人心惶惶。春节过后，社会舆论已经沸沸扬扬，政府不得不允许新闻媒体的报道，但公众仍然无法从媒体上了解各种具体情况，直到北京已经成为疫情重地，掩盖只能导致疫情蔓延甚至更加严重。4月中旬，国家主席胡锦涛到广东考察。4月17日，中央政治局常委会召开会议，部署“非典”防治工作，并成立了国务院防治“非典”指挥部，处分了卫生部、北京市市政府领导不力的主要负责人，开始要求新闻媒体每天通报疫情的最新情况，扭转了“非典”前期舆情调控的不利局面，而且仅用几十天就出台了一部新的行政法规《突发公共卫生事件应急条例》。疫情的公开、透明，消除了社会上的恐慌心理，鼓励了全民抗击“非典”的信心。8月16日，中国内地最后两名患者病愈出院。世界卫生组织对中国政府在抗击“非典”中的表现和成就表示由衷的敬意。

“非典”事件对于中国舆情调控机制的影响巨大，首先，“‘非典’事件中信息的高度透明化和公开化表明新闻主管部门的管理方式开始发生变化：从‘如何包’转到了‘如何报’，从内容控制转到了方向调控”①。其次，“非典”后不久颁布的《突发公共卫生事件应急条例》标志着中国危机管理逐渐纳入法制轨道，其中建立国家突发事件应急报告制度和突发事件的信息发布制度，使突发事件中的舆情调控有法可依，为2007年《中华人民共和国突发事件应对法》的出台打下了基础。再次，在“非典”中，政府各级部门举办新闻发布会成为常规，这成为政府信息公开的主要渠道。“非典”前后信息公开的变化表明了党和政府舆情调控手段发生重大转变，这种转变在汶川地震中及其后成为常态。

2. 汶川地震中信息公开赢得舆论赞赏

2008年5月12日四川汶川发生的8级大地震造成6.9万人死亡、1.8万人失踪，② 在新中国有史以来最大的地震灾害面前，全国人民齐心协力共同支援灾区，灾区没有发生大的恐慌，说明政府不仅在救灾措施方面迅速得力，而且在舆论方面得到全国甚至国际舆论的普遍赞许，扭转了西方媒体对中国军队和政府的一贯偏见，重塑了中国的国家形象。这也说明与以前相比，中国在舆情调控方面有较大的进步，其中一些经验和模式值得以后借鉴。

政府在灾难发生后迅速建立预警和应急机制，中国军队以最快速度进入

① 俞熙娜，沈爱国．“非典”事件对新闻改革的影响．当代传播，2003（6）

② 地震直接经济损失8 451亿．生活报，2008－09－05

救灾现场，以国务院总理温家宝为代表的中央高层第一时间亲自赶赴汶川灾区指挥救灾工作，全国各地倾财力物力无私救灾，救灾行动迅速有序，赢得了国内外舆论的赞许，政府在这次救灾中最值得称许的是信息公开。首先，保证各灾区的信息通畅。灾区、全国和全世界人民非常迫切地想要了解灾区的状况，政府也需要及时了解各灾区的情况以实施具体的救援，但是地震过后通信线路被毁，交通中断，两三天后还是得不到重灾区的任何信息，灾区人民伤亡情况不明。中央第一时间空降部队或者派遣侦察部队徒步到重灾区通过通信卫星等各种先进手段及时把情况通报后方，为空运伤员、灾民及时提供了情报；医院将收治伤员的情况张贴以满足人们寻亲的需要；政府网站公布地震求救电话和灾后重建征求意见等。这些举措稳定了灾区民众的情绪，满足了灾区民众对自身有关信息的需求。其次，及时举行新闻发布会，通报灾区情况，满足了国内外各界对灾区的关切心情。在《中华人民共和国突发事件应对法》和《国家自然灾害救助应急预案》中对自然灾害的信息通报已经有了专门的规定，这次震灾中的伤亡情况都是通过各级逐层上报，汇总到减灾委办公室、全国抗灾救灾综合协调办公室，然后由国务院抗震救灾总指挥部统一向外发布新闻，数字来源权威，减少了各种估计和猜测，也避免了政出多门和数字的不准确。再次，启动谣言预警和辟谣机制。每一次灾害发生后，总会有一些谣言和不实信息通过各种途径在大众间散布，极易引起大众恐慌心理，抗震救灾总指挥部在救灾开始时就把预防谣言当做其中的一项重要工作来做，公开强调对散布谣言者的处罚。四川省抗震救灾应急新闻中心也下达通知，希望广大群众不信谣、不传谣，以权威部门发布的信息为准。政府新闻发言人一反过去对敏感问题避而不谈的做法，针对故意瞒报地震预报的谣言进行反驳，让谣言没有传播的空间。为了辟谣，中国政府不断通过广播等媒体澄清传言，到2008年5月21日，公安机关已经逮捕了55名在网络上造谣者。[①] 而有上千家网络媒体发布联合抵制汶川地震中各类谣言的倡议书，号召不转载、不传播、不炒作并及时删除有关地震的各类未经证实的消息、猜测、戏谑、迷信言论。[②] 公众在这次震灾中空前地团结一致，由于自然灾害是不可抵抗的因素造成的，社会舆论复杂程度不高，舆论关注的焦点在于政府处理灾害的措施和过程以及信息的透明度，而这些方面做得比较妥当，所以社会舆论比较平稳、一致，万众一心积极抗震救灾。虽然也有一

① 汶川地震后全国查破造谣案55起 55名造谣者被抓. 法制日报，2008－05－26

② 西部网、荆楚网联合千家网站倡议：抵御汶川地震谣言从我做起. http：//news. cnwest. com/content/2008－05/21/content_ 1246777. htm.

些关于地震和污染的谣言，造成了一定程度的恐慌，以及有人抱怨灾区地方政府和媒体信息公布不及时，但由于相关部门及时辟谣、化解、补救，有效地制止了谣言的进一步扩散。

政府此次抗震救灾最主要的信息公开是对媒体的开放，组织和配合媒体大量报道，几乎没有什么限制，正如《国际先驱论坛报》报道的，中国对地震的反应不同寻常地公开，中央电视台不间断地滚动播出灾情和救灾努力，这在中国是非常少见的。中国政府对地震的新闻报道没有限制，中国记者不断从地震灾区发回直播报道，外国记者也没有受到任何干扰。① 地震发生后不久，全国各地媒体记者大量进入灾区一线，几乎所有重要的灾区场景都被报道，特别是有些记者随着救灾部队进入重灾区。从5月12日地震发生后不到一个小时，中央电视台开始打破原有的节目板块和频道分工，不间断地连续直播四川地震灾情专题报道《抗震救灾 众志成城》，报道灾区情况和政府的救灾举动。中央电视台在此次震灾发生后迅速的反应、透明的处理，得到了海内外舆论的好评，并被BBC、CNN等境外媒体转播。四川电视台每天通过卫星连续播出各地市抗震救灾更详细的情况，一时成为收视率最高的省级电视。成都、德阳、绵阳、绵竹等当地电视台记者以及湖南、重庆等周边省市的电视台共十几家与中央电视台联合作战，互通信息。全国各地的民众每天都守在电视机前关注救灾的进展情况，及时响应媒体的呼吁，捐助急需的救灾物资。一些大的地方媒体派记者深入前线，将灾区情况及时报给本媒体，号召及时组织救灾物资到需要的地方。而在灾区不能收看电视的地方，收音机成为灾区震情通报、政府各部门救灾信息发布及各类专家直接向灾区民众传播科学抗灾防病的首选媒体，中央在震后第一时间下令向灾区空投的救灾物资中就有大量的收音机，救灾官兵也每人一部。广播的及时性、轻便性、穿透性和普及性等特征在这里得到展现。报纸虽然时效性差一点，但是在深度报道和全面性方面具有优势，如《环球时报》介绍的各国政府和媒体反应成为各媒体引用的信息来源，而且报纸的评论对舆论的引导比较有效。媒体不仅正面地报道救灾情况，也澄清谣言和一些不实的传言，如中央电视台请专家来解释为什么此次地震没有准确预报，学校垮塌是否因为建筑过程中存在腐败等，这些做法增加了公众的信任，加强了对社会舆论的引导。媒体对政府救灾工作积极配合，什么地方需要什么物资都报道出来，引起全国各地

① Andrew Jacobs. News Analysis：China's Response to Quake Is Unusually Open. *International Herald Tribune*, 2008 - 05 - 13.

个人或地方政府的关注，有针对性地运送救灾物资到灾区。媒体还通过对英雄的颂扬，倡导各界学习并进行大规模的捐款活动。5月16日晚，中央电视台、中央人民广播电台、互联网协会都举办赈灾义演晚会，共筹得15亿善款，而各地电视台赈灾晚会也陆续举行。新加坡《联合早报》报道：中国媒体在地震报道中所显示的空前的自由度，让世界刮目相看。媒体开放、自由、客观的报道，不仅保持了社会安定，消除了民间谣言、惊恐慌乱的现象，也大大增强了政府公信力。①

中国抢先发出的信息先声夺人，信息发布及时而且详尽，使得西方媒体不得不引用中国传媒的报道，西方通讯社转发的图片几乎都来自中国媒体，一些西方大牌媒体如美国CNN、英国BBC大量采用了央视的新闻镜头。而且此次抗震救灾对境外媒体的采访没有限制，在灾区随处可见境外记者的身影，美联社、法新社、《联合早报》、《金融时报》、《纽约时报》、《华尔街日报》等国际上有影响力的媒体，纷纷派出记者深入灾区采访，采访的媒体从20多家迅速增加到114家（记者550位）。② 这些境外媒体客观报道了中国政府在抗震救灾中的表现和大量在灾区看到的感人场景，从而改变了西方媒体报道的偏见或者因为信息封闭而造成的无端猜测，正确引导了国际舆论。据《国际先驱导报》报道，中国发生“5·12”汶川地震之后，西方媒体给予了大量积极正面的报道。一直认为“中国媒体不可信”的西方媒体，如CNN、BBC等，都大量使用了中国媒体的电视画面和文字报道，这十分少见。与之前报道西藏“3·14”事件、“奥运圣火传递”相比，西方媒体报道的态度来了个180度的大转弯③。以往饱受西方批评的中国政府和所谓“中国威胁”的主要代表者解放军，罕见地成为西方媒体报道中的正面形象。美国约翰·霍普金斯大学高级国际问题研究院中国访问学者达巍在接受采访时表示，美国主流媒体对汶川地震的报道不仅非常突出，而且把中国领导人、中国政府和中国军队救援的新闻作为重点不断滚动播出④。

在《中国保险报》任评论员的鲁宁根据其对境外媒体报道的资料查阅，得出结论：“西方集体表扬中国。”包括西方主流媒体，如CNN、纽约时报、

① 面对灾难中国展示的理性和进步给世界以震撼. http://news.xinhuanet.com/world/2008-05/23/content_8235577.htm.

② 中国地震灾区已有550位境外媒体记者从事采访. http://news.sina.com.cn/c/2008-05-22/212015597740.shtml.

③ 中国表现让西方“无话可说”. 皖东晨刊，2008-05-21

④ 世界关注救援队挺进汶川 西方讲述中国“英雄”. 南阳日报，2008-05-21

华盛顿邮报、BBC 等，"无论是消息、图片、综述、言论乃至社论，正面肯定中国积极组织抗震救灾几乎形成不约而同的态势。这个态势在新中国成立半个多世纪以来前所未闻"。全球其他媒体、各国政府和政要、各种政府组织、联合国、国际性民间社团等机构"均对中国在汶川大地震后所表现出来的态度、意志、能力和开放心态予以积极肯定"①。

此次抗震救灾显示出中国政府以人为本的人道主义精神，进一步提高透明度的民主开放姿态。在舆情调控方面相信人民群众和媒体的自觉性，以民族精神提升舆论的质量。此次舆情调控的成功不仅在于满足了国内公众了解灾情的迫切愿望，凝聚了全国人民的力量抗震救灾，而且体现在境外媒体和政府对中国政府所作所为的称赞。正如新加坡《联合早报》6 月 10 日的一篇文章认为，中国的这次新闻开放主要是因为中国最高领导层从一开始就为抗震救灾奠定了基调——"救人"，是中国执政党通过媒体自由来获取领导权的一次尝试②。

3. 政府在对外舆论中的调控技巧

随着中国经济的发展，西方在惊叹中国发展速度的同时，"中国威胁论"也悄然兴起，特别是西方媒体对中国的妖魔化报道，激发中国人特别是华人留学生的气愤，《妖魔化背后的中国》、《中国可以说不》等批判西方的书籍十分红火，市场上形成一个"说不"热潮。《中国还可以说不》、《中国仍然可以说不》、《中国为什么说不》等书籍相继出炉，"说不"、"妖魔化"成为流行语。1999 年抗议北约轰炸我国驻南斯拉夫大使馆的舆论在国家利益面前与国家声调一致、共同对外。在 2001 年的撞机事件、2008 年西藏"3·14"事件和中国奥运会火炬传递海外遇阻事件中，都有相似的表现：既让中国民众充分表达了爱国主义热情，又限制在一定的程度内，使之不影响中国的国际关系，不妨碍社会稳定、改革开放的大局。

抵制家乐福事件更是说明党和政府在对外涉及民族情感的事件中，舆情调控手段已经十分成熟。2008 年 4 月，由于奥运火炬在巴黎传递时遭到"藏独"分子的破坏，加上法国政府和媒体不友好的言语，激起中国网民发起抵制法国企业的号召，而家乐福的大股东曾参与赞助达赖喇嘛的传言，使得家乐福首当其冲，成为中国民众抗议法国的靶子，一些城市家乐福超市被冲击，网上发起了"五一"到家乐福门前游行的号召。在此期间，在以网民为代表

① 西方集体表扬中国．中国保险报，2008－05－23

② 郑永年．媒体与中共的领导权．南方周末，2008－06－12

的公众、政府、媒体和家乐福四方的舆论博弈中，中国政府在后台通过对媒体的控制来间接设定抵制运动的日程。深圳大学的周裕琼（2009）定量分析了4月10日至5月4日549篇相关报道，得出结论：在报道频率的5次高峰中，后面4次都是新华社通稿引发的，成为引导媒体议程的主导力量，而政府出面发表的声明只有2次，表面上抵制运动似乎超出了政府掌控，但是“从4月20日新华社的第一篇通稿开始，政府逐渐收缩舆论口径，提出‘理性’原则，并通过高端采访的方式与家乐福通力合作，在短短五天之内平息了抵制风波。”① 另外，政府还通过网络警察屏蔽一些过激言论，在“五一”节前一天就开始通过手机短信提醒公众理性对待，不要去游行，并且安排了警力预防事件升级。政府在这场舆论博弈中充分发挥广大网民的爱国热情，对法国形成一定的压力，然后通过国家媒体进行收控，显示出举重若轻的舆情掌控能力。

4. 对地方政府网络舆情应对能力的评估

对于政府舆情调控的成效如何，除了感性层面的成功或失败之处外，还有专门的科学评估，如人民网的“地方应对网络舆情能力排行榜”。人民网舆情监测室于2009年7月第一次推出“地方应对网络舆情能力排行榜”，一个季度做一次。2009年三次排行榜的评估标准是政府响应、信息透明度、政府公信力三个常规指标，以及恢复秩序、动态反应、官员问责三个特殊指标，两种指标具有不同的分值。2010年开始使用新的评估标准：政府响应、信息透明、政府公信力、动态反应、官员问责、网络技巧。根据一些科学的计算方法和商讨得出总分，分为蓝色（应对较为得体）、黄色（有待进一步加强）、橙色（存在明显问题）、红色（应对严重失当）四种警报。一年来，排行榜见证了地方党政机关应对网络舆情的能力稳步提高。“据舆情监测室统计，2010年第二季度政府应对各项指标与第一季度相比，信息透明度增长20.2%，政府响应增长14%，政府公信力增长10.6%，各项指标综合得分则增长约13.6%，与去年上半年排行榜刚刚推出时相比综合得分更是增长了近25%。”② 从2010年第一、二季度排行榜来看，分数为零的多是动态反应和网络技巧，而问题最严重的地方就是政府缺乏公信力。已有的舆情应对能力评估证明地方政府舆情调控能力已获提高，当然这是在中国政府整体舆情调

① 周裕琼．真实的谎言：抵制家乐福事件中的新媒体谣言分析．传播与社会学刊（香港），2009（9）

② 2010年第二季度地方应对网络舆情排行榜．http：//yq．people．com．cn/zt/2010_2_web/index．html

控水平提高的基础上取得的。

第二节 世界舆论调控的经验

相对于具有几百年历史的资产阶级来讲，中国共产党还是一个管理国家的新生阶级。新生的阶级本身不太成熟，成员也都不太成熟，他们在管理这个国家中经验不足，不会熟练地使用舆论工具；而西方资产阶级已经统治几百年，舆论调控已经很成熟，美国华文媒体人士胡大江认为："西方媒体很成熟，私人企业的媒体知道怎么在社会中用舆论管理国家。"美国的新闻媒体不是由官方直接来管理，所有的媒体都是私有化的，其舆论对政府有大量的批评，但是这种批评是控制在一定程度内的，因为整个舆论工具都掌握在资产阶级手里，而资产阶级又掌握着国家机器。法国《欧洲时报》编委武佩荣认为法国的"舆论导向渐渐受到政权和金钱的控制，所谓金钱的控制主要是控制私营媒体"①；理论上虽然不能禁止公营媒体批评政府，但是政府可以通过任命高级视听委员会控制对公营媒体人事的任免权，以此达到控制舆论的目的。他认为西方以前是三权分立，现在越来越不分立，总统、政府和议会这三权实际上是统一的。法国媒体有一个独立的管理部门叫高级视听委员会，其委员是由总统、议会任免的，每三年更换其中三分之一的委员。在三权统一的情况下对委员的任免实质是统一的，在这种情况下，只是理论上说保障媒体的言论自由，实际上是做不到的，也是不可能做到的。所以西方的民主制度对于老百姓想了解的内容有一定的透明度，让人处于一种精神上的懒惰；如果老百姓不想去了解，觉得这无关紧要，就变成政府和媒体说什么，百姓信也得信，不信也得信，反正到时必定要投某个候选人的票。而且民主政府具有合法性，既然是人民选举出来的，不同意的话等下一届选举，只能被支配命运。

一、控制新闻媒体的机制

建设有中国特色的舆情调控机制要借鉴世界先进的舆情调控经验，西方的舆情调控主要是通过大众媒介进行的，而且强调言论自由、新闻自由，政府对媒体的调控非常巧妙、隐蔽，具有很强的艺术性。对于西方新闻舆论的

① 资料来源于据2009年12月6日第五届海外华文媒体高级研修班中对美国芝加哥网总裁胡大江、法国《欧洲时报》编委武佩荣的访谈。

调控人们总结出来的方式大同小异，巴德尔认为媒体有四种问责机制：①政治问责性，指广播公司和报纸如何规范结构、如何运作的正式规定；②市场问责性或供求系统，即确保公众的自由选择权，同时效益考量也起到一定作用；③公共问责性，即公民对媒体的监督；④职业问责性，即媒体通过职业道德准则等进行的自律。[①] 菲利浦·纳波里认为对于传播的管制主要是经济和社会的双重管制。[②] 简·冯·库伦伯格和丹尼斯·麦奎尔则对传播政策在不同历史阶段的特征进行了研究，认为在新形势下，传播政策通常遵循市场、技术以及消费者（或公民）意愿逻辑，而不是强行实施其目标。[③]

我国学者单波、杨丹等（2007）认为："西方传媒的社会控制包含着一系列复杂的内容：媒介的司法控制、行政控制、道德控制、资本控制，言论自由与公共利益的保护，公民接近与使用媒介权利的满足，文化多样性的维护。"[④] 实际上，在大众传播理论中所有媒介的社会控制包括政治控制、法律控制、经济控制、受众等社会控制、媒介组织自律等方面，网络时代技术的控制也越来越突出，同样的元素组合，执行起来就有不同的效果。

二、以法律和法规调控为主

西方资本主义制度下最根本的控制是资本的控制，因为政府是由大的财团所把持，政府所执行的是有利于这些财团的政策，在舆情调控方面倾向于保护财团的利益。美国的《权利法案》规定政府不得限制信息和民众意见的流动，但是在现实中出现了"公司、国家通过电视控制了美国公众话语的流动"[⑤]。这些大的财团当然也垄断了新闻媒体，使得言论不可能完全自由。但是在表面上西方国家有比较完善的保护言论自由的法律，如美国《宪法第一修正案》提供了最基本的对于言论自由和出版自由的保护。

美国报纸只对法律负责，很少受到政府的直接管制，主要是行业管理。1918年美国成立通讯委员会，后来在该委员会内部设立了新闻检查委员会，并且为美国报纸制定了一套新闻检查制度，成了监督报刊的新闻组织机构。它的主要职能是一方面通过一定程序，制定具体的行政法规和制度；另一方

① 金冠军．国际传媒政策新视野．上海：三联书店，2005．64
② 金冠军．国际传媒政策新视野．上海：三联书店，2005．43
③ 金冠军．国际传媒政策新视野．上海：三联书店，2005．30
④ 单波，杨丹．中国媒体发展研究报告2007年卷．武汉：武汉大学出版社，2007．228
⑤ ［美］尼尔·波兹曼．娱乐至死．章艳译．桂林：广西师范大学出版社，2004．181

面解决纠纷和处理新闻媒体、公众或本行政机构内提出的告案①。1970 年颁布《报纸保护法》，目的是维持新闻市场的多元化。美国有关广播电视行业的法律体系比较健全，当然随着时代发展不断修改，有《1912 年广播法》、《1927 年广播法》、《1934 年通信法》、《1996 年电信法》等。联邦通信委员会（Federal Communications Commission，FCC）主要依靠民众投诉来发现和处理有关电台、电视台节目内容的问题，违规和处罚的法律依据由法院把关，FCC 据此作出处罚，罚款上缴财政部。电信法和 FCC 对媒体的内容进行直接的干预，如规定地方广播在播出广播网的节目之余，每天要留出一小时的时间来播放地区和社区公益节目；节目中出现某种观点或者批评，必须要给持相反观点者同样的机会来辩论；持照人必须亲自与社区团体对话，将他们的关注和声音反映到节目中等。② 但是由于新自由主义对政府管制权的质疑，FCC 的权限在不断缩小，不再是内容上的直接干预，而主要从结构上控制。

英国利用媒体管理机构和《欧洲人权公约》对媒体进行管理，《2003 年传播法案》成立了广播、电视和网络及其他电子新媒体的共同管理机构 Ofcom（UK Office for Communication），设有政策拟定、业务对象和涉外事务三大部门和内容委员会、消费者委员会、咨询委员会。“根据是否有害、是否正确、是否中立、是否公正、是否侵权等各项指标对播放内容进行监管。”③ 英国的其他法律如《保守秘密法》规定媒体报道应当遵循公众利益，目的是防止媒体滥用话语权。其他国家也都有各种名目的法律和行业法规对舆论进行规范，这里不再一一描述。

三、公众利益和言论多元化

公众利益“即指足以影响到社会整体（或者社会若干部分）的事，而非涉及卷入其中或受其直接影响的个人”④。公众利益是指涉大多数公众权益的概念，西方社会的指导思想虽然是个人主义，强调个人的权利，但是国家和媒体作为公共事务的执行者、公器，其行为要对社会负责，在制定传播政策时要考虑是否符合公众利益。西方在关于媒体的管制方面主要是把公众利益

---

① 金冠军. 国际传媒政策新视野. 上海：三联书店，2005. 20

② 罗以澄，张金海，单波. 中国媒体发展研究报告 2007 年卷. 武汉：武汉大学出版社，2007. 234，235

③ 褚建勋. 中外传播政策. 北京：科学出版社，2009. 43，49

④ 金冠军. 国际传媒政策新视野. 上海：三联书店，2005. 16

放在第一位，其利益权衡基本上是“公民优先，市场次之，政府最后”①，以维护公共利益为宗旨。在美国，“公众利益标准在1934年通信法案和1996年电信法案中都作为最重要的指导原则”②。当然随着社会的发展，“公共利益”在很大程度上被重新定义，开始将经济和消费主义价值观包含其中。而政府在对舆论进行调控时，也可以利用“公众利益”为借口对媒体进行限制，如英国“《保守秘密法》规定：只有当公开某一消息的公众利益大于不公开这条消息的公众利益时，媒体才可以予以公开”③。这一条规定已成为阻止媒体滥用话语权的一个强有力的法律工具。

西方新闻行业协会和新闻法律对新闻舆论的调控原则都是维护多元化言论和公众利益，而不是统一言论，避免出现一家之言，尽可能地维护公众利益。如美国FCC一贯以是否有利于言论自由作为判断标准，而不是政府旨意。英国为了防止BBC形成话语霸权，特意成立了非营利性的公共服务电视台Channel4，以此来鼓励竞争，防止出现话语垄断。因为只有多元化的言论自由才能保证舆论不被少数利益集团所控制，从而最大限度地保护公众利益。

四、新闻舆论调控的艺术性

海伦·托马斯认为“新闻管制”这个词是在约翰·F. 肯尼迪时代创造出来的，但是早在合众国创立之初，历任美国总统就已经进行过新闻管制了，越到后来政府越热衷于新闻管制，这个词汇也就演变成了“新闻操纵”。她列举了美国政府五种常用的新闻管制的方法，首选的也是最简单的方式是阻止记者获得信息或者进入现场。其次，总统及其幕僚有可能不停地骚扰记者，迫使记者最终按照他们要求的方式、笔触进行报道。其三，总统手下经常会跟媒体说一些圆场谎话，以求达到控制新闻的目的。其四，总统和他的班底会为白宫和他们制定的政策创造一些宣传的有利条件，以此来控制新闻。其五，白宫会选择时机和传播方式来进行新闻控制，包括用发布新闻稿、每日要闻以及总统的新闻发布会等手段④。“二战”后美国出现了“共识操纵法

---

① 金冠军. 国际传媒政策新视野. 上海：三联书店，2005. 64

② 金冠军. 国际传媒政策新视野. 上海：三联书店，2005. 49

③ 徐剑梅. 英国政府与媒体在突发事件中的协作. 中国记者，2004（10）

④ ［美］海伦·托马斯. 民主的看门狗. 夏蓓，蒂娜·舒译. 广州：南方日报出版社，2009. 51，52

(engineering of consent)”[①]，这个术语是美国现代公共关系之父爱德华·伯奈斯提出的，指的是为了达到“好的”目的而采用官方的传播方式。

俄罗斯的穆尔扎揭露了美国的新闻业在意识操纵方面提高效果的主要手段[②]：一、捏造事实。如果有被拆穿的危险，就不要说谎。“可是当信息很难拆穿，或者要想拆穿代价会过高的时候，新闻业则会毫不知耻地撒谎。”二、影响单一。“完全没有其他可供选择的、不受控制的信息和观点的来源。”三、筛选事实，以便报道。“统治阶级把大部分媒体的直接所有者置于自己的势力范围，并对其余部分实行经济控制。”他们决定信息流的结构，精选出事实和问题，通过信息垄断限制了媒体对信息的选择，隐瞒不需要的信息，以此“虚拟”现实。四、灰色与黑色宣传。灰色宣传是出自专门的无法确认的信息源，黑色宣传指的是来自其他各种虚假的信息源。五、大范围的精神变态。大众传媒把公民变为巨大的却分散在各地的群体，这些群体连媒体最荒谬的说法也能相信，很容易变成集体恐慌，如英国“疯牛病”引发的恐慌。

美国政府对新闻的操纵主要是通过以新闻发言人制度为代表的信息公开制度，这是政府合法地控制新闻传播的主要手段，由于政府拥有公共事务重要信息的来源和解释权，媒体在某种程度上不得不依赖政府提供的信息。列农西格就曾指出：“《华盛顿邮报》和《纽约时报》四分之三头版新闻来源于政府。”[③] 在“9·11”纽约世贸大厦和华盛顿五角大楼遭遇恐怖袭击之后，政府对媒体施加了越来越多的压力乃至威胁，让媒体与政府保持口径一致。政府还和媒体一起共同导演了一些事件，如1992年12月美军入侵索马里的“重建希望行动”，美国国防部新闻发布部门安排了几十个记者到索马里海滩，在强灯光的照射下拍摄美国海军在夜间登陆。2003年美军特种部队营救被抓的女兵林奇时，也是安排了摄像记者随军采访，将整个营救过程拍摄下来公布于众，简直就是现实版的《拯救大兵瑞恩》，目的就是借此进行正面的形象宣传，缓解美国人对伊战的不满情绪。

为了影响其他国家的思想朝着美国希望的方向发展，输出美国的价值观和世界观，美国非常重视国际传播，美国之音和针对古巴的马蒂电台都是隶

---

① 斯坦利·巴兰，丹尼斯·戴维斯．大众传播理论：基础、争鸣与未来．曹书乐译，北京：清华大学出版社，2004．76

② ［俄］谢·卡拉—穆尔扎．论意识操纵．徐昌翰，王晶等译．北京：社会科学文献出版社，2004．332—339

③ Leon V. Sigal. *Reporters and Officials: The Organization and Politics of Newsmaking*. Lexington, MA: D. C. Heath, 1973. p.48.

属美国新闻署，由政府直接拨款。1994 年，美国国会通过的《国际广播法》规定，所有美国政府的国际广播电台均由美国新闻署下属的新成立的国际广播局监管。欧洲自由电台虽然名义上是私营的，但其经费通过广播董事委员会由美国新闻署提供。美国很善于在国际传播中利用公众外交手段，政府的专家会针对对象国的社会文化背景进行研究，找到可以拨动决策阶层心弦的办法。如美国进攻阿富汗和南斯拉夫之前，为了争取国际舆论支持，总统到各国进行公众外交游说。

五、西方舆论操控导致和平演变

1989 年东欧剧变、苏联解体，大量证据表明这种和平演变主要是社会主义国家的腐败导致舆论失控以及西方资本主义国家舆论操纵的结果。

苏联早期实行新闻检查制度，传媒归国家所有，是党和国家的喉舌。在戈尔巴乔夫倡导的民主、公开、多元化的大众传媒新政思想指导下，取消了新闻检查制度，允许各种社会组织或公民办报，甚至外国人也可以办报。传媒不再仅仅是国家和政府统一的传声筒，而是各种观点的载体。舆论管制的突然放开使得社会上各种思潮涌现，加上西方媒体的大肆渲染，对党内贪污腐败进行无情批判和揭露，在社会上降低了党的威信，最终导致苏联解体。到了普京时代就加大了对传媒的国家控制，实行“中央集权式”管理，但在微观上采取传媒自我管理和市场监控的方式进行，对少数试图干预政治的传媒寡头如别列佐夫斯基和古辛斯基进行了打击。普京提出的“可控民主”实质上就是有秩序的民主，加强国家对传媒业的控制，他曾说：“建立法治的政权和社会秩序，是维护个人与社会自由，成为高效、强大的国家的必由之路。”俄罗斯的传媒法律越来越倾向于保护传媒自由，不过，“俄罗斯在对报纸、杂志等印刷传媒实行‘自由开放’政策时，对广电业实行了严格的准入和管制制度”①。这是因为广播、电视的影响波及面比较大。另外，俄罗斯在对西方媒体的进入逐渐收紧的同时，加大对外宣传，利用传媒外交和文化合作树立正面形象。

罗马尼亚共产党丧失执政地位，也是内外因素影响的结果。内因与其领导人齐奥塞斯库的严重错误有关，他滥用职权、任人唯亲、独断专行，搞个人崇拜，拒绝改革，在执政后期导致经济萧条、人民生活陷入困境，所以爆发蒂米什瓦拉民众游行示威，他们高喊“要面包”、“要暖气”、“要热水”、

① 褚建勋．中外传播政策．北京：科学出版社，2009．144，149

“要自由”。而他在电视讲话和公众场合讲话中仍然高高在上，不是缓和舆论气氛，安抚民众情绪，而是谴责游行示威是流氓、暴徒煽动的，是“冲击党政机关”的“恐怖主义行为”，命令军队镇压，遭到军队拒绝而失控。政变的导火线是蒂米什瓦拉动乱引起的，而动乱是西方舆论操控的结果。据新华社驻巴黎分社报道，法国《解放报》于1990年4月4日承认，1989年12月下旬关于罗马尼亚蒂米什瓦拉市发现“杀人场”，有4 630人被集体屠杀一稿，是西方舆论对事件的“过分夸张”，实际上这个“杀人场”并不存在。报道说，参与炮制和传播这一消息的有美国的“欧洲自由电台”、流亡在柏林的一名罗马尼亚作家、法新社、匈牙利电视台、南斯拉夫通讯社、蒂市“救国委员会”成员等。这一消息的传播路线是慕尼黑—巴黎—布达佩斯—蒂米什瓦拉—贝尔格莱德，然后再经罗马尼亚“解放电视台”传向全世界，先后经过了不到三天的时间。① 这一骇人听闻的报道对罗马尼亚的动乱起着关键性的作用和影响。

苏联和东欧剧变一方面说明这些社会主义国家对意识形态和舆论调控的失控，另一方面说明了西方舆论操控的成功。在现代社会，通过意识形态的渐变和舆论鼓动的和平演变，已经成为政权更替的主要方式，也就是说从思想、舆论上取得文化领导权和维持这种权力是执政者主要任务之一，当然要维持统治还需发展生产力以保证人民过上富裕的生活，并在危机的时候利用国家机器对意识形态进行必要的控制。

第三节　舆情调控机制的优化

舆情调控机制的优化是以人为本建立科学的舆情调控机制。从改革开放以来舆情调控的历史可以看出，舆情调控机制是不断改进、不断优化的过程，但是仍有很多不足之处，需要进一步建立科学规范的舆情调控机制。

廖永亮认为舆情调控至少要受到三个层次的规律的制约：第一，事物本身运动的规律；第二，新闻舆论工作自身的内在规律；第三，在事物运动规律和新闻舆论内在规律基础之上的对新闻舆论进行调控的规律。② 胡锦涛在视察人民日报时谈到新闻宣传要按新闻传播规律办事正是强调了第二个层次。

正如哈贝马斯所说的政治科学化是一种发展趋势，建立舆情调控的科学

① 徐鹏堂．保加利亚共产党丧失执政地位的原因与教训——访中国原驻保加利亚大使李凤林．中共党史研究，2007（3）

② 廖永亮．舆论调控学．北京：新华出版社，2003．4

化体系是政治科学化的一个方面。当然，政治科学化所讨论的主要是专业知识和政治的关系问题，哈贝马斯从历代学者的研究中总结出三种模式：决定论模式、技术统治论模式、实用主义模式。而只有实用主义模式才与民主相关，因为在这种模式中所依赖的交往“可以在公民大众中以公开讨论的民主形式制度化。对政治的科学化来说，科学同社会舆论的关系是建设性的”①。如何在中国社会舆论与政治之间建立科学的舆情调控体系，需要根据中国的社会主义特色，对现有的机制进行完善、调整。

一、建立舆情调控体系的原则

这里的原则主要是针对舆情调控机制的建立和运行中所使用的指导性规则。

1. *以人为本*

舆情调控的对象主要是广大人民群众的言论，这就要贴近民众，了解民众喜乐和疾苦；在进行舆情调控时从民众立场出发，尊重和保障人民的知情权、参与权、表达权和监督权。2003 年，中国共产党十六届三中全会提出：“坚持社会主义市场经济的改革方向，坚持尊重群众的首创精神，坚持正确处理改革发展与稳定的关系，坚持统筹兼顾，坚持以人为本，树立全面、协调、可持续的发展观，促进经济社会和人的全面发展。”2007 年，党的十七大又提出科学发展观的核心是以人为本，人民当家做主是社会主义民主政治的本质和核心。所以党和政府一切工作的出发点和落脚点是人民群众，要把经济的高速发展和人民群众的利益结合起来，才能全面协调、可持续发展。在舆情调控体系建设方面，要考虑如何充分满足人民群众的需要，建立正常的舆情上达渠道；了解人民的反馈性意见，及时对舆情调控政策作出调整。

2. *口径一致*

舆情调控体系涉及社会各个方面，是一个庞大、复杂的系统，在实行舆情调控体系时要求宣传口径一致，具有一个统一的舆情调控最高指挥部门，协调各部门的行动，确定统一的宣传论调。如果各个部门自行其是，各说各的话，甚至最高领导者指挥不统一，只能使舆论混乱，最终导致政治动乱。

拉斯韦尔②谈论了在战争期间宣传口径不统一的各种弊端，他建议宣传组织可以采用的形式：第一种是可以只有一个宣传主管，第二种是可以有一

---

① ［德］哈贝马斯．作为“意识形态”的技术与科学．李黎，郭官义译．上海：学林出版社，1999．103

② ［美］哈罗德·D．拉斯韦尔．世界大战中的宣传技巧．张洁，田青译．北京：中国人民大学出版社，2003．20，34，37

个宣传主管委员会，第三种就是可以有一个各部门共同的记者招待会。“一战”中美国采用了第一种，英国采用了第二种，德国采用了第三种。中国中央政治局常委有一个是主管意识形态的领导，中宣部是常规的舆情管理部门，可以说兼采前面两种形式，当然也经常举行部门联合新闻发布会，但是有时各部门缺乏充分的协调。

汶川地震时中国政府对舆情的调控比较成功，其主要做法是震区地方政府每天将各地情况层层上报，最后汇集到中央主管单位，如将死亡人数汇集到民政部，由民政部上报国务院抗震救灾总指挥部，总指挥部授权国务院新闻办公室统一发布新闻，这样对死亡人数就有统一的说法，不会引起人们的猜测和议论。

3. 守土有责

各部门要认真地履行自己的职责，防患于未然，随时关注舆情的变化以及可能出现的问题，提前制订应对舆论突发事件的方案，如国务院和各地政府的《突发公共事件新闻报道应急办法》。当舆论事件兴起时，分成公众舆情调控、新闻舆论调控、国际舆论调控等不同的层面，各司其职，认真对待；对于不负责任的官员实行问责制度，如《中华人民共和国突发事件应对法》、《深圳市人民政府新闻发布工作办法》等都对相关的责任及惩罚进行了规定。

主管舆情调控的宣传官员要有较好的个人品行和声誉，这符合中国历来推崇的“清官”的传统观念。“因为宣传官员首先要有公信力，要有良好的社会形象，他的宣传才更容易被公众接受。因此，现在的宣传官员必须要有‘现代意识’，要能掌握很多跟公众和社会进行沟通互动的新办法和手段。”①

4. 有效管理

有效管理就是进行科学管理，近年来不断进行的科学发展观教育目的在于提高领导水平，促进中国的可持续发展。在舆情调控方面也应该讲究科学性，政策制定和舆情调控应当紧密联系，要让宣传家在政策制定过程中占有一席之地。因为他们富有专业知识，能够使政策的制定更科学、更符合实际、更专业。

要有效管理还必须保证管理机构的权威性。要使舆情调控工作得到重视，并且各部门与人员听从指挥，舆情调控机构负责人应有一定权力，舆情调控机构应有较高的权力。拉斯韦尔认为从事宣传工作的机构负责人应该具有同

① 桂杰. 伍皓. 说我另类是因公开透明的理念还不是社会共识. 中国青年报，2010－05－13

政策制定官员们相同的威望，从事宣传工作的人员应该从那些对宣传对象了如指掌的人中挑选。从这个角度讲，新闻工作者所具有的品质是最适合宣传工作的，他们既了解公众，又懂得一定的宣传技能，适合担当舆情调控的执行人员。

5. 完善监督

一套好的行政操作系统必须有完善的监督，英国的胡德认为，中国传统社会的父权主义的儒家公共管理思想曾经是世界上最为成功的模式。如今中国比较符合他说的权威阶梯型的“老板主义”控制方式，“作为一种控制方式，监督最自然地同公共管理中等级主义的世界观联系在一起”①。

负责监督的是那些高层政府部门和检察机关，也包括第三方，如伍皓所说：在“躲猫猫”事件里，我们组织了“网民调查团”，那是首次，也没有人说要去推广这种做法，但如今越来越多的地方政府处理类似事件时，它成了一种可借鉴的模式。在后来的上海“钓鱼执法案”、“南京儿童医院的徐宝宝案”中，这种做法就得到了完善和提升，形成了“第三方调查机制”②。

二、舆情调控的要素分析

1. 舆情调控的主体

马克思主义认为在政治上占据统治地位的阶级必然在意识形态上也占据统治地位，任何体制下的执政者都必然重视民心民意的动向，对其进行或明或暗的调节和控制，所以舆情调控是国家对舆论传播的宏观管理。中国舆情调控的主体是党和政府，具体执行的是各级党政机关，涉及的部门主要有中央和省市宣传部、新闻出版署（局）、信访办公室、新闻媒体、民意调查机构、舆论研究机构、舆情信息直报点。县级一般没有新闻出版局、广电局、民意调查和研究机构。

2. 舆情调控的客体

舆情调控的客体是社会舆论，包括新闻舆论和网络舆论，这些舆论的主体是人，也就是说舆情调控的对象是一般社会公众、新闻媒体和网络的受众，他们都是生活在中华文化氛围下的民众，既具有传统文化遗留下来的旧习性，又有新时代多元文化熏陶下的新习性。现代社会民众参政议政意识不断增强，

---

① ［英］克里斯托弗·胡德．国家的艺术．彭勃，邵春霞译．上海：上海世纪出版集团，2009．47

② 桂杰．伍皓：说我另类是因公开透明的理念还不是社会共识．中国青年报，2010－05－13

正在走向成熟、理性，总体素质在不断提升，舆论的质量也在不断提高。因此在进行舆情调控时，要充分尊重和保障民众的权利，单纯地实行愚民政策或者打压手段，就会激起民众强烈的反弹，结果适得其反。

3. 舆情调控的方式和渠道

中国舆情调控的方式和渠道最重要的一个特点就是通过组织形式进行上行或下行的信息传播。中国政府的组织形式比较严密，有严格的上下级关系，利用组织进行传播是中国舆情调控的一大优势。舆情调控的另一个重要渠道是通过新闻媒体进行的大众传播，这是各个国家都善于利用的一个渠道。大众传播因其传播速度快、覆盖面广、影响大等特性，在舆论引导方面具有强大的威力。通过新闻发布会及时将执政者的政策、方针、路线和有关公共事务的信息传递到千家万户，让人民群众了解和领会执政信息，是培育正向的舆论、引导舆论的前提。舆情调控还可以通过公众聚会等公众传播方式进行，通过大型集会、活动中的演讲、表演等方式对大规模的人群进行面对面的宣传鼓动。

4. 舆情调控的手段

舆情的调控手段从宏观上来讲，包括硬性手段和软性手段。硬性手段包括法律法规、行政命令、警察军队、技术等；软性手段包括利用大众媒介进行的舆论引导、会议动员、文艺表演、宣传活动等，软性舆情调控手段要讲究艺术性，进行巧妙的诱导而不是灌输，现代社会领导权的实现更多的是通过软性手段。不论以何种手段进行调控，对社会利益追求的最大化是政府形象达到最优化的基础和前提，这是政治学的一条基本规律。

三、舆情调控机制的体系

1995 年中共中央办公厅发布的《中共中央宣传部关于进一步做好新闻舆论工作的若干意见》中提出："要逐步建立健全中央和省、自治区、直辖市党委统一领导，中央宣传部和省、自治区、直辖市党委宣传部协调指导，各级新闻出版行政管理部门和各新闻单位的主管部门分工负责的管理体制。逐步完善信息、引导、协调、保障、约束等运行机制。一个体制和五个体制及其相应的制度和办法，是相互联系、相互作用的有机整体，构成新闻舆论工作宏观管理体系的基本框架。"① 文件提出宣传部门要完善新闻评阅制度、新闻调研制度、新闻通气会制度、新闻发布制度及谈话制度等。这一宏观调控

① 郎劲松. 中国新闻政策体系研究. 北京：新华出版社，2003. 90

体系的规划，使新闻舆论牢牢地掌握在党中央的调控之下。目前我国已经建立了各个领域内舆情调控的体系，但是仍有不足之处，应该建立一个更加科学的舆情调控运作整体机制，具体包括：

1. 舆情监测与收集机制

舆情调控的第一步是了解舆情，舆情监测和收集机制就是监测和收集人民群众对社会热点、焦点、难点、疑点问题的看法和意见，包括不利于社会安定团结和经济发展的不良思潮、消极民谣，包括封建迷信和反动言论等。通过对舆情的收集，执政者可以及时了解民众思想动态、舆情风向，为及时、正确化解社会矛盾、防止出现过激舆论提供了可能。舆情监测和收集机制主要有以下渠道：固定信息点、新闻媒体、信访部门、人大、政协、民意调查机构、互联网等。

以上几个渠道现在分别有相应成熟的舆情监测和收集机制，但是缺乏一个系统的整合，缺乏舆情信息最终汇集和处理的平台。政府应该成立一个专门的舆情监测和汇集中心，汇总各部门的舆情资料，以便对舆情有全面的了解和掌控。

2. 舆情分析机制

“所谓舆情信息分析机制，就是在有关制度的激励和保障下，依靠有关人员，采用科学手段和方法，对各类舆情信息进行科学、深刻、全面的分析和判断，并提出对策建议的工作运行方式。”①在舆情信息汇集的基础上对舆情进行科学的分析，才能找出舆情症结所在，从而提出调控对策。

目前，政府的舆情分析主体主要是：舆情信息工作者、传统新闻媒体、网络；专家和学者；民意调查机构；舆情分析联席会议等。但是由于舆情分析联席会议成本相当高，一般是在危机或重大情况下才使用这种方式。应该建立一种日常的舆情分析联合机构，各地各级机构将舆情汇总到该机构，由专职人员进行分析研究，由于他们平时都是在从事这样的工作，而且对持续提供的舆情比较了解，所以比临时聘请的专家对舆情更加熟悉，分析更加系统、准确。

舆情分析时要考虑认识自身进行舆情调控的可行性，马克思、恩格斯认为舆情调控的前提首先是对舆论控制面临的可能性空间和对自身控制能力的了解，其次是选择控制的目标和方法，最后是对控制条件的把握。② 所以进

① 中共中央宣传部舆情信息局．舆情信息汇集分析机制研究．北京：学习出版社，2006．54

② 陈力丹．精神交往论．北京：开明出版社，1993．188

行舆情分析时要从这三个方面去考虑，充分了解自身的情况和舆论控制的可能性。

3．舆情引导机制

舆情引导机制就是舆情处理的机制，其运行是在汇集、分析舆情的基础上，对舆论进行引导调控的过程。中宣部舆情局出版的《舆情信息工作概论》缺少舆情引导的具体运作机制，但是这个环节是舆情调控的关键，也是进行舆情汇集和分析的目的。舆情调控者在了解舆情并且分析其实质之后，就要有相应的处理对策，如在突发事件中，政府应急办公室解决具体的实际问题，舆情调控者就要及时配合，公开信息，对公众过激的舆情进行引导，对错误的、愚昧的舆论进行批判、辟谣，对公众不满意的问题给予答复，对一些危险的苗头及时进行控制等。

舆情引导的程序和方法一般是：宣传部门为舆论导向把关，政府发言人为媒介设置议程，利用大众媒介为公众设置议程，借助意见领袖在公众中获得支持，通过会议传达等其他形式一级级扩散到公众中去。

4．舆情调控反馈、评估机制

舆情调控反馈机制就是将舆情调控的效果和执行情况通过一定的渠道反映或传送给舆情调控者。舆情调控成功与否不是调控者单方意愿就能决定的，它是否真正为公众所接受，达到预定的效果，要看公众的反应，而此类信息需要调控者通过一定的渠道去收集。实际情况是大部分的舆情调控缺乏专门收集舆情调控反馈的渠道，很少进行经验教训的系统总结。为了加强舆情调控的有效性和改进以后的工作，应该建立经常性的反馈机制，反馈机制的建立大致可以通过以下渠道进行：传统新闻媒体、网络、政府有关部门和民意调查机构等。如目前人民网的舆情监测室对各种舆论事件进行分析，而且根据一定的评判标准对地方政府舆情应对能力进行评估，还请一些专家点评，这对各地政府舆情调控工作是一种促进，也总结了各种舆情调控中的经验。

值得注意的是，在上面的几个机制中，都应该重视专家的作用，因为在现代民主社会，由于政府和公众互不信任，专家成为重要的平衡力量。专家既具有其行业独特的专业知识，又具有丰富的实践经验，大部分能够本着科学专业主义精神赢得大家的尊重，成为本行业的舆论领袖人物。“在西方当代政治中，专家是个重要人物，他让社会相信这样或那样的决定是否有利，是否安全。”①

四、舆情调控的技巧

舆情调控需要讲究技巧和艺术性，西方对此有相当多的研究，美国专家操纵舆论的技术可以说已经达到炉火纯青的地步。而中国只是对于政治宣传理论有较多的研究，在技巧方面十分匮乏。桑斯坦认为言论自由从来不是绝对的，每个民主体制都会规范某些形式的言论，“问题不在于我们是否该规范言论，而在于如何规范言论——尤其当我们设法提升自由表达体制的价值、强调民主自治时，我们又该怎么做?”② 面对中国复杂的舆论环境，更需讲究舆情调控的技巧。

1. 进行公众教育运动

大规模的群众批判运动是有害的，但是倡导正面社会风气的公众教育运动是达成共识的有效手段，如学习雷锋运动、公民基本道德规范、共产党员先进性教育等都有助于形成良好的舆论环境。美国公众舆论专家埃弗里特·拉德说“这种公众教育运动是治国之术的精髓”，他还说一名总统“必须致力于策划民主共识”③。公众教育运动是培育公民精神、提升公民素质的重要途径。当然公众教育运动不同于纯粹的政治宣传运动，应该是针对老百姓关心的问题进行理性的宣传，要遵循公共管理的一个基本观念：“我们的控制体系只有在能够有效配合人类动机和内在社会过程时，才能够有效发挥作用。”④ 因此要注意根据公众的需要和心理适时进行，才能取得较好的效果。

2. 鼓励辩论，但限制在一定规则内

现代民主社会，限制言论自由的手法已经不适宜，所以要对舆论进行巧妙的引导，其中一个最主要的措施就是制定“规则”，这个规则必须是公众都认可的，符合公众利益的，也就是前面所说的判断舆情调控正确与否的标准。实际上，近年来中国发生的民众示威游行等抗争性的行为，都不是以反对中央政府合法性为前提的。中国社科院于建嵘教授认为中国的群体性事件

① ［俄］谢·卡拉—穆尔扎. 论意识操纵. 徐昌翰，王晶等译. 北京：社会科学文献出版社，2004. 314

② ［美］凯斯·桑斯坦. 网络共和国 . 黄维明译. 上海：上海人民出版社，2003. 139

③ ［美］诺姆·乔姆斯基. 海盗与君主 . 叶青译. 上海：上海世纪出版集团译文出版社，2006. 3

④ ［英］克里斯托弗·胡德. 国家的艺术. 彭勃，邵春霞译. 上海：上海世纪出版集团，2009. 44

中，“无论这些反抗是多么明显和激烈（有时甚至是暴力性质的），他们都最大限度地展示他们对中央政策和领导者的忠诚。他们的偏好和策略是根据中央政府的‘合法’边界提出自己的要求。因而，中国的民众在抗争过程中有着一贯的‘遵循规则’的倾向。”“即使在一些极端的案例中，抗争者也为了获得中央政府的认可而表示服从国家权威。”① 所以不要总是将群众视为敌对势力，而应该采用疏导的方式，允许一定程度的自由辩论，适当把握辩论的方向。人们对权贵阶层的腐败和退化、社会不公正等现象产生不满甚至仇视，如果这些不满情绪找不到出气孔，积压到一定程度就会爆发。

3. 提出能够被舆论接受和牢记的口号

号召舆论达成共识的一个常用方法就是利用语言，通过制造出特定含义的语言符号，对人们的思维设立一种不加怀疑的前提。心理学家勒邦早就指出过诸如民主这种词语的操纵力及其对群众的蛊惑性影响；奥威尔在《一九八四》中创造了一个“新语”形象，无处不在的口号时时起到惊醒作用；乔姆斯基也描述了美国制造的语言如何在全球推行，如将“恐怖主义”的标签贴到任何它看不惯的国家身上，而整整一大套概念被编造出来用于鉴别异端：“独裁”、“马克思分子”、“极端的”等词汇，根本不用进一步的争论和评论就可以否定它。这种做法是“二战”中美国宣传理论家们早就总结出来的宣传技巧之一，即赋予敌人以恶名。拉斯韦尔也说到不计其数的官方或非官方的宣传通常使用下面词语来暗示：共产主义、爱尔兰独立、泛伊斯兰教、泛斯拉夫、泛美、泛欧及国际联盟。

从我国历史经验来看，创造性地根据舆情引导目标使用口号，是新中国的一大特色。“文革”时期的语录、口号等确实对舆论的鼓动起到很大的作用，改革开放后标语、口号张贴或印刷在道路、街道两旁，随处可见，很多政策性的口号使人耳熟能详，特别是各种宣传计划生育的国策宣传口号，给人印象深刻。只要方向正确，适当使用这些语言仍然不失为舆论调控的一个好方法。

4. 不割断历史记忆

奥威尔和穆尔扎都提到改变整个社会舆论的一个主要方法是切断集体的历史记忆，奥威尔的《一九八四》中谈到，“党的口号是：‘谁控制过去，谁就能控制未来；谁控制现在，谁也就能控制过去。’凡是目前认为正确的事

① 石首：群体事件后的静默. 南方周末，2009 - 12 - 31

物，将永远是正确的。这是一个非常简单的办法，只消不断压制记忆就行了"①。保加利亚政府前总理菲利波夫在总结保共失败的原因时特别指出："彻底否定共产党是一个致命的错误。认为对过去否定得越多越表明共产党（社会党）同过去划清了界限，而越同过去划清界限就越保住政权的设想是多么天真和幼稚，其结果是适得其反，等于往反对派的磨盘里注水，帮了反对派的忙！如果当时全党能坚强团结，采取坚持真理、修正错误的坚定立场，情况就会好得多。"②

穆尔扎认为苏联解体的一个主要原因是"改革的意识形态机器在破坏苏联社会集体的历史记忆方面做了大量的工作。国家历史上的象征和里程碑被抹上了黑，受到嘲笑"③。苏联那些改革派强烈地对人民群众灌输对自己生活方式的厌恶感，使得西方的生活方式成为人们梦寐以求的东西，把自己的家园看得一钱不值，最终失去了健全的理性，跟随西方舆论宣传走，但改革后的生活并不如意，所以又表现出对社会主义的怀念情绪。这从反面说明了要坚定人民群众的信念，不断提醒人民今天生活与过去历史相比的优越性，增强人民的自豪感和荣誉感，才不至于导致舆论失控。邓小平在反对资产阶级自由化中说过，近代的历史证明了中国走资本主义道路不行，青年人不了解这些历史，所以"我们要用历史教育青年，教育人民"④。

5．遵循新闻宣传规律和舆论运动规律

胡锦涛在视察人民日报时的讲话中强调，要坚持用时代要求审视新闻宣传工作，按照新闻传播规律办事，创新观念、创新内容、创新形式、创新方法、创新手段，努力使新闻宣传工作体现时代性、把握规律性、富于创造性，不断提高舆论引导的权威性、公信力、影响力。他强调了政府利用媒体进行宣传要遵循新闻传播规律，而舆情调控不仅要遵循新闻传播规律，也要遵循舆论本身的发展规律，要将新闻、宣传、舆论的规律融会贯通。不遵循新闻传播规律，过分地使用具有鲜明倾向性的宣传语言就无法引导舆论；不遵循舆论规律，无视民众的意见或者压制民众的意见，就会引起舆论的强烈冲击。

遵循新闻传播规律就是要尊重新闻的真实性、客观性、及时性、重要性

---

① ［英］奥威尔．一九八四．藤棋，金腾译．北京：中国戏剧出版社，2002．17

② 徐鹏堂．罗马尼亚共产党丧失执政地位的原因及教训——访中国前驻罗马尼亚大使陈德来．中共党史研究，2006（1）

③ ［俄］谢·卡拉一穆尔扎．论意识操纵．徐昌翰，王晶等译．北京：社会科学文献出版社，2004．401

④ 中国共产党宣传工作文献选编（1957—1992）．北京：学习出版社，1996．792

等规律，讲求新闻报道的技巧，了解受众心理，满足受众的需求。不能在新闻报道中一味地官话、套话连篇，政治性语言十足，或者像做政治报告一样枯燥无味，而应该生动活泼，对一些受众关心的事情进行及时报道，巧妙地引导，才能获得最佳的宣传效果。有些政府官员不懂新闻传播规律，对新闻媒体指手画脚，硬性规定报道内容，这只会导致新闻媒体失去受众的拥护，最终失去新闻舆论的引导作用。

舆论本身有其运行的规律，大众媒介要做好舆论引导工作，必须对舆论的本质及其发展规律有清晰的认识和把握。舆论形成和运行的规律基本上有以下几个：

第一，舆论的形成和运动具有不可抗拒性。① 舆论的发生、发展和消失呈现出自主发展状态下的不可抗拒性。大众媒介进行舆论引导要因势利导、顺势而为，不能横加干涉或压制。2008 年 6 月 28 日，贵州发生瓮安群体暴力事件，全国公众都想及时获知事实真相，但当地政府不及时公开回应，而是试图扭转舆论，结果是种种传言得不到澄清，最终成为引发骚乱的导火索。

第二，舆论运动具有多极性。由于舆论的主体是各色人等，舆论的对象又五花八门，人们的意见不可能是一种声音、一个方向，各种意见纷纭交杂、互相争辩，甚至会出现舆论对峙的局面，对于这些不统一的意见，大众媒介不能硬性进行统一，而应进行充分的论证，得出正确的结论。如 2007 年 10 月，陕西省林业厅通过媒体宣布发现华南虎，并公布了周正龙拍摄的华南虎照片。但是这个新闻立刻引起舆论的争议，特别是在网络上形成了“打虎派”和“挺虎派”两大派别，打虎派列举的证据得到了舆论的支持，导致相关部门介入调查和大部分媒体的质疑。

第三，舆论运动具有巨大的惯性。舆论的惯性是指旧舆论在新的历史条件下的延续②，具有一定的延续性，有些舆论的影响甚至可以延续几百年。这种延续有时表现得异常强烈，有时比较平缓，甚至成为潜意识，但社会上一旦出现导火线，舆论又从内心活动转化为公开的意见，这种反复性是舆论惯性的一种表现。舆论惯性表现为对客观事物的成见，即舆论主体一味坚持原来的意见，在客观事物发生变化以后，也不改变原来的观点。这说明舆论引导工作不能一蹴而就，要进行长期的新观念教育和熏陶。

政府、媒体提出的议程与公众的议程吻合，才能起到作用。而且其作用

① 丁柏铨，王雄等. 新闻舆论引导论. 北京：中国社会科学出版社，2001. 214

② 刘建明. 舆论传播. 北京：清华大学出版社，2001. 53

在舆论发展的不同阶段是不一样的，在议题初级阶段可能十分有效，而随着公众的参与，议程的方向可能发生偏转，摆脱政府和媒体的控制，这是由社会舆论自身的规律造成的，因此政府和新闻媒体要了解舆论发展的规律，因势利导，才能起到较好的调控效果。

五、结语

言论自由是人类追求的根本自由之一，现代民主社会中对言论自由有法律保障。舆论本身是各种意见共存、争议不断的社会现象，存在正向和负向之分，而且有自身的运动规律，自古至今没有任何强力可以主宰或消灭它，也没有任何强权可以使整个社会闭口不言。中国古代的周厉王曾经派人监督民众，对不利的言论进行严酷镇压，导致人们“道路以目”，最终社会舆论如堤坝崩溃后的滚滚洪流淹没了整个王朝，赶跑了周厉王；秦朝因为暴政钳制舆论，二世而亡。但是历史上任何时代的舆论不都是完全自由的，统治者总是力图使舆论朝着有利于自己的方向发展，利用各种手段来进行舆情调控。

言论自由和舆情调控是辩证统一的关系，首先，言论自由是相对的，以不损害社会利益和他人利益为前提，而舆情调控是从社会整体管理上来说的，通过调控能够达成社会共识，促进社会和谐。舆论是个人意见的综合，纷繁复杂，泥沙俱下，特别是一些谣言流传迅速，如果任其肆意发展，会对社会造成巨大的破坏作用，通过舆论引导、调控可以纠正错误的舆论，引导社会走向正确的道路。现代民主社会，政权建立在被统治阶层同意的基础上已经是公认的社会治理理念，大众媒介等宣传工具的运用使得制造共识更加具有技术性。其次，舆情调控要在真实反映舆论的基础上进行引导、调控才能成功。无视舆论的现实状况，一味强调政治宣传性，禁止人们发出不同的声音，只会导致舆情调控的失败。所以舆情调控与言论自由并不是对立的，舆情调控不是要压制言论自由、堵塞言论，而是要顺应历史发展潮流，遵循舆论本身发展规律，科学地、艺术地进行引导。当前维护社会稳定是党和政府最主要的政治任务，没有稳定就没有经济的发展，没有人民安定幸福的生活。为了维护社会主义制度和中国共产党的领导权，不可能不对言论自由在敏感问题上进行一定限制，禁止媒体报道某些事情。另外，在信息高度透明的网络时代，人民的各种言论有多种传播的渠道，在一定程度上允许人们表达不同的意见，宣泄对各种不公平现象的不满，起到一定的社会自我调解和减压阀的作用。但是这种言论自由是限定在一定范围内的，“政治是言论自由的基础，维护社会稳定是限制言论的尺度。由这一普遍规律导致对舆论行为的限

结　语

言论自由是人类追求的根本自由之一，现代民主社会中对言论自由有法律保障。舆论本身是各种意见共存、争议不断的社会现象，存在正向和负向之分，而且有自身的运动规律，自古至今没有任何强力可以主宰或消灭它，也没有任何强权可以使整个社会闭口不言。中国古代的周厉王曾经派人监督民众，对不利的言论进行严酷镇压，导致人们“道路以目”，最终社会舆论如堤坝崩溃后的滚滚洪流淹没了整个王朝，赶跑了周厉王；秦朝因为暴政钳制舆论，二世而亡。但是历史上任何时代的舆论不都是完全自由的，统治者总是力图使舆论朝着有利于自己的方向发展，利用各种手段来进行舆情调控。

言论自由和舆情调控是辩证统一的关系，首先，言论自由是相对的，以不损害社会利益和他人利益为前提，而舆情调控是从社会整体管理上来说的，通过调控能够达成社会共识，促进社会和谐。舆论是个人意见的综合，纷繁复杂，泥沙俱下，特别是一些谣言流传迅速，如果任其肆意发展，会对社会造成巨大的破坏作用，通过舆论引导、调控可以纠正错误的舆论，引导社会走向正确的道路。现代民主社会，政权建立在被统治阶层同意的基础上已经是公认的社会治理理念，大众媒介等宣传工具的运用使得制造共识更加具有技术性。其次，舆情调控要在真实反映舆论的基础上进行引导、调控才能成功。无视舆论的现实状况，一味强调政治宣传性，禁止人们发出不同的声音，只会导致舆情调控的失败。所以舆情调控与言论自由并不是对立的，舆情调控不是要压制言论自由、堵塞言论，而是要顺应历史发展潮流，遵循舆论本身发展规律，科学地、艺术地进行引导。当前维护社会稳定是党和政府最主要的政治任务，没有稳定就没有经济的发展，没有人民安定幸福的生活。为了维护社会主义制度和中国共产党的领导权，不可能不对言论自由在敏感问题上进行一定限制，禁止媒体报道某些事情。另外，在信息高度透明的网络时代，人民的各种言论有多种传播的渠道，在一定程度上允许人们表达不同的意见，宣泄对各种不公平现象的不满，起到一定的社会自我调解和减压阀的作用。但是这种言论自由是限定在一定范围内的，“政治是言论自由的基础，维护社会稳定是限制言论的尺度。由这一普遍规律导致对舆论行为的限定，几乎是各个国家公认的，并在大众传播媒介运作上体现出来"①。

中国和印度都是人口大国，都在走民主和发展的道路，但形成的特色不一样，人们形象地概括为"印度的民主，中国的效率"。近年来世界各国都很关注印度的民主，因为印度有近12亿人口，文盲率高达四成，2009年印度的大选却有7亿多人参加，被称为世界上参与人数最多的大选。有人批评印度式民主是"无事不议，议而不决"，但是印度人"认为议而不决的危害远不及凌驾于众人之上的独断权力造成的恶果"②。中国正在基层试行普选，走向"社会化政治的革新之路"，即国家实行"人民宪政"，政党实施"依法执政"，政府强调"服务社会"，社会拓展"基层自治"。③但是中国式的"人民民主"又与印度及西方社会的"自由民主"有着本质的区别。邓小平曾经讲过："一定要把社会主义民主同资产阶级民主、个人主义民主严格地区别开来，一定要把对人民的民主和对敌人的专政结合起来，把民主和集中、民主和法制、民主和纪律、民主和党的领导结合起来。"④ 所以舆情调控必然和中国的实际情况相结合，既要讲究言论自由，又要从宏观上进行疏导、引导，使舆论更好地促进社会的进步。舆情调控已成为世界各国关注的焦点，因为它牵扯到一个政府领导权的确立和维持，美国社会学家埃里克斯·凯瑞（Alex Carey）写到："在西方世界，尽管极权主义宣传导致民主和人身自由的丧失而遭到全面的谴责，但舆论管理在民主制度下被普遍认为是件非常不错的事情。"⑤

从中国社会历史和实践来说，舆情调控虽然仍然存在着各种不足和问题，但是其在逐步改进、变化中，这就是一种进步，不能要求它一下子就十分民主、十分完善，关键是如何从历史中汲取教训，建立更加科学、优化的舆情调控机制。

---

① 刘建明．天理民心．北京：今日中国出版社，1998．319

② 徐坚．民主是种游戏规则．南方周末，2010－06－14

③ 王洪树，席斌．政治体制改革：改革开放以来中国政治发展的路径分析．求实，2009（4）：59

④ 邓小平．邓小平文选（第2卷）．北京：人民出版社，1994．176

⑤ 纪忠慧．美国舆论管理的概念及研究范畴．中国广播电视学刊，2006（12）

后　记

在完稿的一瞬间松了一口气，终于从繁多的资料堆中得到了解放，转而又开始对这部作品能否得到世人的认可而惴惴不安。

不管所谓的学术研究标准，不顾学者们贴上为当权者撑台的标签，力求把自己的所思所虑表达出来，这是社会言论自由的一种体现，希望本论著的观点能对社会有一定的借鉴作用。生活于当代社会舆论的各种纷争中，在以批判为时尚的学术界，本书却要站在当政者维护思想统治权的角度谈论舆情调控，是因为社会稳定、人民安居乐业才是学者们真正的研究目的。另外，把舆情调控作为一种政治艺术来研究，是西方学术界的热门话题。本书分析了新中国舆情调控的得失和存在的问题，目的是研究怎样才能更加科学、人性化地引导舆论，提醒当政者更多地了解社情民意，促使社会和谐发展。正因为如此，本书更多地涉及了政府操控下的舆论运动，而不是从社会舆论本身的角度来研究，带有较多的舆论政治学色彩。

当然，由于本人学识有限，对宏大历史的把握可能力不从心，从而写出的作品未必能全面展现新中国社会舆论的宏伟篇章，在此抛砖引玉，欢迎批评指正。

本书是在博士论文的基础上扩展而成的，在调研过程中得到了许多领导、朋友的支持，在此不一一列举，一并表示感谢。特别感谢导师林如鹏教授的指引和帮助，使我顺利读完博士。感谢项德生先生对我多年来的教诲和帮助，他总是站在更高的哲学层面提醒我理性看待问题。感谢我的研究生杨朝娇同学对文献梳理所做的部分工作，也感谢张雯婷同学的教学辅助工作，使我能够有时间完成此著。

侯东阳

2011 年 6 月 5 日